Ulrich Rausch
Die Zauber-Fundgrube

Ulrich Rausch

Die Zauber-Fundgrube

Kunststücke
für Schüler und Lehrer
im Unterricht

Mit sechs Zauber-Requisiten

 http://www.cornelsen.de

Gedruckt auf chlorfrei gebleichtem Papier
ohne Dioxinbelastung der Gewässer.

Bibliografische Information
Die Deutsche Bibliothek verzeichnet diese Publikation in der Deutschen National-
bibliografie; detaillierte bibliografische Daten sind im Internet über
http://dnb.ddb.de abrufbar.

Dieses Werk berücksichtigt die Regeln der reformierten Rechtschreibung und
Zeichensetzung.

5.	4.	3.	2.	1.	Die letzten Ziffern bezeichnen
07	06	05	04	2003	Zahl und Jahr der Auflage.

© 2003 Cornelsen Verlag Scriptor GmbH & Co. KG, Berlin
Redaktion: Marion Clausen, Göttingen
Herstellung: Uwe Pahnke, Berlin
Umschlaggestaltung: Bauer + Möhring, Berlin, unter Verwendung einer Zeichnung
von Klaus Puth, Mühlheim
Zeichnungen: Antje Kahl, Berlin
Satz und Umbruch: FROMM MediaDesign GmbH, Selters/Ts.
Druck- und Bindearbeiten: Westermann Druck, Zwickau
Printed in Germany
ISBN 3-589-21670-0
Bestellnummer 216700

Inhaltsverzeichnis

Umgeben sind wir rings von Zauberei'n,
doch sind wir selbst die Zauberer.
Und in der Welt der offenbaren Wunder
sind wir das größte aller Wunder selbst.
Franz Grillparzer

If this be magic, let it be an art.
William Shakespeare

Herzlich willkommen!

oder besser: Simsalabim! Mit diesem deutschen Zauberwort begrüße ich Sie als Leserin oder Leser recht herzlich in der Zauber-Fundgrube.

Wenn ich wirklich zaubern und besonders die Sparte Mental-Magie beherrschen könnte, dann wüsste ich jetzt, warum Sie gerade dieses Buch aufgeschlagen haben. Ich könnte hellsehen, was Sie dazu bewogen hat, dieses Buch in die Hand zu nehmen, ich könnte beim Schreiben voraussagen, welche Motive meine Leserinnen und Leser zu meinem Buch führen werden.

Aber ich beschäftige mich mit den Tricks, mit denen man eine Illusion, eine Täuschung hervorrufen kann. Wenn ich auf der Bühne stehe, dann spiele ich einen Zauberer, der Dinge erscheinen und verschwinden lassen kann, der Ereignisse vorhersagen und Gedanken lesen kann. Und deshalb bin ich jetzt auf meine Erfahrung aus Kursen mit Lehrerinnen und Lehrern angewiesen, um zu erahnen, warum Sie dieses Buch aufgeschlagen haben.

Vielleicht suchen Sie nach Material, um den Fachunterricht mit kleinen Tricks und Kunststücken etwas aufregender zu gestalten, Hingucker, die die Aufmerksamkeit der Schüler und Schülerinnen auf einen Punkt lenken, die motivieren, sich mit einem Sachverhalt intensiver auseinander zu setzen.

Oder aber Sie möchten im Rahmen einer Projektwoche oder einer Arbeitsgemeinschaft mit den Schülern und Schülerinnen zusammen zaubern. Bei einem Schul- oder Klassenfest soll dann eine kleine Vorstellung das Kollegium, die Eltern- und Schülerschaft das Staunen lehren, dass manche nur mit Mühe den Mund wieder zubekommen.

Oder aber Sie wollen sich „nur" für sich selber ein bisschen mit der Zauberei beschäftigen. Ohne einen pädagogischen Hintergedanken. Vielleicht werden Sie in Zukunft Ihre Schülerinnen und Schüler einmal bei einer Klassenfahrt oder in einer Vertretungsstunde verblüffen, aber das ist im Augenblick nicht Ihr vordringliches Ziel.

Gleich aus welchem dieser Gründe Sie jetzt hier angelangt sind. Noch einmal ein herzliches Willkommen! Ich bin überzeugt, dass Sie das, was sie suchen, auch in dieser Fundgrube finden werden.

Die Zauber-Fundgrube ist kein Buch aus der Theorie für die Praxis, sondern sie ist zum größten Teil in der Praxis entstanden. Seit 1999 bin ich als Dozent in der Cornelsen Akademie tätig, habe dort eine Vielzahl von Zauberkursen mit Lehrerinnen und Lehrern für alle Schulformen und Altersstufen geleitet. In jedem dieser Kurse stand am Ende die Frage: Wo finden wir mehr Tricks, die wir für unsere schulischen Zwecke einsetzen können? Der Hinweis auf Fachliteratur, die es – besonders im Englischen – inzwischen in großem Umfang gibt, ist meist nicht wirklich hilfreich, weil sie zum Teil nur schwer erhältlich oder aber für Einsteiger nicht immer geeignet ist. In vielen Fällen muss man ein solides Grundwissen haben, um dann mit dem angebotenen Material etwas anfangen zu können. Und so ist diese Zauber-Fundgrube entstanden, die versucht, all den oben beschriebenen Ansprüchen gerecht zu werden.

Zu Beginn des Buches ist vielfältiger Dank zu sagen, denn ein solches Buch braucht direkte und indirekte Unterstützung, damit es entstehen kann. Zuallererst muss ich mich bei KATJA KANTELBERG und ihren Mitarbeiterinnen und Mitarbeitern in der Cornelsen Akademie bedanken. Sie sind das Wagnis der Zauberseminare eingegangen und organisieren und betreuen bis heute dieses ungewöhnliche und aufwändige Seminar zum Wohl der Teilnehmerinnen und Teilnehmer und des Dozenten erstklassig. Weiter danke ich den Besuchern dieser Seminare. Ihr Feedback hat mich motiviert, diese Zauber-Fundgrube zusammenzustellen, ihre Anregungen und Fragen sind mit in das Buch aufgenommen und bedacht worden. Auch den Teilnehmenden meiner übrigen Zauberkurse, hier sei stellvertretend nur das Bildungswerk Wetzlar mit seiner über zehnjährigen Kurs-Tradition genannt, den Zauberkollegen und -kolleginnen, die mir in 28 Jahren beim Zaubern begegnet sind, meinem Publikum und meiner Frau, die zwar weiß, dass ich zaubere, aber nicht wie – ihnen allen einen herzlichen Dank.

Schließlich möchte ich mich auch noch bei UTE WEGELEBEN, einer Teilnehme-
rin aus einem der ersten Zauberkurse in der Cornelsen Akademie, bedanken. Sie berichtet in diesem Buch von ihren Erfahrungen beim Zaubernlernen und Zaubernlehren.

Berlin, den 20.01.2003   *Ulrich Rausch*

1 Eine Gebrauchs- anweisung?

Für ein Buch eine Gebrauchsan-
weisung? Bei einem Videorekorder mag es noch einsichtig sein,
dass man eine Gebrauchsanwei-
sung benötigt, um das Gerät mit
Fernseher und Empfänger verbinden zu können. Aber bei einem Buch?

Man beginnt jede Seite oben
links und endet unten rechts! Und
bei einer Fundgrube muss man
noch nicht einmal bei Seite 9 beginnen und bei 240 enden, sondern man sucht mittendrin, was
einen interessiert!

Um genau zu sein, es soll hier auch nicht um eine Lese-Gebrauchsanwei-
sung gehen, sondern um einige Hinweise, wie Sie mit diesem Buch zaubern
lernen können.

Ein Zauberer braucht Gegenstände, mit denen er seine „Wunder" voll-
führen kann. Diesem Buch sind in der Tasche im hinteren Umschlagdeckel
Trickrequisiten beigegeben, damit Sie sofort mit dem Zaubern anfangen
können. Es handelt sich dabei um den „Crazy Compass" (siehe S. 90), den
Zahlen-Kompass in zwei Ausführungen (siehe S. 105), das Farben-Domino
(siehe S. 99), die Universal-Kelle (siehe S. 113) und das Hilfsmittel für die
Wasserzeitung (siehe S. 122). Darüber hinaus benötigen Sie für die übrigen
Tricks in der Regel nur Gegenstände, die Sie entweder zu Hause haben oder
sehr leicht selber beschaffen können. In einigen wenigen Ausnahmen, beispielsweise bei dem Trick „Coca-Cola" (siehe S. 97), benötigen Sie spezielle
Hilfsmittel aus dem Zauberfachhandel. Bei der Auswahl habe ich darauf geachtet, dass die Investitionen in einem sehr überschaubaren Rahmen bleiben und dass der schulische Einsatz wirklich gerechtfertigt ist. Auf Seite 216

finden Sie eine Adresse, bei der Sie diese und weitere Trickrequisiten per Post bestellen können. Bei jeder Trickbeschreibung finden Sie eine Aufstellung mit dem benötigten Material.

Wenn man wirklich zaubern könnte, dann müsste man nicht üben. Aber da wir nur so tun können, als ob, bleibt uns die Mühe des Übens nicht erspart. Später wird es ausführlich um das Zaubernlehren gehen. Ein wichtiger Impuls ist dort, dass die Schülerinnen und Schüler sich einen Partner suchen sollen, dem sie die Kunststücke vorführen können. Dieser Partner gibt dann ein ehrliches Feedback und Anregungen, wie man es besser machen kann.

In der Fundgrube sind sowohl solche Kunststücke versammelt, die sehr leicht und schnell einzustudieren sind, als auch anspruchsvolle. Letztere sind eine Herausforderung, auch manche Übungsfrustrationen zu überwinden, um dann später mit dem Erfolg bei der Vorführung belohnt zu werden. Zaubern lebt vom Geheimnis. Dazu gehört, dass man Trickgeheimnisse nicht an das Publikum verrät. Man zerstört ein Kunststück, nimmt anderen Künstlern die Möglichkeit, ein Kunststück vorzuführen, weil deren Publikum ja vielleicht durch Hörensagen schon das ausgeplauderte Geheimnis kennt. Bitte bewahren Sie die Geheimnisse, die sie hier in diesem Buch erfahren, und verpflichten Sie Ihre Schülerinnen und Schüler ebenfalls darauf.

In dieses Buch sind zwei Arten von Tricks aufgenommen: solche, die man zusammen mit Schülerinnen und Schülern einstudieren kann, und solche, die als „Vorführtrick" nur für die Vorführung durch den Lehrer bestimmt sind (zum Beispiel die Wasserzeitung, siehe S. 122). Sie erfahren diese Tricks in der Hoffnung, dass Sie sie nicht an Schüler und Außenstehende weitergeben. Zum Geheimnisverrat gehört für mich übrigens auch, das man nach ungenügendem Üben ein Kunststück vorführt und durch die schlechte Vorführung das Geheimnis verrät!

Jeder Trick in der Zauber-Fundgrube ist nach einem einheitlichen System beschrieben: Unter „Einsatzmöglichkeiten" sind einige Stichworte zusammengetragen, wann es inhaltlich sinnvoll sein kann, dieses Kunststück mit Schülern einzuüben. Mithilfe dieser Listen ist es sehr schnell möglich, passende Kunststücke für den Fachunterricht zu finden, oder aber auch, ein individuelles Lernprogramm nach Schwierigkeitsgraden zusammenzustellen. Die „Einsatzmöglichkeiten" sind nicht als vollständige Aufstellung aller Möglichkeiten zu verstehen, sondern stellen immer nur eine Auswahl dar.

Bei der persönlichen Beschäftigung werden Ihnen sicher weitere Aspekte ein- und auffallen.

Der „Effekt" zeigt, wie die Zuschauer den Trick sehen werden. Die „Materialliste" führt alle Gegenstände auf, die zu diesem Kunststück benötigt werden. Allerdings wurde hier auf die Nennung von alltäglichen Bastelhilfsmitteln wie Schere, Lineal usw. verzichtet. Einige Kunststücke bedürfen einer umfangreicheren „Vorbereitung", weil zum Beispiel spezielle Präparationen vorzunehmen sind oder Trickgeräte gebastelt werden müssen. Selbstverständlich gehört zu jeder Vorbereitung auch eine Übungsphase, die so lange dauert, bis das Kunststück sitzt. Aber dies wird nicht bei jedem Kunststück ausdrücklich erwähnt. Unter „Vorführung/Handhabung" finden Sie das Trickgeheimnis, das erklärt, wie der Trick funktioniert und wie man ihn handhaben muss, damit er vor Publikum erfolgreich vorgeführt werden kann. Zum Abschluss jeder Trickbeschreibung gibt es unter „Achtung" ergänzende Hinweise, die beim Einstudieren des Tricks beachtet werden sollten. Dies können Anregungen für eine Vortragsgestaltung sein oder Tipps, worauf man bei einer Vorführung besonders achten muss, oder auch Ideen, wie der Grundeffekt variiert werden kann.

Das Buch hat zwei große Hauptkapitel. In Kapitel 7 geht es um Zaubern als Möglichkeit zur Persönlichkeitsentwicklung, das neunte Kapitel umfasst eine Sammlung von Tricks, die in unterschiedlichen Zusammenhängen eingesetzt werden können: sozusagen die Fundgrube in der Fundgrube. Sie können je nach persönlicher Interessenlage mit der Zauber-Fundgrube arbeiten: als Steinbruch, um sich passende Stücke zur Bereicherung des eigenen Unterrichts herauszusuchen, oder aber als systematische Einführung, wie man Zaubern pädagogisch sinnvoll einsetzen kann. Je nach dem werden Sie ganz unterschiedlich mit diesem Buch und seinen Requisiten umgehen.

2 Was ist Zaubern?

Schon die vielfältigen Begriffe „Magie", „Zauberkunst", „Illusionskunst", „Täuschungskunst" usw. zeigen, dass es offensichtlich ein breites Spektrum von Bedeutungen gibt. Der Brockhaus erklärt unter dem Stichwort „Zauber":

„**Zauber,** die Ausführung mag. Handlungen mit dem Zweck, persönl. Ziele zu erreichen, sich Vorteile oder Wissen zu verschaffen, sich vor feindl. Mächten zu schützen, Böses abzuwehren und Schaden auf Gegner zu übertragen. Z. ist meist verbunden mit der Vorstellung, auf eine höhere Macht oder ein höheres Wesen einen unmittelbaren Einfluss gewinnen zu können. Für die mag. Handlungen werden hauptsächlich drei Ausdrucksmöglichkeiten verwendet: Wort, Bild und Gebärde, also Sprachformen (Zaubersprüche), zeichenhafte Darstellungen (u. a. Zauberformeln) und rituelle Begehungen (zusammengestellt waren diese in den Zauberbüchern); z. T. in Verbindung mit einem Z.-Stab, dem oft eigene Z.-Kräfte zugeschrieben wurden. [...] Im übertragenen Sinn ist Z. der faszinierende Reiz, der von einem Menschen ausgeht. Als fauler Z. wird umgangssprachlich der (zum Scheitern verurteilte) Versuch, einem anderen etwas nicht Zutreffendes vorzumachen, bezeichnet." (Aus: Brockhaus, Bd. 24, Leipzig 2001)

Um dies alles kann es nicht gehen, wenn in einer Schule ein Zauberkurs angeboten wird, sondern dann geht es um die Zauberkunst:

„**Zauberkunst,** die kunstgerechte Vorführung von Handlungen, die durch Täuschung der menschl. Wahrnehmung übernatürl. Fähigkeiten vorspiegeln und dadurch zugleich unterhalten, belustigen und zum Denken anregen. Durch Fingerfertigkeit und Mithilfe von Apparaten lässt der Zauberkünstler z. B. Gegenstände oder Personen verschwinden, verändert sie, bringt sie wieder vor, vervielfältigt sie oder lässt sie schweben; zur Z. gehören darüber hinaus auch die Gedächtniskunst (Mnemotechnik) sowie Voraussagen, Gedankenlesen u. Ä., die ebenfalls Tricktechniken nutzen. Die

Tricks beruhen auf Ausnutzung physikal., chem. und psycholog. Gegebenheiten. Bes. geschickte Taschenspieler haben sich zu international anerkannten Zauberkünstlern entwickelt." (Aus: Brockhaus, Bd. 24, Leipzig 2001)

Aber gerade die Verwechslung des Zauberns (im Sinn der ersten Definition) mit der Zauberkunst kann gelegentlich auch in Schulen zu Irritationen führen. So gibt es Fälle, in denen Eltern gegen ein Zauberprojekt protestieren, weil sie darin den Einstieg in die schwarze Magie sehen. Andere versuchen aus ähnlichen Gründen zu verhindern, dass in der Schule über Harry Potter gesprochen wird. Ein im letzten Jahr auf der Spielwarenmesse in Nürnberg vorgestellter Zauberkasten enthielt auf dem Karton den Hinweis, dass dieser keinen Zauberstab usw. enthielte, weil es nicht um „Magie" gehe, und in dem Begleitbuch stand, die Kinder sollten sich verpflichten, nie Zaubersprüche zu verwenden, weil diese aus einer Welt der schwarzen Magie stammten, die es bekanntlich nicht gäbe.[1] Und selbst bei den Kursen „Zaubern lernen für den pädagogischen Einsatz" in der Cornelsen Akademie gab es einen besorgten Brief eines Berufsschullehrers, der darum bat, dass diese Kurse abgesetzt werden. Eine solche Position ist vor einem bestimmten weltanschaulich-religiösen Hintergrund verständlich, auch wenn man sie nicht unbedingt teilen muss.

Für mich ist die Zauberkunst erst einmal eine *Kunst*, die für sich in Anspruch nimmt, allen Anforderungen und Ansprüchen zu genügen, die man auch an andere Kunstformen wie Theater, Ballett, Oper oder eine der Künste aus dem bildenden Bereich stellt. Dies ist mir wichtig zu betonen, weil im Augenblick die Zauberkunst in der öffentlichen Meinung irgendwo zwischen Jahrmarktattraktion, unterhaltsamer Betrügerei und „Kunst", die jeder ohne Können und Wissen praktizieren kann, angesiedelt ist. Es ist heute überhaupt kein Problem, für jeden beliebigen Anlass einen Zauber*künstler* zu engagieren. Man findet immer jemanden, der bereit ist, ein paar Kunststücke vorzuführen.

Dies hat vielleicht auch damit zu tun, dass das Zaubern scheinbar einfach ist. Anders als beim Jonglieren, das langes und intensives Training erfordert, bis man drei oder mehr Keulen in der Luft halten kann, anders als beim Spie-

---

1   Diese Logik ist mir nicht ganz einsichtig. Wenn es diese Welt nicht gibt, sollte es
    doch kein Problem sein, Zaubersprüche zu verwenden. Oder?

len eines Musikinstrumentes, das jahrelanges Lernen erfordert, bis man ein Publikum mit dem ersten Stück unterhalten kann, gibt es Zauberkunststücke, die man auspacken und vorführen kann. Man kann, ohne auch nur einen Gedanken an Präsentation, Psychologie oder den künstlerischen Wert der Darbietung zu verschwenden, „zaubern". Und es wird immer einige Zuschauer geben, die davon verblüfft sind und das deshalb „klasse" finden.[2] Aber ist dies dann auch gleich Kunst?

In der Zauber-Fundgrube geht es nicht darum, Sie zu einem Zauber-*künstler* auszubilden. Dies kann und will ein solches Buch nicht leisten. Aber vielleicht kann ich einen kleinen Beitrag dazu leisten, dass dieser Kunstform mehr Respekt entgegengebracht wird.

Zauberei ist *Wissen*. In der Regel handelt es sich dabei um Wissen, das den Zuschauern im Augenblick der Vorführung nicht bekannt ist, nicht bekannt sein darf. Denn die Verblüffung, die Überraschung beruht darauf, dass der Künstler mehr weiß als die Zuschauerinnen und Zuschauer. Die Art dieses „Mehr-Wissens" kann sich entweder auf unbekannte naturwissenschaftliche Zusammenhänge, auf psychologische Hintergründe oder auf vor den Augen der Zuseher verborgene Abläufe und Techniken beziehen. Nur wer etwas mehr weiß, kann auch erfolgreich zaubern.

Im Rahmen der Zauber-Fundgrube geht es darum, den Wissenszusammenhang für den pädagogischen Einsatz nutzbar zu machen. So werden mathematische und naturwissenschaftliche Gesetzmäßigkeiten, die von Schülerinnen und Schülern oftmals als überflüssiger Wissensballast angesehen werden, auf einmal bedeutungsvoll. Sie werden konkret, anwendbar und nützlich. Auch wenn die Zauberkunst nicht das primäre Motiv dafür sein kann und soll, warum man sich mit den Naturwissenschaften, der Mathematik und Psychologie auseinander setzt: Was aber spricht dagegen, dass man wegen eines Zauberkunststücks lernt, wie man den Rauminhalt eines Kegels berechnet? (Siehe dazu den Trick „Augenmaß", S. 121)

Zauberei ist angewandte *Technik*. Wissen alleine reicht nicht, es muss auch angewendet werden. Für viele, die sich zum ersten Mal mit einem Trick aus-

---

2 In der einschlägigen Fachliteratur, zum Beispiel in der Fachzeitschrift „Magische Welt", wird unter Zauberkünstlern seit einiger Zeit eine intensive Diskussion darüber geführt, was die Kunst innerhalb der Zauberkunst ausmacht; und damit verbunden über die Frage, wie man das Niveau, das Ansehen der Zauberkunst – weg von der Jahrmarktattraktion – in der Öffentlichkeit heben kann.

einander setzen, ist es überraschend schwierig, das Wissen darum, wie ein Trick funktioniert, in ein Handeln umzusetzen. Man muss lernen, eine Technik anzuwenden.

Eine große Verführung der Zauberkunst besteht darin, dass es Kunststücke gibt, die auf Knopfdruck funktionieren; hochkomplizierte und teure Apparate, bei denen nur noch ein geheimer Mechanismus in Gang gesetzt werden muss, damit das „Wunder" geschieht. Der Künstler muss „nur" noch präsentieren. Vor allem bei den Illusionskünstlern, die mit Menschen und Tieren arbeiten, kann man sehr leicht und sehr schnell bemerken, wie schwierig es ist, ausschließlich ein Kunststück zu präsentieren, während die ganze Technik von den Helfern im Hintergrund gehandhabt wird. Es gibt nur wenige Illusionisten, denen es gelingt, das Publikum in seinen Bann zu ziehen. Bei den Tricks in der Fundgrube werden Sie davon nichts finden. Wenn hier von Technik gesprochen wird, dann sind damit in der Regel gewisse manipulative Abläufe gemeint. Der Anspruch, der an das Beherrschen von Technik bei den einzelnen Tricks erhoben wird, ist unterschiedlich groß. So gibt es Kunststücke, die fast „von alleine" funktionieren, wenn man sich exakt an die Beschreibung hält, und es gibt Kunststücke, die sehr anspruchsvoll sind. Ihre Aufgabe besteht darin, solche Kunststücke auszusuchen, die dem Leistungsstand der Schüler entsprechen. Sie sollten nicht unerreichbar schwer, aber auch nicht zu leicht sein (damit Zaubernlernen immer auch als Herausforderung verstanden wird).

Zauberkunst ist *Kommunikation*. Nur wenige Menschen beschäftigen sich mit der Zauberkunst, ohne das erworbene Wissen anderen Menschen vorführen zu wollen. Wenn man vor Publikum auftritt, wird die meiner Meinung nach wesentlichste Dimension der Zauberkunst deutlich, die der zwischenmenschlichen Kommunikation. Dies bedeutet aber auch, dass angewandte Psychologie mit zu den Lerninhalten eines Zauberkurses gehört. Vor allem dann, wenn man nicht nur vor einem Publikum, sondern mit einzelnen Zuschauern zaubert, ist es unerlässlich, sich mit psychologischen Vorgängen auseinander zu setzen. Warum reagieren Zuschauer in einer bestimmten Weise? Was muss ich tun, damit ein Zuschauer eine bestimmte Handlung ausführt? Dies sind nur einige wenige Fragen, die man beim Erlernen und Vorführen eines Kunststückes beantworten muss.

Zaubern ist auch *Geschichte*. Das älteste schriftliche Dokument über eine Zaubervorstellung befindet sich in Berlin im Bode-Museum. Der berühmte

Westcar-Papyrus berichtet darüber, wie der König Cheops (2900 v. Chr.) von einem Zauberer Dedi, der in der Stadt Dedsnefru wohnt, erfährt. Von dem 110 Jahre alten Mann werden unglaubliche Wunder berichtet:

„Cheops ließ sich diesen Zauberer [Dedi] an seinen Hof kommen und fragte ihn: ‚… Ist es wahr, was man sagt, dass du einen abgeschnittenen Kopf wieder ansetzen kannst?' Dedi sagte: ‚Ja, das kann ich, o König, mein Herr!' Daraufhin der König: ‚Man bringe mir einen Gefangenen, der im Gefängnis sitzt, dass seine Strafe vollzogen werde!' Dedi sagte: ‚Nicht doch an einem Menschen, o König, mein Herr. Sieh, befiehlt man nicht lieber, etwas solches an dem herrlichen Vieh zu tun?' Man brachte ihm eine Gans und er schnitt ihr den Kopf ab; man legte die Gans an die westliche Seite der Halle und ihren Kopf an die östliche Seite. Dedi sagte etwas als Zauberer und da stand die Gans auf und watschelte und ihr Kopf tat es ebenso. Als dann aber ein Stück zu dem anderen gekommen war, da stand die ganze Gans da und schnatterte. Dann ließ er sich eine Ente bringen und der wurde ebenso getan. Dann ließ seine Majestät ihm ein Rind bringen, und man ließ dessen Kopf zu Boden fallen. Dedi sagte etwas als Zauberer und der Stier stand hinter ihm, während sein Strick auf die Erde gefallen war!" (Zitiert nach: ZMECK, JOCHEN: Wunderwelt Magie, Henschel Verlag, Berlin 1966, S. 11 f.)

Dieser Text ist nicht nur historisch bedeutend. Für heutige „Zauberlehrlinge" enthält er noch versteckt Hinweise auf Zaubersprüche („Dedi sagte etwas als Zauberer") und darauf, wie man in einer Situation reagieren kann, wenn die Zuschauer etwas sehen wollen, was man nicht in der Lage ist zu vollbringen.[3] Bezüglich des tricktechnischen Hintergrunds ist es auf die lange Zeitdistanz schwierig, das eigentliche Geschehen zu rekonstruieren. Der Text enthält sicher Elemente der Ausschmückung, durch die die Besonderheiten des Magiers hervorgehoben werden sollten. Dazu gehört, dass er das Kunststück mit einem Stier vorgeführt hat und dass die Köpfe sich auf dem Boden in Richtung der Körper bewegt haben sollen. Denkbar dagegen ist, dass er einen solchen Effekt mit Geflügel vorgeführt hat.

---

3 In einer anderen Übersetzung des Papyrus wird dem Dedi in den Mund gelegt, dass er auf den Wunsch, das Kunststück mit einem Gefangenen vorzuführen, sagt: „Meine Macht erstreckt sich nicht über Menschen, nur Tieren vermag ich das Leben wiederzugeben." (Zitiert nach: RYDELL, WENDY/GILBERT, GEORGE: Das große Buch der magischen Künste: Von Zauberkünstlern für Zauberkünstler und solche, die es werden wollen. München 1978, S. 28)

Im Laufe der Geschichte hat es immer wieder Künstler – und ganz selten auch Künstlerinnen – gegeben, die auch heute noch von Bedeutung sind. In dem Buch „The Discovery of Witchcraft" von REGINALD SCOTT (1584) wird erstmals der Unterschied zwischen Zauber und Zauberkunst zu verdeutlichen versucht. Bei der Zauberkunst geht es nicht um schwarze Magie, nicht um einen Teufelspakt, sondern um Taschenspielereien. Scott erklärte dazu einige damals weit verbreitete Kunststücke in allen Einzelheiten. Zauberkünstler gehörten zu den wandernden Artisten, die zusammen mit Bärenführern und Quacksalbern von Ort zu Ort zogen, um sich dort ein Publikum zu suchen, dem sie ihre Vorführungen oder ihre (Wunder-) Produkte verkaufen konnten. Aus dieser Zeit stammt übrigens auch der Begriff Taschenspieler, weil die wenigen Requisiten in einer großen Tasche, die der Künstler umhängen hatte, aufbewahrt wurden. Auf dem berühmten Gemälde „Der Eskamoteur" von HIERONYMUS BOSCH (Museum Saint-Germain-en-Laye) kann man eine typische Szene mit einem Taschenspieler erkennen. Neben dem Tisch, der Tasche und einigen Requisiten, die auch heute noch benutzt werden, ist in der letzten Zuschauerreihe ein Taschendieb zu sehen, der gerade einen staunenden Zuschauer um seinen Geldbeutel erleichtert. Ein Umstand, der sicher zu dem schlechten Ruf der Zauberkünstler beigetragen hat.

Mit dem Ende des 18. Jahrhunderts begann sich die Zauberkunst zu wandeln. Zu den wichtigen Namen gehören zweifelsfrei JEAN EUGÈNE ROBERT-HOUDIN, der am 3. Juli 1845 in Paris sein Illusionstheater eröffnete. Als Uhrmacher und Erfinder von allerhand Apparaten hatte er sich bereits einen Namen gemacht. Als Zauberkünstler konnte er mit den Prinzipien des Magnetismus, der Hydraulik und der Elektrik Effekte vor einem ungläubig staunenden Publikum hervorrufen. Heute noch gilt er als Vater der modernen Zauberkunst. Einige seiner Entwicklungen, wie zum Beispiel das Schweben auf einem Besenstiel, der Münzfang usw. werden heute noch in nur leicht modifizierter Form vorgeführt.

Während für ROBERT-HOUDIN die Bühne der Ort seines Wirkens war, machte JOHANN NEPOMUK HOFZINSER (1806–1875), der k. u. k. Hofbeamte als erster Zauberer die Zauberei zur Kammerkunst. Seine „Stunde der Täuschung", die im Salon Hofzinser stattfand, war einer der gesellschaftlichen Anziehungspunkte Wiens. Obwohl er in seinem Testament verfügte, dass alle seine Apparate und Aufzeichnungen mit seinem Tod vernichtet werden sollten, gehören heute noch viele Karten-Piecen (so nannte er selber seine Kartenkunststücke) und Trickgeräte, die er teilweise in kleinen Auflagen herstellen ließ und an seine Schüler verkaufte, zu dem inspirierenden Gedankengut für Zauberkünstler.

Wenn man heute unter Zauberkünstlern den Namen TARBELL fallen lässt, dann verbinden die meisten automatisch damit die ursprünglich sechsbändige (posthum um zwei Bände erweiterte) „Tarbell Course in Magic". HARLAN TARBELL (1890–1960) hatte vielseitige Tätigkeitsfelder: Er war der Herausgeber einer Fotofachzeitschrift, Illustrator, Zeichenlehrer einer Kunstakademie und last but not least Zauberer und Erfinder von Zaubertricks eines Fernlehrkurses „Course in Magic" (1926). In alle Welt versandt, war dieser Kurs der Grundstock für die sechsbändige Enzyklopädie (ab 1941), die praktisch zu jedem Gebiet der Zauberkunst ausführliche Trickbeschreibungen enthält. Neben vielen eigenen Trick-Erfindungen wurden auch Tricks von Kollegen aufgenommen, sodass sie auch heute noch die umfangreichste Fundgrube für Kunststücke aus dem 20. Jahrhundert darstellt. Sie ist nur vergleichbar mit „Roberto Giobbis Große Kartenschule" (vier Bände) und „Rice Enzyklopädia of Silk Magic" (drei Bände und ein Band posthum), die sich allerdings jeweils nur mit einem Spezialgebiet beschäftigen. Noch viele andere wichtige Namen wie der des Entfesselungskünstlers HARRY HOUDINI (1874–1926), der Deutsche KALANAG (1903–1963) usw. gehören in einen geschichtlichen Überblick, weil sie zusammen mit vielen anderen die Zauberei weiterentwickelt haben, sie zu dem gemacht haben, was sie heute ist.

Da Sie mit Recht in diesem Buch vor allem Ideen und Tricks erwarten, soll an dieser Stelle der Hinweis auf das Literaturverzeichnis genügen, in dem sich auch Bücher über die Geschichte des Zauberns befinden.

Zauberkunst ist *Unterhaltung*. Wer zaubert, will damit andere Menschen unterhalten. Die Art und Weise, wie man Menschen unterhalten kann, ist vielfältig, und genauso vielfältig kann die Präsentation eines Zaubertricks aussehen.

Zauberkunst ist *alles zusammen*. Erst wenn man all den genannten Bereichen die gleiche Aufmerksamkeit schenkt, kann man erfolgreich die Zauberkunst erlernen und Zuschauer damit unterhalten.

3 Was kann Zaubern?

Wenn Sie einen Zauberkurs in der Schule anbieten oder die eine oder andere Unterrichtsstunde mit Zaubertricks anreichern wollen, dann steht nicht
der künstlerische Aspekt im Vordergrund. Dies ist im schulischen Kontext
wahrscheinlich weder sinnvoll noch möglich. Vielmehr werden es meist
pädagogische Gründe sein, die Zauberkunst – oder einen Teil davon – in den
Unterricht einzubauen.

Man muss keinen Ausflug nach PISA machen, sondern ein Blick in den
Schulalltag reicht, um die Defizite, die sich auf den verschiedenen Ebenen

zeigen, auszumachen: Das Sozialverhalten wie auch das Lernverhalten sind defizitär: Das schulische Zusammenleben und -arbeiten wird erschwert durch Aggressionen, nicht vorhandene Hilfsbereitschaft, durch die Unfähigkeit, Konflikte zu lösen, Konsumverhalten als Lebensschwerpunkt, kurzzeitige Befriedigung von Bedürfnissen, mangelnde Akzeptanz von Grenzen und Regeln, Geringschätzung von fremdem und eigenem Eigentum usw.[4] Im Bereich des Lernens sind die Probleme: niedrige Frustrationstoleranz, Kommunikationsschwierigkeiten, mangelnde Argumentationsfähigkeit usw. Um keine falschen Hoffnungen zu wecken: Zaubern ist nicht das Allheilmittel gegen diese und andere Probleme, aber es kann einen positiven Beitrag zur Problemlösung leisten.

Im Kapitel „Zaubern als Persönlichkeitsentwicklung" (siehe S. 45 ff.) wird anhand von einzelnen Kunststücken gezeigt, wie das Zaubertraining sehr zielgerichtet eingesetzt werden kann. Es soll an dieser Stelle nur ein erster allgemeiner Überblick gegeben werden, wann und wie Zaubern pädagogisch anwendbar ist. Zunächst sind die Schülerinnen und Schüler neugierig zu erfahren, wie ein Trick funktioniert, und möchten damit andere Schüler, die Eltern und Geschwister verblüffen. Etwas können, was andere nicht können – das scheint der Magnet zu sein, der viele zum Zaubern zieht.

Um diese Motivation zu wecken, ist es in den meisten Fällen sinnvoll, dass die neuen Zauberlehrlinge ein Kunststück vorgeführt bekommen, damit sie aus der Zuschauersicht den Effekt erleben.

Zu Beginn der Stunde wird ein Schuhkarton auf das Lehrerpult gestellt. Der Karton wird von außen und innen von allen Seiten als leer vorgezeigt. Nachdem der Deckel wieder geschlossen und ein Zauberspruch ausgesprochen wurde, greift der Lehrer in den Kasten und holt einige große Seidentücher hervor.

Wie funktioniert dies?

Würde man jetzt das relativ einfache Trickgeheimnis verraten, wäre eine Vielzahl von wertvollen Lernerfahrungen verschenkt. Besser ist es, die Schüler und Schülerinnen erst einmal über den Trick spekulieren zu lassen.

---

4 Vergleiche dazu auch: PETSCHICK, PETER: Beim Zaubern sehen mich die Leute an – Zaubern, ein pädagogisches Hilfsmittel. In: Institut für Lehrerfortbildung (Hrsg.): Der Mensch im Mittelpunkt – Reflexionen zur Lehrerfortbildung. Mühlheim an der Ruhr 1995, S. 103–110; BUSSE, HEIKE: Zauberhaftes Lernen. Dortmund 2002, S.18 ff.

Optische Wahrnehmung

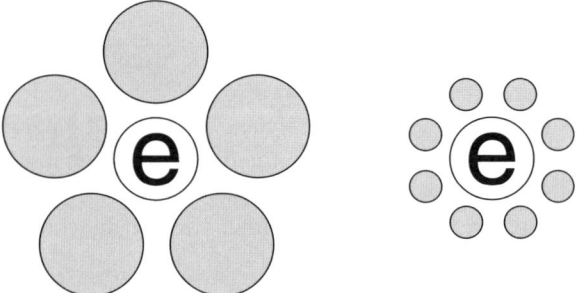

Die Wahrnehmungsfähigkeit schulen

Die erste Frage zum Enträtseln eines Kunststücks ist immer: Was haben wir gesehen? Eine möglichst genaue Beobachtung und Beschreibung des Gesehenen ist die Voraussetzung, um hinter das Geheimnis zu kommen. Wurde die Kiste gleichzeitig von innen und von außen leer gezeigt? Wie wurden die Tücher aus der Kiste hervorgeholt? Kann man beim Erscheinen der Tücher in die Kiste sehen? ...

Aber nicht nur zum Enträtseln ist die Wahrnehmung außerordentlich wichtig. Auch wer einen Zaubertrick erfolgreich vorführen will, muss die eigene Wahrnehmungsfähigkeit schulen. Das genaue Beobachten ist ein wesentlicher Bestandteil der meisten Kunststücke; angefangen bei optischen Täuschungen über kleine unauffällige Markierungen und Geräusche, die man wahrnehmen muss, um eine bestimmte Information zu bekommen, bis zum Verhalten des Publikums. Wie leicht sich die Wahrnehmung täuschen lässt, zeigen die Beispiele auf S. 24.

Lässt man also mehrere Schüler das Gesehene beschreiben, stellt sich bereits eine kleine Lernerfahrung aus der Psychologie ein: Die Wahrnehmungen von ein und demselben Ereignis divergieren bei verschiedenen Personen sehr. Ich finde übrigens, dass dies ein wesentlich amüsanteres Beispiel als die Zeugenaussagen bei einem Autounfall ist!

Argumentieren können

Wenn die Gruppe das Gesehene beschrieben hat, geht es in dem nächsten Schritt darum, Vermutungen aufzustellen, wie der Effekt zustande kommt. Wie viel Platz brauchen die Tücher, wenn sie versteckt wurden? Wo gibt es die Möglichkeit, diese Tücher zu verstecken? In welchem Augenblick sind sie in die Kiste gekommen? Hat diese einen doppelten Boden?

Während der Diskussion werden nun Theorien entwickelt und wieder verworfen. Im Gespräch muss man argumentieren, warum eine Idee überzeugend oder warum der vorgeschlagene Weg in diesem Fall nicht praktikabel ist. Es zählen das Argument und die Fähigkeit, andere zu überzeugen bzw. die Ideen der anderen mit Gründen zu widerlegen. Und selbstverständlich auch die Bereitschaft, die besseren Argumente der anderen zu akzeptieren.

Gemeinsam ein Problem lösen

Gerade Zauberlehrlinge sind in der Regel nicht in der Lage, ein Kunststück alleine zu entschlüsseln. Es bedarf der Beobachtungen und Ideen der anderen, um dann gemeinsam eine Lösung zu entwickeln. Vier Augen sehen mehr als zwei, und vier Gehirnhälften haben auch mehr Ideen als nur zwei. „Die Tücher kamen aus dem Ärmel!" „Wieso? Weil er mit der rechten Hand ganz tief in den Kasten gegriffen hat?" „Aber ich konnte von der Seite sehen, dass er die Tücher aus dem Kasten hervorgezogen hat und nicht aus dem Ärmel!" „Dann muss es anders gehen!"

Auch beim Einstudieren können gerade Zauberlehrlinge ein Kunststück noch nicht allein zum Erfolg führen. Es braucht einen Partner, der die Rolle eines Zuschauers übernimmt und aus dieser Perspektive Tipps und Verbesserungsvorschläge macht. Denn der Zuschauer sieht das Kunststück aus einem anderen Blickwinkel, er nimmt Dinge wahr, die der Vorführende nie sehen kann. Das gegenseitige Helfen ist deshalb ein wichtiger Bestandteil beim Einstudieren. Teamwork ist beim Zaubern auf jeden Fall gefragt.

Die Frustrationstoleranz erhöhen

Mit dem Wissen, wie die Tücher aus dem Schuhkarton erscheinen, ist es allerdings nicht getan. Das Wissen muss dann auch in Handbewegungen umgesetzt werden.

Zaubern ist nicht einfach! Aber die Bereitschaft, eine frustrierende Übungsphase durchzustehen, ist gerade bei Kindern und Jugendlichen sehr hoch, weil sie den Erfolg, der mit der Beherrschung eines Kunststücks verbunden ist, gern erreichen möchten. Und so ist es kaum erklärungsbedürftig, warum dreißig oder mehr Male ausprobiert werden muss, wie die Kiste vorgezeigt, in welche Richtung der Deckel geöffnet wird, wie man den Deckel festhalten muss, damit man die Tücher aus der Kiste ziehen kann usw.

Wie in anderen pädagogischen Zusammenhängen gilt auch hier: Das Leichte und das Schwere müssen sich abwechseln. Und wenn man mit einem „leichten" Kunststück Erfolg hatte, dann ist man auch bereit, ein etwas schwereres zu erlernen. „Ich kann zaubern!": Diese Erfahrung führt dazu, dass auch mehr Zeit und Mühe in ein anderes, verblüffendes Kunststück investiert werden.

Die Motorik schulen

Es ist nicht einfach, mit einer Hand den Deckel und das Unterteil des Schuhkartons festzuhalten, damit man die zweite Hand frei hat, um die Tücher aus ihrem Versteck hervorzuziehen, und dabei alles noch natürlich und lässig aussehen zu lassen.

Für die meisten Kunststücke, die in der Zauber-Fundgrube beschrieben werden, ist ein geringes Maß an Feinmotorik notwendig. Die Hände müssen bestimmte Abläufe in einer vorgegebenen Reihenfolge ausführen. Und diese Abläufe müssen so lange geübt werden, bis sie automatisch durchgeführt werden können.

Im Unterschied zum Erlernen eines Musikinstrumentes setzt aber beim Zaubern der Erfolg wesentlich früher ein. Schon mit einem relativ geringen Übungsaufwand kann das erste Kunststück einstudiert und vor allem erfolgreich vorgeführt werden. Aber der Weg zur Meisterschaft ist genauso weit wie bei einem Musikinstrument oder dem Jonglieren.

Naturwissenschaftliche und psychologische Gesetze auf unterhaltsame Weise veranschaulichen

Hinter jedem Trickgeheimnis stecken naturwissenschaftliche oder psychologische Gesetze. Diese sollten durchschaut werden, damit man verstehen kann, warum ein Trick funktioniert und auf was man bei der Vorführung besonders achten muss. Mit einer geschickten Dramaturgie der Bewegungsabläufe und einem entsprechenden Vortrag kann man die Zuschauer davon überzeugen, dass sie den Schuhkarton gleichzeitig von innen und außen leer gesehen haben. Und damit wird für sie das Kunststück undurchschaubar, weil sie dies bei ihrem Lösungsversuch immer einplanen.

Darüber hinaus ist es auch möglich, eine Vielzahl von naturwissenschaftlichen Gesetzmäßigkeiten in einen Zaubertrick zu verpacken, sodass der Trick als Hingucker, als Motivator für einen bestimmten Zusammenhang verwendet werden kann.

Gerade im Bereich der menschlichen Wahrnehmung gibt es Anwendungsmöglichkeiten, die entweder wie Zauberei aussehen oder für einen Trick genutzt werden können. Einige wenige optische Täuschungen reichen aus zu zeigen, wie unzuverlässig unser Wahrnehmungsapparat ist und welch leichtes Spiel der Illusionskünstler hat. War der Schuhkarton wirklich leer oder war er innen nur so geschickt gestaltet, dass man ihn aus einiger Distanz für leer hielt?

Erfolgserlebnisse vermitteln

Wenn man zum ersten Mal den Schuhkarton auf den Zaubertisch gestellt, die Zuschauer mit wenigen Handgriffen davon überzeugt hat, dass er leer ist, und dann ein Tuch nach dem anderen erscheint, sind einem das Staunen und der Applaus des Publikums gewiss.

Ein gelungenes Kunststück, ein begeistertes Publikum sind der Lohn für das intensive Üben. Nicht alle Kunststücke sind so genannte Selbstgänger, das heißt, sie funktionieren nicht automatisch, sondern die meisten verlangen mehr Mühe und Anstrengung, bis sie erfolgreich vorgeführt werden können. In dem Augenblick, in dem man etwas vorführt, was andere in Erstaunen versetzt, in dem man im Mittelpunkt des Geschehens steht, wird sich unter Umständen auch das Selbstbewusstsein ändern. „Die Menschen haben mich angesehen, haben mir zugehört und schließlich auch ihren ehrlichen Respekt, ihre Begeisterung gezollt!" Vielleicht ist das eines der wenigen Male, dass ein Kind ein Erfolgserlebnis hat, erfahren konnte, dass es selber etwas zustande gebracht hat, auf das es stolz sein kann.

Selbstbewusstsein stärken

Im Mittelpunkt des Interesses zu stehen, für einen Augenblick die Aufmerksamkeit einer Gruppe zu bekommen, die Anerkennung von Eltern und Mitschülern, dies sind wertvolle Erfahrungen, die das Selbstbewusstsein stärken können. Man kann etwas, was niemand in der Klasse – einschließlich der Lehrkraft – erwartet hat. Auch wenn man in anderen Bereichen versagt, vor allem jenen, die in der Schule relevant sind und benotet werden und nach denen man sonst von den Lehrern und den Mitschülern eingeschätzt und bewertet wird, kann man die Anerkennung von allen durch das Vorführen eines Zaubertricks bekommen.

Auch wenn das Kind nicht als Hauptperson im Mittelpunkt steht, sondern „nur" als Assistierender oder als „Geheimnisträger" fungiert, macht die offenkundige oder verborgene Beteiligung an einem Erfolg es zu einem Erfolgreichen und wirkt in ihm weiter.

Kommunikative Fähigkeiten schulen

Während man den Schuhkarton vorzeigt und dann die Tücher erscheinen lässt, wird man in der Regel dazu etwas sagen. Mindestens der obligatorische Zauberspruch, vielleicht auch eine ausgefeilte Geschichte oder ein humorvoller Vortrag gehören dazu.

Zaubern ist in erster Linie Kommunikation mit dem Publikum. Damit sind sowohl die Präsentation als auch die direkte Ansprache des Publikums oder eines einzelnen Zusehers gemeint. Der kommunikative Aspekt will genauso erarbeitet werden wie die Tricktechnik, also die technische Handhabung. Allein die Fähigkeit, vor einem größeren Kreis von Menschen ein paar auswendig gelernte Sätze laut und deutlich vorzutragen, führt meistens schon zu einem Erfolgsgefühl. Man hört mir zu und ich spreche so, dass man mir zuhören kann.

Das Ausdenken einer Rahmengeschichte für einen bestimmten Zauber-trick, das Aufschreiben und der effektvolle Vortrag gehören genauso dazu wie das spontane Reagieren auf Zwischenrufe wie: „Den Trick kenne ich schon!" Hier macht die Erfahrung den Meister: Je öfter man vor einem Pu-blikum gestanden hat, umso leichter fällt es bei jedem neuen Auftritt.

Ach, haben Sie eigentlich mitgedacht, wie die Tücher in den Schuhkarton kommen? Sie werden es noch erfahren!

4 Rollentausch

Ein Lehrer ist ein Lehrer und ein Schüler ist ein Schüler! Die Rollen in dem Sozialsystem Schule sind relativ festgeschrieben und verfestigen sich im Laufe der Berufsjahre immer mehr. Es wird immer schwieriger, eine gewisse Flexibilität im Rollenverhalten zu bewahren.

Beim Zaubern ist diese Möglichkeit gegeben. Hier ist alles ganz anders: ein neues Thema, das nicht wie ein klassisches Lehrplanthema angeeignet und vermittelt werden kann. Neue und ungewöhnliche Anforderungen an das Denken, die Fingerfertigkeit und die Präsentation eines Kunststücks. Und auch die Schülerinnen und Schüler begegnen dem Zauberlehrer anders als dem Mathe-, Deutsch- oder Sportlehrer. Das Interesse an dem Thema und der vermittelnden Person beinhaltet eine Neugier, eine Offenheit, auch etwas Mühsames auszuprobieren, wie man es sich sonst für die meisten Fachstunden vergeblich wünscht.

Schüler können zaubern!

Die meisten Schülerinnen und Schüler können schon etwas zaubern. Sie kennen Kunststücke aus einer Kinderzeitschrift (früher beispielsweise „Yps"), aus Zauberkästen, die unter dem Weihnachtsbaum lagen, oder den einen Trick, mit dem ein Onkel bei jedem Familienfest verblüfft: Es gibt kaum ein Kind, das nicht mindestens einen Trick vorführen kann und damit den Lehrer oder die Klasse hinreichend verblüfft.

Wie reagieren Sie als Zauberlehrer, wenn Ihnen ein Kind einen Ihnen unbekannten Trick vorführt? Ehrlich überrascht und erfreut, etwas Neues zu sehen? Können Sie es aushalten, nicht zu wissen, wie es geht? Wollen Sie unbedingt hinter das Geheimnis kommen und zwingen das Kind, es preiszugeben? Oder fordern Sie das Kind auf, das Geheimnis auch vor Ihnen geheim zu halten?

Schauen Sie in Zauberbüchern nach, fragen Kollegen, wie das Kunststück funktioniert, damit Sie es in einer der nächsten Stunden auch vorführen können? Werten Sie das Kunststück ab: „Ach, das ist ja ganz einfach und simpel?" Oder werten Sie es auf?

Wenn andere Schüler aus der Gruppe das Geheimnis kennen: Wie gehen Sie damit um, es als Einziger nicht zu wissen?

Wie reagieren Sie als Zauberlehrer, wenn Ihnen ein Kind einen Ihnen bekannten Trick vorführt? Das Kind weiß aber nicht, dass Sie diesen Trick kennen! Führen Sie sofort im Anschluss das gleiche Kunststück vor, um zu zeigen, dass Sie es auch kennen und können?

Sagen Sie: „Kenn' ich schon"? Überlegen Sie sich eine Steigerung des Effekts und führen das Kunststück dann in einem der nächsten Zusammentreffen vor?

Erklären Sie den Kindern, die das Geheimnis gerne erfahren möchten, wie es geht? Fordern Sie das Kind auf, sein Geheimnis den anderen mitzuteilen? Warum?

In beiden Situationen zeigen Schüler einen Trick, von dem sie annehmen, dass er unbekannt ist. Damit wollen sie verblüffen, überraschen, für einen kleinen Augenblick auch das Ansehen des Lehrers gewinnen. Üblicherweise steht der Lehrer auf einer anderen Ebene als seine Schülerinnen und Schüler. Die Rollenverteilung ist festgeschrieben.

In beiden oben beschriebenen Situationen steckt die Chance, die Beziehung zwischen Lehrer und Schüler neu zu justieren, indem der Lehrer ehrliche Anerkennung spendet, indem er begeistert, überrascht und verblüfft ist. Auf diese Weise nimmt er die Einzigartigkeit dieses Kindes wahr. Wenn er auch noch zeigt und sagt: „Das kann ich nicht! Da bist du besser als ich!", erlaubt er für einen Moment eine Umkehrung der üblichen Rollen. Eine Chance für beide Seiten!

Das Feld, in dem sich Lehrer und Schülerinnen und Schüler beim Zaubern begegnen, ist ungewöhnlich für den Schulalltag. Es hat mit Fantasie, Träumen und dem „Das-Unmögliche-möglich-machen" zu tun, auch wenn es harte Arbeit ist! Spätestens beim Erfinden einer Geschichte, die einen Trick illustrieren soll, ist der freie Fluss der Gedanken notwendig, um eine spannende Geschichte zu erfinden. Das ist eine Ebene, die Kindern andere Fähigkeiten abverlangt als das abstrakte Zusammenzählen von Zahlen, das Analysieren von Worten und Sätzen in Mutter- oder Fremdsprache. Die Lehrkraft, die bisher nur aus dem schulisch-fachlichen Kontext bekannt war, ermöglicht auf einmal eine Begegnung in einem Feld, das einem ganz anderen Bereich der Lebenswelt der Kinder entspricht. Die Wahrnehmung des Lehrers als Person wird bei den Kindern um einen Aspekt erweitert, gewinnt auf einmal eine neue Dimension.

Gemeinsam zaubern lernen

Ich gehe in diesem Buch davon aus, dass Sie bisher nur wenig oder vielleicht auch überhaupt keine Erfahrung mit dem Zaubern haben. Und wenn ich richtig vermute, dann wollen Sie auch nicht warten, bis Sie ein perfekter Zauberer, eine perfekte Zauberin sind, bevor Sie das Zaubern in irgendeiner Weise in der Schule einsetzen.

Genau diese Voraussetzungen ermöglichen es, ein neues, für Sie und die meisten Schülerinnen und Schüler ungewohntes Lernen zu erproben. Lernen bedeutet nicht mehr, dass einer sagt, was die anderen wissen, können, handhaben müssen, sondern Schüler und Lehrer lernen gemeinsam als Team zaubern. Lehrer sein heißt nicht, als Über-Zauberer alles zu kennen, zu wissen und perfekt zu beherrschen, Schüler sein heißt nicht, nichts zu kennen und nichts zu können. Lernen heißt unter diesen Voraussetzungen, dass es ein paar Dinge gibt, die die Lehrkraft kennt und kann, aber dass es genauso Tricks gibt, die die Schüler können.

Somit ist es möglich, das Zaubern zu einem Projekt eines eher partner-schaftlichen Lernens zu machen: Wir lernen gemeinsam zaubern! Aber Achtung! Dies heißt für den Lehrer nicht, unvorbereitet oder wenig vorbereitet ein Zauberprojekt anzubieten. Sondern in erster Linie ist es eine Frage der Einstellung, mit der man den Schülerinnen und Schülern begegnet. Wenn man akzeptiert, dass sie etwas kennen und können, und damit rechnet, dass sie im Einzelfall mehr können, sollte man dies für den Kurs, die Beziehung zwischen den Schülern und sich selbst und innerhalb der Klasse nutzen. Setzen Sie sich auch einmal auf einen Schülerplatz und arbeiten Sie in dieser Rolle mit. Damit geben Sie nicht die Verantwortung ab, was Sie als Lehrkraft sowieso nicht könnten, aber Sie akzeptieren einen Rollentausch. Bitten Sie auch mal um Hilfe, fragen Sie die Schülerinnen und Schüler nach einem Feedback, und akzeptieren Sie, wenn diese der Meinung sind, dass Sie für diesen Trick den „Zauber-Vorführschein" (siehe S. 226) noch nicht bekommen, sondern noch weiter üben müssen, bis Sie das Kunststück öffentlich vorführen dürfen.

Diese Form des partnerschaftlichen Lernens ist nicht in allen Schulformen und mit allen Altersstufen als ausschließliches Kurskonzept durchzuführen. In manchen Kursen ist es vielleicht möglich, einen Trick unter diesem Aspekt gemeinsam einzustudieren. Die übrigen Tricks werden von der Lehrerin oder dem Lehrer perfekt (!) vorgeführt und erklärt und die Kindern basteln und studieren dann nach präziser Anweisung das Kunststück ein. In anderen Kursen werden die Schüler vielleicht aufgefordert, aus einem Zauberbuch ein Kunststück auszusuchen, das sie dann der übrigen Gruppe beibringen wollen. In diesem Fall bringt der Lehrer wie allen anderen auch ein Kunststück mit.

Zaubern oder Manipulation?

In einem Zauberbuch für Managementtrainer, zu dem man gleich den sünd-haft teuren Zauberkoffer mit erwerben kann, wird u. a. ein Requisit, der so genannte „Changier-Beutel", vorgestellt. Hierbei handelt es sich um einen Stoffbeutel mit zwei oder mehr Innentaschen, in denen man unbemerkt einen Gegenstand verstecken oder gegen einen anderen austauschen kann. Auf diese Weise ist es auch möglich, verschiedene Gegenstände offen in den Beutel zu geben und dann einen Zuschauer „frei" einen Gegenstand heraus-

ziehen zu lassen. Aufgrund der zweiten Innentasche, in der sich nur ein be-
stimmter Gegenstand befindet, kann man sehr leicht vorherbestimmen, was
er wählen wird. Und zu diesem Requisit schreibt der „Trainer für angewandte Kommunikation im Dienstleistungsgewerbe": „Ein doppelwandiger
Beutel [bietet] die vielfältigsten Möglichkeiten [...] Gegenstände, Notiz-
zettel, Give-aways etc. Ihren Teilnehmern unterzujubeln. Denken Sie z. B. an
eine manipulative Gruppenzusammensetzung!? (Rote Gummibärchen =
Gruppe A/Grüne Gummibärchen = Gruppe B)".[5]

Natürlich kann man mit Zaubertricks oder mit den Techniken, die einen
Effekt hervorrufen, andere Menschen manipulieren. Auch wenn der Autor
am Ende seiner Idee hinter das Ausrufungszeichen gleich noch verschämt
ein Fragezeichen setzt, so kann man es trotzdem als Handlungsanregung
lesen.

Man kann mit einem Trick einen Zuschauer „fertig" machen, wenn er z. B.
nicht in der Lage ist, eine scheinbar einfache Handlung vor dem johlenden
Auditorium nachzumachen. In Wirklichkeit hat er keine Chance, weil er den
entscheidenden Kniff nicht kennt. Man erscheint selbst im strahlenden Licht
und das Publikum als Depp, weil es nicht hinter die einfachen Tricks kommt,
mit denen man es gerade hereinlegt. Ebenso kann man – wie in dem oben genannten Buch vorgeschlagen – die Zuschauer bei ihrer Wahlfreiheit manipulieren oder bei (Karten-) Spielen unbemerkt betrügen und gewinnen.[6]

Hier stellt sich dann die ethische Frage: Wie setze ich mein Wissen um
Tricktechniken ein? Was möchte ich erreichen? Manipulation oder Amüse-
ment? Verblüffung oder Betrug? Gemeinsames Vergnügen oder Spaß auf

---

5 Ripp, Gerd: Zaubertraining – Trainingszauber, Magie für Trainer und Weiterbildner. Künzell 2000, S. 26.
6 In diesem Zusammenhang möchte ich Sie auf das verbreitete „Hütchenspiel"
   hinweisen, ein angebliches Glücks- oder Geschicklichkeitsspiel, bei dem ein Mitspieler raten soll, unter welcher von drei Streichholzschachteln ein kleines Kügelchen versteckt ist. Während die ahnungslosen Mitspieler beim ersten Mal
   ihren Einsatz mit Gewinn zurückerhalten, haben Sie bei den nächsten Runden,
   in denen sie ihren Einsatz erhöhen, keine Chance mehr. Das Kügelchen befindet
   sich im entscheidenden Augenblick unter keiner der Schachteln und wird erst
   nach der Wahl des Mitspielers unter eine nicht gewählte gebracht. Es ist damit
   weder ein Glücksspiel, weil es nicht darum geht, etwas Richtiges zu erraten,
   noch ein Geschicklichkeitsspiel, weil es nicht darauf ankommt, wie gut man aufpasst! Es ist einfach nur Betrug mit Hilfe einer Tricktechnik. Durch die Beschäftigung mit Tricks werden Kinder übrigens auch in einem solch betrügerischen
   Bereich wesentlich kritischer, weil sie schon einen ersten Eindruck davon haben,
   was mit Tricks alles möglich ist.

Kosten anderer? Unterhaltung oder Bereicherung? Einschüchternd oder aufbauend?

Sowohl für den eigenen Auftritt als auch für die Zaubergruppe in der Schule sollte diese Frage meines Erachtens nach diskutiert und geklärt werden. Dieser Klärungsprozess sollte dann Aufnahme in die Zauberregeln (siehe S. 196) finden, auf die sich alle Zauberschülerinnen und -schüler verpflichten.

Einige Kunststücke sind in ihrer Präsentationsart ambivalent. Sie können sowohl *mit* einem Zuschauer gespielt werden als auch *gegen* einen Zuschauer. In diesem Buch gehört beispielsweise das Kunststück „Tue, was ich tu!" (siehe S. 64) dazu. Dabei soll ein Zuschauer mit vier einfachen Spielkarten das nachmachen, was der Künstler gerade vormacht. Und es wird ihm nie gelingen, weil er einen geheimen Kniff nicht kennt. Dies verführt dazu, sich über einen Zuschauer zu erheben, ihn öffentlich bloßzustellen oder gar zu demütigen. Es kommt nur auf die Präsentationsart an, wie das Kunststück wirkt. Und damit ist es für etwas ältere Schülerinnen und Schüler ein ausgezeichnetes Demonstrationsobjekt, über die ethischen Fragen nachzudenken. Sie können selbst einmal ausprobieren, wie es ist, wenn man öffentlich als Depp dasteht, und zeigen, wie verschiedene Präsentationsformen ganz unterschiedliche Effekte bei den Mitspielern und den Zuschauern hervorrufen können.

Um noch einmal auf den Managementtrainer zurückzukommen: Was für eine „angewandte Kommunikation" ist das eigentlich, in der es nötig ist, Menschen (bei der Gruppenzusammensetzung) zu manipulieren? Wenn man der Kraft der eigenen Argumente (warum man für eine ausgewählte Übung eine bestimmte Gruppenzusammensetzung wünscht) nicht mehr traut, dann bleibt wohl nur noch der Weg der Manipulation.

Zu den Zauberregeln (siehe S. 196) sollte deshalb auch gehören: Ich verwende keine Tricktechnik, um andere zu betrügen oder beim Spiel zu übervorteilen.

5 Wer kann zaubern lernen?

Muss man bestimmte Voraussetzungen mitbringen, um sich erfolgreich mit einem Zaubertrick zu beschäftigen? Um es gleich vorwegzunehmen: Im Prinzip kann jeder zaubern lernen, sogar Menschen mit einem Handicap. Man kann tatsächlich für blinde Menschen zaubern und blinde Menschen können auch selbst zaubern. Die Auswahl der vorführbaren Tricks ist dann zwar nicht mehr so groß und es bedarf eines soliden Grundwissens über Zaubertricks, um die passenden Kunststücke herauszufinden, aber es ist möglich! So gibt es – ohne dass ich das im Rahmen dieses Buchs weiter ausführen kann – Kunststücke, die rein akustisch nachvollziehbar sind oder in der Hand eines Zuschauers stattfinden, sodass sie auch ein blinder Mensch genauso überrascht und verblüfft miterleben kann wie ein sehender.

Voraussetzungen für das Zaubernlernen sind: die Bereitschaft, sich den Mühen auszusetzen, die das Erlernen eines Tricks erfordert, und die Verpflichtung, sich den Zauberregeln zu unterwerfen. Wenn jemand nur Geheimnisse erfahren, aber nicht selber Kunststücke einstudieren will, dann ist er fehl am Platz. Ein weiteres Kriterium könnte das Alter sein. Ab welchem Alter kann man zaubern lernen?

Alter

„Ab sechs Jahren", oder „von 6 – 99 Jahren", so oder ähnlich lauten auf den meisten Zauberkästen und einigen Zauberbüchern, die in Kinderbuchverlagen erschienen sind, die Hinweise auf die Altersgruppe, für die dieses Material geeignet sein soll. Und es wäre für die meisten Leserinnen und Leser dieser Fundgrube sicher eine wertvolle Unterstützung bei der Arbeit, wenn bei jedem Kunststück ein solcher Hinweis gegeben würde. „Ab der dritten Klasse", „ab Klasse sieben": So hätte man eine sehr eindeutige Zuordnung und könnte bei der Zusammenstellung eines Zauberkurses schnell und treffsicher das passende Programm zusammenstellen.

Ich weiß!

Und trotzdem finden Sie in diesem Buch keinen einzigen Alters- oder Klassenhinweis. In meinen Augen wäre es genauso unsinnig, als wenn man über das Beethoven-Klavierstück „Für Elise" schreiben würde: ab 12 Jahren! Wenn jemand noch nie am Klavier gesessen hat, keine Noten lesen kann und nicht weiß, wo man auf der Tastatur welche Note findet, dann ist derjenige auch mit 37 Jahren vollkommen überfordert.

Die Altershinweise auf Zauberkästen und Zauberbüchern sind in meinen Augen in erster Linie Marketinghilfsmittel. Eltern mit Kindern, die über sechs Jahre alt sind, sollen dieses Buch kaufen. Erst in zweiter Linie sind sie ungefähre Orientierungshilfen, die aber im ungünstigsten Fall nichts nutzen, weil das eigene Kind schon wesentlich weiter in seiner Entwicklung ist oder bestimmte Zusammenhänge noch nicht kennt. In diesem Fall muss man dann doch wieder selber entscheiden, ob ein Buch „ab sechs Jahren" für das eigene sechsjährige Kind geeignet ist oder nicht.

Allgemein gilt, dass als Mindestvoraussetzung ein gewisses Verständnis dafür vorhanden sein soll, was „Zaubern" ist. Kindern von drei oder vier Jahren fehlt meistens noch dieses Verständnis. Sie erfreuen sich zwar an einer Vorstellung, bei der Dinge erscheinen und verschwinden. Aber sie leben selber noch in einer zauberhaften Welt, in der solche Dinge ganz normal sind.[7]

---

7 HEIKE BUSSE veröffentlichte ihre Gedanken zu diesem Thema unter der Überschrift „Denkentwicklung und Magie" (in: BUSSE, HEIKE: Zauberhaftes Lernen, Dortmund 2002, S. 15 ff.). Sie stellt dort die entwicklungspsychologischen Voraussetzungen zum Verstehen eines Zaubertricks zusammen. In Anlehnung an PIAGET sind für Kinder mit einer animistischen Weltdeutung (zwischen zwei und sechs Jahren) Zaubertricks natürliche Erscheinungen. Ein kleiner Schaumstoffball ist ein belebtes Objekt, das nicht aus der Hand verschwunden ist, sondern sich selber versteckt hat. Erst wenn die Kinder erkennen können, dass die Zauberkunst die Naturgesetze auf den Kopf stellt und Unmögliches möglich macht, wird der Zauber zur Zauberkunst.

Deshalb unterscheide ich zwischen Kindern, *für* die man zaubern kann, und Kindern, *mit* denen man zaubern kann. Ersteres ist auch mit Kindern möglich, die noch in einer kindhaften Zauberwelt leben, die noch nicht erkennen können, dass es die Leistung des Künstlers ist, wenn etwas Wunderbares passiert, die für das Verschwinden eines Gegenstandes die Berührung mit dem Zauberstab verantwortlich machen. Sie haben genauso viel Freude an einer kindgerechten Zaubervorstellung wie ein Erwachsener – wenn auch aus anderen Gründen, vor einem anderen Verstehenshorizont.

Von größerer Bedeutung für das Zaubernlernen sind die persönlichen Begabungen der Schülerinnen und Schüler. Um dies aber für die Schule handhabbar zu machen, zwei allgemeine Bemerkung zum Alter: Für einen Zauberkurs ist eine zu große Altersstreuung – oder um es genauer zu sagen: Streuung in der Entwicklungsstufe – nicht günstig. Es ist zwar gut, wenn auch etwas ältere Kinder dabei sind, die den jüngeren unter Umständen helfen können, aber wenn der Alters- bzw. Entwicklungsunterschied zu groß ist, besteht die Gefahr, dass die Gruppe zerfällt und arbeitsunfähig wird. Und zweitens: Je jünger die Zauberlehrlinge sind, umso intensiver ist der Betreuungsaufwand beim Basteln und Einstudieren der Kunststücke. Darum empfehle ich: Je jünger die Kinder, umso kleiner die Gruppe, damit man jedem Kind ausreichend helfen kann.

Persönliche Begabungen

Anhand von vier Stichworten sollen die wesentlichen persönlichen Voraussetzungen angesprochen werden, nach denen sowohl die Zauberlehrlinge als auch die zu erlernenden Kunststücke bewertet werden sollen.

Logisches Denken: Wenn Sie die Kunststücke in der Zauber-Fundgrube ausprobieren, werden Sie vielleicht bei dem einen oder anderen Kunststück denken: Das ist kompliziert zu verstehen; in welcher Reihenfolge müssen die einzelnen Schritte ausgeführt werden und warum? Doch um einen gewünschten Effekt zu erreichen, muss eine bestimmte Anzahl von Einzelschritten in der richtigen Reihenfolge absolviert werden. Ein besonderes Problem besteht darin, dass manchmal eine vorbereitende Handlung zu einem bestimmten Zeitpunkt ausgeführt werden muss, damit viel später eine zweite Handlung den gewünschten Effekt hervorruft. Diese direkte Trennung von Ursache und Wirkung macht es schwieriger, ein Kunststück einzustudieren. „Warum muss ich jetzt den Becher in die Tüte stellen; sie soll doch leer sein?"

Wenn das Ergebnis der Handlungen nicht mit den Augen kontrollierbar ist, weil die Handlung verdeckt ausgeführt wurde, und erst später überprüfbar ist, ob alles richtig war, ist dies ein zusätzliches Problem (z. B. bei Kartenkunststücken, wenn die Karten mit der Rückseite nach oben auf den Tisch gezählt werden: Hat man alles richtig gemacht, muss die Karte, die der Zuschauer gewählt hat, an der elften Stelle liegen. Aber ob man alles richtig gemacht hat, sieht man erst, wenn man die elfte Karte umdreht und der Zuschauer bestätigt, dass dies seine Karte ist). Für die Auswahl der passenden Kunststücke sollte deshalb immer ein Kriterium sein, ob die Kinder schon in der Lage sind, die einzelnen Handlungen, ihren logischen Ablauf zu verstehen. Dazu gehört unter anderem, dass man bei der Vorführung zu jedem Zeitpunkt weiß, was man tut und warum man es tut.

Wie auch in der übrigen Pädagogik gilt hier: von dem einfachen Kunststück zum schwierigeren. Während das erste Kunststück ein „Selbstgänger" ist, ist das zweite ein Kunststück, bei dem man etwas für den Effekt tun muss, aber dabei immer die optische Kontrolle behält. Schließlich werden solche Kunststücke erlernt, die man teilweise blind ausführen muss, das heißt, bei denen man zeitweise nicht mit den Augen kontrollieren kann, ob man alles richtig macht. Vor allem Kartenkunststücke gehören in diese Kategorie.

Motorische Fähigkeiten: Die meisten Kunststücke werden mit Gegenständen ausgeführt. Es gibt einige wenige Kunststücke für fortgeschrittene Zauberkünstler, bei denen der Vorführende nichts in die Hand nehmen muss. Entweder hantiert der Zuschauer selber mit allen Gegenständen oder es wird nur mit den Gedanken der Zuschauer gezaubert. Ein Beispiel dafür ist der Trick „Meine Vorhersage" (siehe S. 55), bei dem es nicht notwendig ist, dass die Künstlerin die Spielkarten in die Hand nimmt. Diese können schon vorher ausgelegt worden sein. Die Künstlerin liest oder trägt nur noch die Anweisungen vor und überwacht, dass der Mitspieler alles nach Anweisung ausführt. Den Rest macht der Mitspieler!

Für das Hantieren mit Gegenständen sind bestimmte motorische Fähigkeiten Voraussetzung. Als Erstes muss in diesem Zusammenhang geprüft werden, ob die Gegenstände, mit denen gezaubert werden soll, überhaupt von den Kindern ohne Mühe in die Hand genommen werden können. Ein Kartenspiel ist vielleicht zu dick, zu breit oder zu lang, sodass es von dem Kind nicht sicher gehalten werden kann, geschweige denn geheime Manipulationen damit ausgeführt werden können. Der Krug, aus dem Wasser

umgeschüttet wird, ist viel zu schwer, die zu große Zeitung kann nicht aufgefaltet und dann so dem Publikum gezeigt werden.

Wenn die Gegenstände passen, werden die motorischen Fähigkeiten der
Zauberlehrlinge unter die Lupe genommen. Hierbei geht es dann nicht darum, ob ein Kind eine bestimmte Fähigkeit schon besitzt (z. B. ob es bei dem
Trick „Der springende Gummiring" auf S. 50 mit dem rechten Daumen die
Fingerwurzel des rechten kleinen Fingers berühren kann), sondern in erster
Linie geht es um eine Abschätzung, mit welchem Übungsaufwand das Kind
dies erlernen kann. Wird dies eine positive – weil vom Erfolg gekrönte – oder
doch wieder eine von vielen frustrierenden Lernerfahrungen werden? Wenn
man die feinmotorischen Fähigkeiten der Zauberlehrlinge besonders schulen möchte, dann kann man zu Beginn jeder Zauberstunde kleine „Zauber-
Aufwärmübungen" einführen, die die Feinmotorik, die Koordination zwischen Augen und Händen usw. stärken. Wie ein Sportler, der sich vor dem
Fußballspiel, vor dem Wettlauf warm machen muss, müssen sich auch Zauberkünstler warm machen. Bei Bedarf sollen die Kinder diese Übungen auch
zu Hause und vor jedem Trick ausführen. Hierzu können übrigens auch Entspannungsübungen gehören, die zu einer inneren Ruhe vor dem Auftritt
führen sollen. Atemübungen oder kleine autogene Übungen, die alleine oder
in der Gruppe ausgeführt werden, nehmen einen Teil der Nervosität vor dem
Auftritt.

Ausdauer und Konzentrationsfähigkeit: Jeder Trick, auch wenn er ein
„Selbstgänger" ist, erfordert ein Mindestmaß an Ausdauer und Konzentrationsfähigkeit. Das Herstellen der Hilfsmittel, das Üben und mehrfache
Durchspielen des Tricks, die Vorbereitung der Vorführung und schließlich
die Vorführung selbst: In jeder dieser Phasen sind Ausdauer und Konzentration wesentlich. Durch eine geschickte Auswahl ist es möglich, Kunststücke einzuüben, die einerseits eine Herausforderung an die Konzentrationsfähigkeit und die Ausdauer stellen, andererseits aber nicht überfordern.

Rollenverständnis: Wer zaubert, begibt sich damit in eine besondere Rolle.
Bei Kindern besteht in den ersten Lebensjahren noch ein egozentrisches
Denken. Die ganze Welt wird aus dem eigenen Blickwinkel gesehen und ge-
deutet. Voraussetzung für das Zaubern ist aber zu verstehen, dass es für ein
Zauberkunststück zwei Blickwinkel gibt, den des Zauberers und den des Pu-
blikums. Die Beschäftigung mit Zaubertricks hilft dabei, eine egozentrische

Sichtweise zu überwinden. Beim Einüben und Vorführen muss die Zuschauerperspektive immer mitberücksichtigt werden, damit eine Darbietung erfolgreich sein kann. Durch unterschiedliche Präsentationsformen ein und desselben Kunststücks kann jeder Künstler auch verschiedene Darbietungsrollen ausprobieren: der seriöse Zauberer, der geheimnisvolle Zauberer, der Clown-Zauberer, die Hexe, die Fee usw. Dies ermöglicht, sich selber in verschiedenen Rollen zu erleben und dabei auszuprobieren, wie man darin auf die Umwelt wirkt. Das Feedback gibt Auskunft über die Differenz zwischen Selbst- und Fremdbild. Ein wichtiger Lernaspekt, der in diesem Rahmen gefahrlos ausgespielt werden kann.

Ich bin übrigens der Meinung, dass auch geistig behinderte Menschen zaubern können. Ich kann zwar nicht beurteilen, wie sie das eigene Zaubern erleben, aber ich spüre immer eine große Freude, wenn sie z. B. vor Publikum aus einer ursprünglich leer gezeigten Kiste bunte Tücher hervorziehen und das Publikum dies mit Beifall belohnt. Vielleicht ist es das Bunte der Tücher, vielleicht der Applaus, der das Lächeln auf das Gesicht „zaubert". Das ist es allemal wert!

Schulform

Aus dem bisher Gesagten sollte deutlich geworden sein: Wenn die persönlichen Begabungen stimmen und die einzustudierenden Kunststücke klug ausgewählt wurden, dann ist die Schulform unerheblich.

6 Wie mich das Zauberfieber packte und ich deshalb das Zaubern lerne!

(von Ute Wegeleben)

(*UTE WEGELEBEN ist Mathematik- und Physiklehrerin in den Sekundarstufen I und II am Dresdener Julius-Ambrosius-Hülße-Gymnasium. Besonderer Schwerpunkt ihrer Arbeit sind offene Unterrichtsformen. Sie hat ihre Erfahrungen beim Zaubernlernen und den Transfer in die Schule für diese Zauber-Fundgrube aufgeschrieben, wofür ich herzlich danke. Sie finden ihren Erfahrungsbericht in dieses Buch eingestreut. U. R.*)

Da bin ich nun seit mehr als zehn Jahren Physiklehrerin an einem Gymnasium und glaube, einige physikalische Experimente erscheinen den Schülern sicher „wie Zauberei". Auch in meinem Mathematikunterricht habe ich, insbesondere in den jüngeren Klassenstufen, schon oft mit Zahlen- und Knobelspielen[8] die Schüler im Unterricht neugierig gemacht und zum Lernen motiviert.

---

8 Tangram, Soma-Würfel, Holzkreuzpuzzle, zerschnittene Rechtecke, bei deren erneutem Zusammenlegen plötzlich ein Stück des Flächeninhaltes verloren geht, und Ähnliches.

Und zu privaten Geburtstagen kann man mir mit solchen Denk- und Knobelspielen stets große Freude bereiten. Heißt das dann schon: Ich kann – zumindest ein bisschen – zaubern?

So „vorgebildet" meldete ich mich zu einem Seminar „Zaubern lernen für den pädagogischen Einsatz" in Berlin an. Eine Erwartungshaltung hatte ich nicht (erholungsbedürftige, überarbeitete Lehrerin!). Ich wollte mich einfach überraschen lassen und war sehr gespannt, was passieren würde.
Hätte mir jemand vorher gesagt, wie nachhaltig sich diese beiden Tage auf meine weitere Arbeits- und Freizeitgestaltung auswirken würden – zu Risiken und Nebenwirkungen fragen Sie Ihren Zauberlehrer –, ich wäre trotzdem oder sogar erst recht gefahren.

Schon nach kurzer Zeit im Kurs war klar: Hinter den verblüffenden Zauberkunststücken, die wir erlebten, steckten nicht gesehene, nie vermutete, doch meistens einfache, völlig logische Erklärungen. Die Faszination war groß! Es stand aber auch die Frage im Raum: „Wie gelingt es dem Künstler, das Trickgeheimnis zu verbergen?" Es gehört so viel dazu (oder auch so wenig?), ein Kunststück perfekt zu zeigen. Der Reiz, es selbst auszuprobieren, war sofort da!

Das Trickgeheimnis, die Sicht des Zauberers zu kennen, ist lange nicht alles: Ebenso gehören üben, üben, und nochmals üben, sich an Regeln und Abläufe halten und eine eigene Zauberpersönlichkeit entwickeln (sind Sie ein guter Redner?) genauso dazu. Konkret: Wie trägt man ein Kunststück so vor, dass es auch die gedachte und erhoffte Wirkung erzielt? Ich war bereit, mich darauf einzulassen. Einfach „aus dem Bauch heraus" fühlte ich mich in der Rolle des Zauberlehrlings recht wohl.
    Bereits während des Seminars in Berlin entwickelte sich der Wunsch nach immer mehr, nicht nur an Tricks und ihren Geheimnissen, sondern auch an dem „Wie?". Oft sahen wir Teilnehmer uns immer wieder denselben Trick an und obwohl wir das Geheimnis ja nun kannten, staunten wir immer noch mit offenem Mund, wenn es vorgeführt wurde. Unsere ersten eigenen Zauberversuche vor den Seminarteilnehmern waren eher zaghaft und fragend, aber der erste Schritt war getan.

Von nun an sog ich förmlich alles in mich auf, was mit Zauberkunst zu tun hatte. Keine Bibliothek, kein Buchladen, kein Zauberkasten waren mehr vor mir sicher. Einen großen Teil meiner Freizeit füllte ich damit aus; meine Gute-Nacht-Lektüre war stets ein Buch über Zauberei. Wagte ich mich zunächst an Kinder- und Jugendbücher, wurde ich später immer wissbegieriger und sicherer im Umgang mit der ganz eigenen Zauberfachsprache.

Jede noch so kleine Vorführung im Kreis der Familie, bei Freunden oder in der Schule spornte mich mehr an. Ich entdeckte unglaublich viele Möglichkeiten, Zaubereien und das Zaubernlernen positiv einzusetzen, insbesondere eben bei meiner Arbeit als Lehrerin.

Ich glaube nicht, dass ich einmal auf einer Bühne auftreten werde – dies ist nicht mein Ziel. Aber mit meiner Begeisterung andere anstecken und für mein neues Hobby, die Zauberkunst, interessieren, daran liegt mir sehr!

Meine anfängliche Frage möchte ich noch klären: Kann nun ein knobelbegeisterter, gern experimentierender, neugieriger Mensch schon zaubern? Natürlich kann er das, aber solange er das nicht weiß, „könnte" er es nur und wird es deshalb nicht tun!

7 Zaubern als Persönlichkeitsentwicklung

Ich habe nichts dawider, daß die Knaben ihre müßigen Stunden mit solchen Thorheiten (d. h. Zaubertricks) ausfüllen. Es ist, besonders in Gegenwart eines kleinen Publikums, ein herrliches Mittel zur Übung der freien Rede und Erlangung einiger körperlicher und geistiger Gewandtheit, woran wir Deutschen ohnehin keinen Überfluß haben. Der Nachtheil allenfalls entstehender kleiner Eitelkeiten wird durch solchen Gewinn vollkommen aufgewogen.

JOHANN WOLFGANG VON GOETHE

Wer zaubert, macht beim Einstudieren und Vorführen Erfahrungen, die sich in vielen Fällen von den alltäglichen Erfahrungen unterscheiden: Man steht im Mittelpunkt des Interesses, erlebt Erfolg und Scheitern, erweitert seine körperlichen und geistigen Fähigkeiten und lernt es, vor einer Gruppe zu stehen und zu sprechen. Die Liste ließe sich noch erheblich fortsetzen. Zaubern lernen ist ein ganzheitliches Lernen! In diesem Kapitel, dem ersten mit beschriebenen Zaubertricks, soll gezeigt werden, wie Zaubern gezielt zur Persönlichkeitsentwicklung eingesetzt werden kann. Dafür habe ich acht wichtige Bereiche ausgesucht, die auch in der Schule eine große Rolle spielen und in denen Ihre Schülerinnen und Schüler durch das Zaubern konkrete Förderung erfahren können. Jeweils nach einer kurzen inhaltlichen Einführung zu jedem Bereich wird anhand von einem oder zwei Tricks gezeigt, wie man beispielsweise durch einen Zaubertrick den Kontakt zu einem Schüler herstellen kann, wie ein Kind es lernt, mit anderen zusammenzuarbeiten usw.

Tipps zum Einstudieren

1. Verstehen, *was* der *Effekt* ist

Nachdem die Beschreibung komplett durchgelesen wurde, wird im ersten Schritt rekonstruiert, was die Zuschauer sehen werden. Was ist der Effekt? Warum werden die Zuschauer verblüfft sein? Erst wenn die Zuschauersicht über die gesamte Dauer der Vorführung des Zaubertricks klar ist, sollte man sich dem Trickgeheimnis widmen. Gerade wenn der Trick im Denken kompliziert konstruiert ist, hilft es viel, wenn man zu jedem Zeitpunkt des Übens weiß, was der Zuschauer jetzt sehen soll und in welcher Phase man sich gerade befindet.

2. Verstehen, *wie* der *Effekt* zustande kommt (Trickgeheimnis)

Das Trickgeheimnis kann seinen Grund in einer besonderen Beschaffenheit des Trickgegenstandes haben, der für die Zuschauer nicht ersichtlich ist. Hier kommt es dann darauf an, dieses Geheimnis zu kennen und gegebenenfalls darauf zu achten, wie man es bei der Vorführung bestmöglich verschleiert, damit die Zuschauer es nicht entdecken können. Oder das Geheimnis beruht auf einer besonderen Abfolge von Bewegungen und Handgriffen, die zum Teil vor den Augen der Zuschauer geheim gehalten werden müssen. Hier geht es darum, die Bewegungsabläufe vor dem Einstudieren in allen Einzelheiten verstanden zu haben. Oder schließlich: Das Geheimnis liegt in der Kombination eines speziell präparierten Gegenstandes und einer bestimmten Handhabung des Gegenstandes. Verstehen heißt hier, möglichst genau zu wissen, wie der Gegenstand präpariert wird, wie der genaue Ablauf der einzelnen Handlungsschritte ist und wie diese sich auf die Präparation auswirken; vor allem dann, wenn die Präparation für den Künstler während der Vorstellung nicht mehr zu sehen ist. Bei der „Wasserzeitung" z. B. (siehe S. 122) kommt es immer wieder zu feuchten Überraschungen, weil die Zeitung in die falsche Richtung gedreht oder zu weit gedreht wurde. Ich führe dies darauf zurück, dass die Funktionsweise des unsichtbaren Hilfsmittels nicht hundertprozentig verstanden oder aus Unachtsamkeit ein Denkfehler bei der Präsentation begangen wurde. Die genaue Kenntnis der Präparation und ihrer Funktionsweise, wenn sie man auf die eine oder andere Weise benutzt, ist für jeden Trick außerordentlich wichtig.

Wenn für den Zaubertrick ein Gegenstand gebastelt werden muss, dann ist jetzt der richtige Zeitpunkt dafür.

3. Ausprobieren/Einstudieren der *Handhabung*

Wenn man verstanden hat, was zu tun ist, und alle erforderlichen Requisiten bereitstehen, kommt die Phase des intensiven Übens, bei der man Schritt für Schritt die Handhabung einüben muss, bis alles sitzt. Dabei wird immer wieder auch die Perspektive gewechselt, um aus der Zuschauersicht das eigene Tun zu kontrollieren. Dies kann unter Zuhilfenahme einer Videokamera, eines Spiegels oder eines Zauberpartners geschehen, der ein „Zuschauer"-Feedback gibt. Der Zauberpartner hat den entscheidenden Vorteil, dass er am besten aufpasst und unter Umständen seine Position etwas verändern kann und so auch aus einem kritischen Blickwinkel alles sieht.

Wenn die Handhabung sitzt, muss das Kunststück so verpackt werden, dass es dem Publikum präsentiert werden kann.

4. *Präsentation* ausdenken und einüben

Zaubern ist Kommunikation – diese These wurde bereits am Anfang dieses Buches aufgestellt. Bei der Vorführung kann es deshalb nicht nur um das technisch perfekte Vorführen eines Handlungsablaufes gehen, sondern dieser muss in eine kommunikationsfähige Präsentation verpackt werden. Im Prinzip gibt es dafür drei verschiedene Möglichkeiten:
a) als Monolog vor den Zuschauern,
b) als Dialog mit den Zuschauern oder
c) untermalt mit Musik.
Der einfachste Monolog besteht in dem Erzählen einer selbst erlebten Geschichte oder eines Märchens (siehe S. 90, „Crazy Compass"). Die entscheidenden Passagen in der Geschichte werden durch das Trickgeschehen untermalt. Der Monolog kann entweder auf bestehende Texte zurückgreifen, die dann leicht adaptiert werden, oder aber er wird passend zu dem Effekt neu erfunden.

Der Dialog ist vor allem dann gefordert, wenn ein oder mehrere Zuschauer aktiv in den Trick einbezogen werden. Sie sollen einen Gegenstand auswählen, eine kleine Rechenaufgabe im Kopf ausführen usw. Bei einem solchen Dialog müssen die Arbeitsaufträge für die Mitspieler sehr präzise formuliert werden, damit sie verstehen können, was sie tun sollen (siehe S. 55, „Meine Vorhersage"). Ein solcher Dialog kann dann zur allgemeinen Unterhaltung noch mit kleinen Scherzen oder Scherzfragen („Was ist ein eisenhaltiges Abführmittel? – Eine Handschelle!") angereichert werden. Allerdings sollte das eigentliche Trickgeschehen nie aus dem Auge verloren werden. Wenn ein Zuschauer vor lauter Lachen vergessen hat, wie die Karte hieß, die er sich heimlich ausgewählt hat, wenn Zuschauer nicht mehr wissen, dass der Schuhkarton zu Beginn einwandfrei leer gezeigt wurde, dann war alles für die Katz, der Effekt kann nicht mehr wirken.

Und schließlich kann das Kunststück mit Musik[9] unterlegt werden.

Sind diese vier (und eine halbe) Phase absolviert, dann kann es zur ersten öffentlichen Vorführung des Tricks kommen.

Zaubern als Türöffner

Bisher war schon die Rede davon, dass ein Zauberkunststück nicht nur davon lebt, dass ein Trick vorgeführt wird, sondern dass neben der perfekten Beherrschung der Tricktechnik ebenso die Kommunikation mit dem Publikum ein Baustein zum Erfolg ist. Erst wenn man es schafft, mit einem und durch einen Trick eine Beziehung herzustellen, kann die gesamte Vorführung zum Erfolg werden.

Im Laufe der Zauber-Fundgrube werden wir immer wieder auf den Aspekt dieser Kommunikation zurückkommen. „Der springende Gummiring" (siehe S. 50) steht exemplarisch dafür, wie man mit einem kleinen Kunststück die Kommunikationstür zu einer verschlossenen Person öffnen kann.

„Zaubern als Türöffner", dabei sind einige Grundregeln zu beachten:
- **Der Zauberer darf keine Angst auslösen.**
  Um eine Kommunikation aufbauen zu können, ist es notwendig, dass der Zauberer keine Angst auslöst. Die Schüler könnten Angst davor haben, etwas Falsches zu sagen oder zu machen und sich so vor dem Lehrer/Zauberer und der Klasse zu blamieren. Man kann Zauberkunststücke dafür verwenden, um einen Zuschauer zu blamieren, ihn bloßzustellen. Darauf habe ich bereits hingewiesen. Dies kann in dem Effekt oder in der Vortragsgestaltung begründet liegen. Vor allem wenn ein Zuschauer etwas

---

9   Aus dem Bereich der Musik mit Text gibt es einige Lieder, die das Zaubern thematisieren. Hier sei nur an HERMAN VAN VEEN („Könntest du zaubern") und BAP („Du kannst zaubre") erinnert. Aber selbstverständlich eignet sich auch Instrumentalmusik. Allerdings sollte darauf geachtet werden, dass die einzelnen Musikstücke eher kurz sind, sodass ihre Dauer je einer Tricklänge entspricht. Die Dramaturgie der Musik muss dann mit dem Trick und seinen einzelnen Phasen abgestimmt werden.

nachmachen soll, zum Beispiel ein Seil restaurieren, was ihm aber nie ohne Hilfe des Künstlers gelingen wird, kann diese Situation schnell peinlich werden. Aber auch die Vortragsgestaltung kann durch derbe, wenn auch witzig gemeinte Bemerkungen zur Publikumsbeschimpfung ausarten. Unter diesen Bedingungen wird kaum jemand freiwillig helfen wollen. Und die Türen werden dadurch eher laut zugeworfen als geöffnet.

Das ganze Umfeld eines Tricks, der als Starthilfe für eine Kommunikation gedacht ist, sollte also vertrauensbildend sein.

- **Die Beteiligung sollte möglichst geringe Anforderungen an den Kommunikationspartner stellen.**

Je geringer die Anforderungen an den Mitspieler oder die Mitspielerin sind, umso leichter ist es, ihn oder sie zum Mitmachen zu bewegen. Die Bitte *„Kannst du mir beim Zaubern helfen?"* verunsichert manche Kinder, weil sie nicht wissen, was von ihnen erwartet wird. Die Angst, überfordert zu werden, löst mindestens ein Unbehagen aus. Deshalb sollte man die Bitte möglichst genau beschreiben und nur um solche Dienste bitten, die das Kind leicht bewältigen kann: *„Kannst du bitte diesen Zauberball in deiner Hand festhalten?" „Kannst du bitte einmal mit einer Hand über meiner Hand eine Bewegung machen?" „Kannst du diesen Zauberspruch sagen?"* Die Aufgabe, die der Helfer übertragen bekommt, sollte möglichst auf die individuellen Fähigkeiten abgestimmt sein. Wenn ein Kind Schwierigkeiten mit dem Sprechen hat, dann werde ich es als Einstieg nicht darum bitten, vor einem großen Publikum etwas zu sagen. Wenn es Schwierigkeiten hat, seine Bewegungsabläufe zu kontrollieren, dann werde ich ihm keinen instabilen Aufbau zum Halten überreichen, der umfallen kann usw.

- **Der Erfolg wird auf den Kommunikationspartner abgeleitet.**
Schließlich sollte der Erfolg auf das Kind abgeleitet werden. Dadurch, dass es den Ball gehalten, den richtigen Zauberspruch gesagt oder die entscheidende Handbewegung gemacht hat, hat es den Erfolg des Tricks verursacht. Die Arbeit dem Lehrer, der Ruhm dem Kind!
Wenn vor einem Publikum, also der Klasse, gearbeitet wird, dann werden die Zuschauer ausdrücklich zum Applaus für das Kind aufgefordert, das jetzt diesen Trick zuwege gebracht hat. Dass das Kind meist keine Ahnung hat, wie das Kunststück funktioniert, ist für den Erfolg dieser Methode unerheblich.

Wenn die erste Assistenz für das Kind ein Erfolg war, dann hat man auf diese Weise die Kommunikations-Tür einen Spalt weit geöffnet. Es ist dann in einem zweiten und dritten Schritt möglich, darauf aufzubauen.

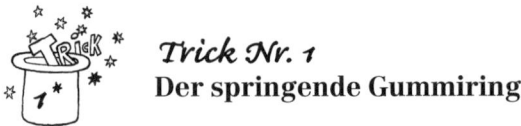

Trick Nr. 1
Der springende Gummiring

Einsatzfeld

Kontaktaufnahme; Fingerfertigkeit

Effekt

Ein Gummiring, der über den kleinen und den Ringfinger der rechten Hand des Künstlers gespannt wurde, springt, nachdem ein Kind einen Zauberspruch gesagt, eine geheimnisvolle Bewegung gemacht oder etwas Zaubersalz auf die Hand gestreut hat, auf den Mittel- und Zeigefinger. Und auch unter verschärften Bedingungen, bei denen als Sicherung ein zweiter Gummi über die Hand gespannt wird, springt er trotzdem munter zwischen den Fingern hin und her.

Materialliste

Ein paar Gummiringe. Es gibt sie mit verschiedenen Durchmessern. Welche Größe für Sie gut ist, hängt vor allem von der Handgröße ab. Gummiringe, die schon etwas älter und im Material mürbe geworden sind, eignen sich für dieses Kunststück nicht mehr. Wenn der Trick vor einem größeren Kreis präsentiert werden soll, empfehle ich bunte Haargummis, die man von weitem besser erkennen kann.

Vorbereitung

Keine! Das Kunststück kann aus dem Stegreif vorgeführt werden.

Handhabung/Vorführung

Der Gummi wird über den kleinen und den Ringfinger der rechten Hand gelegt. Der Gummi hängt in die Handinnenfläche. Dabei zeigt – wie auch während der ganzen Vorführung – der Handrücken in Richtung Publikum. Die Finger sind ausgestreckt (siehe Abbildung a). Bevor sich Zeigefinger, Mittelfinger, Ringfinger und Kleinfinger zur Faust schließen, geht der Daumen in die Handinnenfläche und dort mit dem Daumennagel unter den Gummiring. Der Gummi wird durch den Daumen gespannt (siehe Abbildung b). Die übrigen vier Finger gehen in den Gummiring hinein. Ist dies geschehen, geht der Daumen wieder aus dem Ring und in seine Ausgangsposition zurück (siehe Abbildung c). Nach einer kurzen Pause öffnet sich die Faust und der Gummi springt auf die ersten beiden Finger.

Von dort aus kann der Gummiring selbstverständlich auch wieder zurückwandern, was aber ein bisschen schwieriger ist und deshalb noch etwas mehr geübt werden sollte.

Als Steigerung wird ein zweiter Gummiring über die Fingerspitzen gespannt. Dabei wird der Gummiring immer zwischen den Fingern verdreht, sodass jeder Finger einzeln eingeschlossen ist (siehe Abbildung d). Trotz dieser Erschwernis springt der erste Gummi problemlos zwischen den Fingern hin und her.

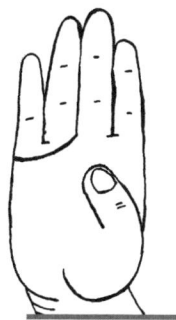
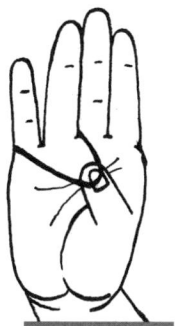

Abb. a:
So sieht es
der Zuschauer.

So sieht es
der Künstler.

Abb. b:
Künstlersicht

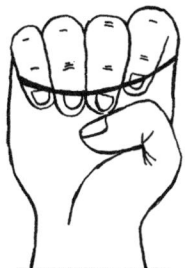

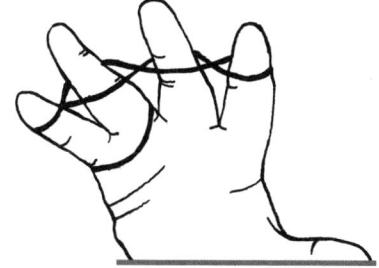

Abb. c:
Zuschauersicht

Künstlersicht

Abb. d:
Künstlersicht

Achtung

Je ruhiger die rechte Hand gehalten wird, umso klarer und deutlicher können die Zuschauer den Effekt verfolgen.

Das Kunststück wirkt dann besonders gut, wenn es vis à vis als „Privat"-Vorstellung vor einzelnen Zuschauern oder einer kleinen Gruppe vorgeführt wird. Die unmittelbare Nähe und die Einbeziehung durch einen Zauberspruch machen einen Teil der Faszination aus.

Je langsamer und klarer man jede Handbewegung ausführt, umso überzeugender ist der Effekt. Vor dem Effekt und danach sollte durch eine ruhige Drehung der Hand gezeigt werden, dass der Ring einwandfrei auf den ersten oder letzten Fingern sitzt.

Um das Trickgeheimnis besser zu schützen, niemals bei einer erneuten Vorführung den Gummi in die Ausgangslage zurückklappen, sondern immer (auch wenn vorher bei der schwierigeren Version der zweite Gummi abgenommen werden muss) den Gummi ganz von der Hand abnehmen und dann in die neue Position bringen.

In einigen Zauberbüchern[10] ist eine vereinfachte Handhabung beschrieben: Die zweite Hand spannt den Gummi, sodass die vier Finger ganz leicht in die Schlaufe kommen. Dies ist zweifelsfrei einfacher, aber die Fingerfertigkeit wird natürlich mehr herausgefordert, wenn das Kunststück nur mit einer Hand vorgeführt wird. Für die Zuschauer ist es so undurchschaubarer. In einer gesteigerten Variante dieses Kunststücks wechseln zwei verschiedenfarbige Gummiringe ihre Plätze. Dazu wird ein roter Gummi über Zeige- und Mittelfinger, ein grüner über Ring- und kleinen Finger gesteckt. Der Daumen geht nun als Erstes in den roten und dann in den grünen Gummi (siehe Abbildung e).

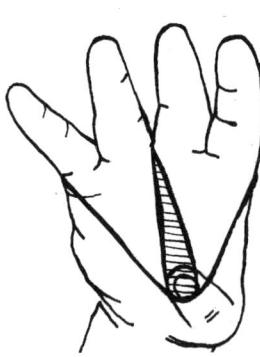

Abb. e: Künstlersicht

---

10 Zum Beispiel: BUSSE, HEIKE: Zauberhaftes Lernen, Dortmund 2002, S. 140 ff. Dem dort gemachten Vorschlag, das Kunststück als „Bühnentrick" zu verwenden, widerspreche ich trotz des sehr netten Themenvorschlages ausdrücklich. Bei einem Bühnentrick müssen alle Zuschauer, auch die in der letzten Reihe, die Chance haben, das Kunststück gut zu erkennen. Dafür sind selbst Haargummis zu klein.

Die vier Finger müssen dann in das Feld kommen, das die Schnittmenge der beiden Gummis darstellt. An dieser Stelle kann man vielleicht einmal kurz mit der zweiten Hand zu Hilfe kommen, um diesen Bereich etwas zu dehnen, damit die Finger leichter an ihren Platz kommen. Jetzt wechseln die Gummis ihren Platz. Wenn Sie diese Variante mit Haargummis vorführen wollen, besteht die Gefahr, dass sich die Gummis beim Umklappen miteinander verhaken und nicht ordnungsgemäß an dem neuen Platz landen. Auch hier können Sie zusätzlich ein Gummi als Erschwernis einsetzen.

Um den Kontakt zu einem Kind herzustellen, soll das Kunststück entsprechend „eingepackt" werden. Wichtig ist dabei, dass das Kind nicht das Gefühl bekommt, überfordert zu werden. Es sollte nur einen sehr kleinen aktiven Teil an dem Trickgeschehen leisten, aber Ruhm und Ehre ernten: *„Du hast mit deinem Zauberspruch diesen Trick vollbracht!"* Das Gespräch sollte so angelegt sein, dass sich das Kind auch ohne große Worte an der Kommunikation beteiligen kann. Und sei es nur durch ein Kopfschütteln oder Nicken. Ein Einstieg könnte zum Beispiel so aussehen: *„Wusstest du, dass du mit deiner Hand zaubern kannst?"* Kopfschütteln. *„Ich zeig es dir. Hier auf der Hand über diesen beiden Fingern hängt ein Gummiring. Und wenn du jetzt mit deiner Hand eine Zauberbewegung über meine Hand machst* (eine Bewegung vormachen!), *dann wird ein kleines Wunder geschehen."* Wenn alles geklappt hat, kann das Kind beim nächsten Kunststück noch aktiver einbezogen werden, indem es einen Gegenstand in der Hand hält oder einen Zauberspruch sagt.

Zaubern und Selbstbewusstsein

Selbstbewusstsein hat meist mit Erfolgs- und Misserfolgserfahrungen zu tun. Ich kann nichts – ich bin nichts! Diese einfache Gleichung spielt sich (un)bewusst in manchem Kopf ab. Mithilfe von einfachen Zauberkunststücken ist es möglich, das Selbstbewusstsein und das Selbstvertrauen zu stärken. Voraussetzung hierfür ist es, dass der Schüler oder die Schülerin ein Erfolgserlebnis mit dem Trick hat.

Es gibt einige Kunststücke, die quasi automatisch funktionieren, die so genannten „Selbstgänger". Aber auch bei den Selbstgängern gibt es unterschiedliche Schwierigkeitsgrade. Während einige geringer Vorbereitungen bedürfen, die man notfalls mit der Beschreibung in der Hand durchführen kann, sind andere in Vorbereitung und Durchführung schon anspruchsvoller. Je nach Fähigkeit der Schülerinnen und Schüler können solche Kunststücke ausgewählt werden, die dem Leistungsvermögen entsprechen und trotzdem eine kleine Herausforderung darstellen.

Der Begriff „Selbstgänger" ist in diesem Zusammenhang etwas irreführend, weil das Kunststück zwar beinahe automatisch funktioniert, aber dennoch verstanden und ausprobiert werden muss.

Zu Anfang wird vielleicht ein Kunststück einstudiert, bei dem es reicht zu wissen, dass es funktioniert, und man nur überlegen muss, wie man es präsentiert (z. B. „Find the Lady", siehe S. 118). Das zweite oder dritte Kunststück kann dann schon mehr Anforderungen stellen, eine größere Herausforderung sein.

Für die Übungsgruppe kann man übrigens als Regel einführen, dass nach jeder Präsentation, gleichgültig wie gut sie geklappt hat, geklatscht wird. Der Applaus zeigt die Anerkennung für die Bereitschaft, das Kunststück vor dem Probepublikum vorzuführen. Und bei öffentlichen Vorführungen können ein paar angewiesene Claqueure das Publikum zum Applaus anregen, wenn es vor lauter Staunen vergisst, seine Begeisterung und Anerkennung in irgendeiner Weise auszudrücken. Und das kann für die Vorführenden frustrierend sein, zumal sie dies meist nicht richtig einschätzen können.

Trick Nr. 2
Meine Vorhersage

Einsatzfeld

Vorlesen vor der Gruppe; die Begriffe „horizontal, diagonal, vertikal" kennen lernen; rechts – links unterscheiden; Gedächtnistraining

Effekt

Aus sechzehn zu einem Quadrat angeordneten Karten sucht sich ein Zuschauer eine Karte aus und legt auf diese Karte einen Gegenstand. Nach einer schriftlich fixierten Anweisung macht der Mitspieler nun vier Züge. Die Vorhersage, die seit Beginn der Vorstellung auf dem Tisch liegt, wird geöffnet und verlesen: Es ist dort genau die Karte genannt, auf der der Gegenstand zum Schluss liegen bleibt.

Materialliste

Sechzehn Spielkarten, davon acht rote und acht schwarze; bei den roten Karten muss das Herz-Ass sein; eine schriftliche Vorhersage und die Beschreibung der Spielzüge (siehe Kopiervorlagen, S. 58 f.); ein kleiner Gegenstand wie z. B. ein Salzstreuer.

Vorbereitung

Die Spielkarten werden in vier Reihen à vier Karten ausgelegt. Dabei werden sie nach dem folgendem Schema verteilt (siehe Abbildung S. 56).

Der Kartenwert ist dabei unerheblich. Es kommt nur darauf an, dass eine rote oder eine schwarze Karte an der entsprechenden Stelle liegt. Nur die Stelle des Herz-Ass' ist genau bestimmt: dritte Reihe von oben, die dritte Karte. Eine weitere Kleinigkeit ist noch zu beachten: Der Mitspieler muss so vor dem Karten-Quadrat stehen, dass für ihn das Herz-Ass in der dritten Reihe an der dritten Stelle liegt.

Die Vorbereitungen kann man entweder kurz vor dem Auftritt vornehmen, um dann ein Tablett, auf dem die Karten angeordnet sind, vorzuzeigen. Oder aber die Karten werden vorher in einem Stapel in der richtigen Reihenfolge angeordnet. Vor den Augen der Zuschauer wird dann von oben eine Karte nach der anderen auf den Tisch gelegt.

schwarze Karte	rote Karte	rote Karte	rote Karte
rote Karte	schwarze Karte	schwarze Karte	schwarze Karte
rote Karte	schwarze Karte	Herz-Ass	rote Karte
rote Karte	schwarze Karte	schwarze Karte	schwarze Karte

Handhabung/Vorführung

Auf dem Tisch liegt die zusammengefaltete Vorhersage, auf die vor dem Kunststück noch einmal ausdrücklich hingewiesen wird. Ein Zuschauer wird ausgesucht und mit dem Gegenstand in der Hand vor das Spielfeld gestellt.

Dann werden die Anweisungen für die Spielzüge verlesen. Neben dem Vorlesen muss der Zauberer nur darauf achten, dass der Mitspieler alles richtig macht.

Achtung

In diesem Effekt steckt eine Vielzahl von Möglichkeiten, die man pädagogisch oder therapeutisch nutzen kann: So können die Zauberer aufgefordert werden, die Anordnung der Karten und die Anweisungen für die Mitspieler auswendig zu lernen. Der auswendig gelernte Vortrag ist ein erster Schritt zur „freien Rede" vor Publikum.

Auch der Effekt lässt sich variieren: Man kann beispielsweise Spielkarten mit einer blauen und einer roten Rückseite verwenden. Die Karten werden dann mit der Rückseite nach oben auf den Tisch gelegt. Immer wenn eine schwarze Karte liegen soll, liegt jetzt eine blaue Rückseite, anstelle der roten Karte eine rote Rückseite. Das Herz-Ass liegt wieder in der dritten Reihe an dritter Stelle. Die Anweisungen müssen dann leicht verändert werden, indem das Wort „schwarz" durch „blau" ersetzt wird. Die Karte, auf der der Gegenstand zum Schluss liegen bleibt, wird umgedreht: Es ist das Herz-Ass.

Vor dem gleichen Publikum kann das Kunststück dann wiederholt werden, wenn an die entsprechende Stelle eine andere Karte gelegt wird, für die eine neue Vorhersage geschrieben werden muss.

Als Vorführkunststück kann es auch vor einem größeren Publikum präsentiert werden. Anstelle der Spielkarten auf dem Tisch werden Miniatur-Karten in der entsprechenden Anordnung auf eine Overhead-Folie farbig kopiert. Die Mitspieler stehen am Overhead-Projektor und die übrigen Zuseher können an der Wand das gesamte Geschehen verfolgen.

Schließlich: Wenn das Kunststück auf einem Tablett vorbereitet wurde, kann man die Zuschauer auch davon überzeugen, dass die Vorhersage nur dann eintrifft, wenn der Künstler selbst die Anweisungen vorliest. Nachdem er das Kunststück erfolgreich vorgeführt hat, nimmt er das Tablett und stellt es vor einem anderen Zuschauer ab. Dieser darf jetzt einmal ausprobieren, ob es auch bei ihm funktioniert. Und obwohl er alles genau nach Anleitung macht, landet er mit dem Salzstreuer auf einer ganz anderen Spielkarte! Das Geheimnis? Das Tablett wurde so vor ihn gestellt, dass das Herz-Ass nicht in der dritten Reihe an dritter Stelle liegt, sondern in der zweiten Reihe an zweiter Stelle. Die Kartenanordnung wurde um 180 Grad gedreht.

Die Spielzüge

1. Bitte lege den Gegenstand auf eine beliebige *rote* Karte.
2. Schiebe den Gegenstand horizontal nach links oder nach rechts zu der nächsten *schwarzen* Karte.
3. Nun bewege ihn vertikal nach oben oder unten zur nächsten *roten* Karte.
4. Jetzt rücke den Gegenstand diagonal zur nächsten *schwarzen* Karte.
5. Zum Abschluss schiebe den Gegenstand entweder nach unten oder nach rechts zur nächsten *roten* Karte.
6. Öffne nun das Papier mit der Vorhersage und lies sie laut vor. Dann zeige allen die Karte, auf der der Gegenstand liegt.

Meine Vorhersage

Ich sage vorher,
dass du mit dem Gegenstand auf dem

HERZ-ASS

landen wirst.

Zaubern und Gruppendynamik

Das Zusammenleben in der Klasse kann mithilfe von gezielt eingesetzten Zauberkunststücken verändert werden. Neben der an anderer Stelle schon verdeutlichten Stärkung der einzelnen Persönlichkeit können beispielsweise die Beziehungen innerhalb einer Gruppe verbessert und gestärkt werden. Das gemeinsame Üben oder Vorführen, bei dem jeder auf den anderen angewiesen ist, kann Partnerschaften entstehen lassen oder stärken.

Aus der eigenen Erfahrung kann ich bestätigen, dass auch das heimliche Mithelfen am Gelingen eines Kunststücks und die damit verbundene Mitwisserschaft um ein Trickgeheimnis eine eher problematische Beziehung auf eine neue Ebene heben kann. Das unten beschriebene Kunststück „Die verschwundene Münze" ist dafür ein Beispiel, wie man ein positives Verschwörungs-Verhältnis mit einem Schüler oder auch zwischen Schülern aufbauen kann.

 **Trick Nr. 3**
Die verschwundene Münze

Einsatzmöglichkeit
Vertrauen aufbauen, eine Beziehung herstellen; Selbstbewusstsein stärken; Rollenspiel; eine Teamarbeit initiieren

Effekt
Der Künstler legt eine Münze unter ein Tuch auf dem Zaubertisch. Einige Zuschauer können durch Fühlen überprüfen, dass die Münze tatsächlich dort liegt. Nachdem dies bestätigt wurde, löst sich die Münze in Luft auf. Das Tuch und die Stelle, an der die Münze lag, können ganz genau untersucht werden.

Material
Eine Münze, ein undurchsichtiges Tuch; das Kunststück sollte möglichst auf einer Tischdecke oder einer „Zauberbühne" vorgeführt werden.

Vorbereitung

Ein Kind, welches das Vorhandensein der Münze bestätigt, ist eingeweiht worden. Es hat den Auftrag, als Letztes unter das Tuch zu greifen und dann unauffällig die Münze zu entfernen. Das unauffällige Herausnehmen sollte ebenso geübt werden wie die Rolle des unbeteiligten Zuschauers.

Handhabung/Vorführung

Der Künstler zeigt die Münze deutlich vor und legt sie auf den Tisch. Dann legt er ein Tuch darüber, sodass die Münze genau in der Mitte des Tuches liegt. Es werden wahllos vier oder fünf Kinder ausgesucht, die der Reihe nach unter das Tuch fassen sollen, um zu bestätigen, dass die Münze noch an ihrem Platz liegt. Jeder Kontrolleur wird sofort gefragt: *„Konntest du die Münze spüren?"* Das letzte Kind ist selbstverständlich eingeweiht und nimmt die Münze weg. Nach jeder Überprüfung wird das Tuch wieder gerade gezogen, damit alles schön ordentlich aussieht.

Nach der letzten Bestätigung greift der Künstler einen Tuchzipfel, spricht einen Zauberspruch und zieht das Tuch langsam vom Tisch weg: Die Münze ist verschwunden.

Achtung

Durch die Mitwisserschaft bei diesem einen Kunststück kann sich eine Schüler-Lehrer-Beziehung auf einmal positiv verändern. Wichtig ist auch, dass der Helfer vor der Vorführung auf seine Verschwiegenheit verpflichtet wird.

Damit das Geheimnis nicht offenbar wird, sollte zwischen der Absprache und der eigentlichen Vorführung einige Zeit verstreichen, und damit es nach dem Kunststück zu keinem auffälligen Kontakt zwischen Helfer und Künstler kommt, wird auf die Rückgabe der Münze verzichtet.

Zaubern als Kommunikationsübung

Wer zaubert, der kommuniziert. Nur ganz wenige Menschen beschäftigen sich mit Zauberkunststücken, weil sie von einem Trickgeheimnis fasziniert sind und sich selber damit beschäftigen wollen. Die meisten Zauberer wollen ihre Kunst vor einem Publikum zeigen, wollen sehen, wie die Zuschauer verblüfft sind, und ihre Reaktionen erleben. Man kann auch sagen: Sie verstehen die Zauberkunst als kommunikativen Akt zwischen einem „Sender" und einem „Empfänger".

Das Üben von Kommunikation kann damit zu einem Lernziel im Rahmen eines Zauberprojekts werden. Diesbezüglich gibt es vielfältige Einsatzmöglichkeiten, beispielsweise aus dem Bereich der Rhetorik: vor einer Gruppe sprechen, Schlagfertigkeit entwickeln, auf Äußerungen aus dem Auditorium eingehen usw.

Im schulischen Kontext scheinen zwei Aspekte besonders wichtig zu sein: vor einem größeren Auditorium zu sprechen und – wenn Zuschauer bei einem Trick aktiv einbezogen werden – klare und deutliche Anweisungen zu geben.

Das erste Ziel wird durch jedes Kunststück erreicht. Immer wenn ein Künstler vor dem Publikum steht und ein Kunststück durch seine Worte begleitet, übt er gleichzeitig, vor einem Auditorium angstfrei zu sprechen. Eine behutsame Hinführung kann so aussehen: In der ersten Stufe assistiert man einem Künstler, ohne selber sprechen zu müssen. Man kann auf diese Weise ausprobieren, wie es ist, auf der Bühne vor Publikum zu agieren. Zweite Stufe: Ein vorgefertigter, auswendig gelernter Vortrag wird zu einem Kunststück aufgesagt. Dritte Stufe: Ein eigener Vortrag wird erfunden und vorgetragen. Vierte Stufe: Man interagiert mit Zuschauern aus dem Publikum, die bei einem Trick mithelfen sollen.

Die letzte Stufe beinhaltet schon das zweite Lernziel, nämlich Zuschauer in einen Trick aktiv einzubeziehen. Sie sollen beispielsweise eine Karte ziehen oder einen Gegenstand halten, mit dem dann ein Trick passiert. Dazu ist es notwendig, dass der Mitspieler sehr klare und deutliche Anweisungen erhält, was er tun soll. *„Lege die Spielkarte zu den anderen Karten!"* wird in der Regel nicht als Auftrag ausreichen, weil er viele verschiedene Möglichkeiten zulässt: Die Karte soll in die Nähe der übrigen Karten gelegt werden oder auf den Kartenstoß oder unter diesen usw. In den meisten Fällen ist aber eine genaue Anweisung unerlässlich, damit ein Trick gelingt. Die Zauberlehrlinge müssen also lernen, ganz klar und deutlich zu sagen, was sie erwarten. Wenn man einen Zuschauer auf die Bühne bittet, ist es nötig, ihn mit sehr eindeutigen Anweisungen zu dirigieren: *„Bitte stell dich hinter den Tisch, sodass dich die Zuschauer sehen können!"* ist ein Beispiel dafür.

Sinnvolle Anweisungen an einen Zuschauerassistenten kann man nur in einem Team einüben, in dem einer die Rolle des Zuschauers übernimmt. Aber Achtung! Beim zweiten Üben weiß der Zuschauer schon, was er tun soll, und er würde auch dann alles richtig machen, wenn die Anweisungen des Künstlers undeutlich waren. Damit die Vorführenden aus diesen Übungen etwas lernen, ist es deshalb wichtig, dass die Übungs-Assistenten nur das machen, was ihnen gesagt wurde. Sie lernen auf diese Weise, genau hinzuhören. *„Nimm eine Karte!"* Darin hören sie den Auftrag, irgendeine Karte aus dem Stapel zu nehmen, obwohl der Künstler meinte, dass man die oberste Karte des Spiels nehmen sollte.

Eine Erweiterung der Kommunikationsfähigkeiten wird dann wichtig, wenn irgendetwas Unvorhergesehenes passiert: Ein Trick geht schief, ein Zuschauer ruft hinein, dass er weiß, wie dieser Trick funktioniert, oder ein Zuschauer-Assistent macht nicht genau das, was er eigentlich sollte. In all diesen Situationen ist das schnelle und spontane Reagieren der Vorführenden gefragt. In der Zaubergruppe kann man ausprobieren, wie man in einer solchen Situation reagieren kann. Das Entwickeln von Ideen und Strategien sorgt für einige Sicherheit, die vielleicht den Weg auf die Bühne erleichtert. Wenn ein Zuschauer ruft, dass er weiß, wie der Trick funktioniert, kann man z. B. sagen: *„Ich weiß es auch!"*; *„Aber nicht für weniger als 100,– € verraten!"* *„Dann komm mal vor, und führ du es vor!"* *„Ach, da ist ein Trick dabei? Das ist aber interessant!"* *„Dann mach so lange die Augen zu!"*

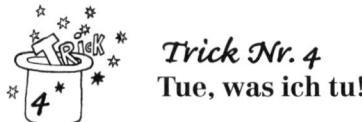

Trick Nr. 4
Tue, was ich tu!

Einsatzmöglichkeiten

Kommunikation mit einem Zuschauer, genaue Anweisungen geben; Umgang mit Karten lernen, Fingerfertigkeit; Deutsch: Unterschied zwischen „gleiche" und „selbe"

Effekt

Ein Zuschauer und ein Künstler haben jeweils vier Spielkarten in der Hand. Und obwohl beide genau das Gleiche tun, gelingt es dem Zuschauer nicht, ein mit dem Künstler identisches Ergebnis zu erreichen.

Material

Acht Spielkarten, es können beispielsweise vier rote und vier schwarze sein

Vorbereitung

Keine

Handhabung/Vorführung

Um dieses Kunststück vorführen zu können, muss man einen besonderen Griff[11] aus der Kartenkunst kennen. Er ist unter dem Namen *Glissieren* oder *Schleifen* bekannt.

Das Ziel dieses Griffes ist es, eine Karte gegen eine andere Karte auszutauschen. Ganz einfach gesagt: Die unterste Karte eines Kartenstapels wird vorgezeigt und dann mit der Rückseite nach oben auf den Tisch gelegt.

Um diesen Griff zu lernen, nehmen Sie am besten gleich ein Kartenspiel in die rechte Hand.[12] Das Spiel wird mit der Rückseite nach oben gehalten. Die Hand hält das Spiel so von oben, dass der Daumen an der linken Längsseite, der Zeigefinger oben und Mittel-, Ringfinger und der kleine Finger an der

---

11 Eine gute Beschreibung aller Griffe, die man in der Zauberkunst mit Karten kennen und können sollte, finden Sie in: GIOBBI, ROBERTO: Die große Kartenschule. Band 1–4. Siehe dazu auch das Literaturverzeichnis.
12 Als Linkshänder können Sie selbstverständlich auch immer Ihre Linke verwenden.

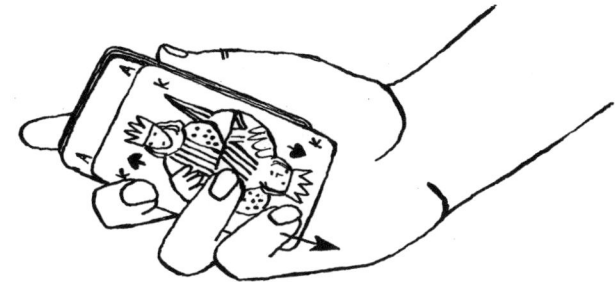

Blick von unten: Der kleine Finger schiebt die unterste Karte etwas zurück.

rechten Längsseite das Päckchen halten. Dabei schließt der kleine Finger mit der hinteren Kante des Stapels ab. Er hat später eine spezielle Funktion.

Mit dem linken Zeigefinger werden Karten einzeln unter dem Stapel hervorgeholt und auf den Tisch gelegt. Das *Schleifen* besteht nun darin, dass der rechte kleine Finger die unterste Karte ein bisschen nach hinten schiebt. Wenn der linke Zeigefinger nun die nächste Karte aus dem Spiel nehmen will, erfasst er nicht die unterste, sondern die zweitunterste und zieht diese hervor. Damit diese Besonderheit nicht auffällt, sollte man auf folgende Punkte achten:

a) Der Zeigefinger geht nie ganz unter den Kartenstapel, sondern das erste Fingerglied bleibt am Rand der Karte, um sie hervorzuholen.

b) Die Karte, die nach hinten geschoben wird, muss nur ein kleines Stück verschoben werden, sodass der Zeigefinger die nächste erreichen kann.

c) Das Hervorholen der Karten soll in einem gleichmäßigen Tempo geschehen. Erst ein Beschleunigen oder Verlangsamen, wenn man schleift, weckt bei den Zuschauern die Aufmerksamkeit. Auch wenn sie nicht wissen, was man macht, so vermuten sie doch, dass *jetzt* etwas Geheimes geschehen ist.

d) Das Schleifen muss sehr gut geübt werden, damit es schnell und unauffällig eingesetzt werden kann.

Wenn Sie das Schleifen beherrschen, dann können Sie sich dem eigentlichen Trick zuwenden:

Künstler und Zuschauer bekommen jeweils vier Spielkarten, die sie als ein Päckchen mit der Rückseite nach oben in der rechten Hand halten. Die folgenden Schritte soll nun der Zuschauer dem Künstler nachmachen:

- Die unterste Karte aus dem Päckchen herauszuziehen, umdrehen und mit der Bildseite nach oben auf den Stoß legen.
- Die nächste Karte von unten nehmen und mit der Rückseite nach oben auf den Stoß legen.
- Die nächste Karte von unten herausziehen, umdrehen und mit der Bildseite nach oben auf den Stoß legen.
- Den Stoß umdrehen.
- Die unterste Karte herausziehen und mit der Rückseite nach oben auf dem Tisch ablegen.
- Die nächste Karte unter dem Stapel hervorholen. Dabei wird das *Schleifen* angewendet, sodass in Wirklichkeit die zweitunterste genommen wird. Diese Karte ebenfalls mit dem Rücken nach oben auf den Tisch legen.
- Die beiden Karten in der Hand leicht auffächern und neben die Karten auf den Tisch legen.

Bei dem Künstler liegen jetzt zwei Karten mit der Rückseite nach oben neben zwei Karten mit der Bildseite nach oben. Bei dem Zuschauer liegen die vier Karten abwechselnd Rückseite, Bildseite, Rückseite, Bildseite.

Achtung

Wenn ein Kind dieses Kunststück vorführen soll, dann sollte der Umgang mit Karten dem Kind vertraut sein. Und die Hände sollten bereits so groß sein, dass es die Karten korrekt anfassen kann.

Das Kunststück kann man auch mit mehreren Zuschauern gleichzeitig vorführen. Jeder erhält vier Spielkarten und sie sollen alles dem Künstler nachmachen. Man kann bei einer Wiederholung das Tempo steigern.

Wenn Sie vier rote und vier schwarze Karten verwenden, kann der Zuschauer zu Beginn aussuchen, ob er das Kunststück lieber mit den roten oder den schwarzen macht. Wenn es dann nicht gelingt, das gleiche Ergebnis hervorzurufen, dann lag es an der Kartenfarbe und die Karten werden ausgetauscht.

Das Kunststück lebt davon, dass es als Kommunikation mit einem oder mehreren Zuschauern vorgeführt wird. Neben den genauen Anweisungen, was der Zuschauer tun soll, kann es notwendig sein, durch die Worte den Effekt zu verdeutlichen.

Anhand dieses Effekts können die Schüler einmal ausprobieren, wie ein Kunststück mit unterschiedlichen Vorträgen wirkt. Es kann angeberisch, überlegen (*„Ich kann etwas, was du Flasche nicht kannst!"*), charmant, frech, verwirrt, zerstreut usw. präsentiert werden.

Zaubern als Abgrenzung

Wer zaubert, der kann etwas, was andere nicht können. Und selbst im Kreis von erfahrenen Zauberern ist es möglich, sich durch einen neuen oder zumindest unbekannten Trick von den Kollegen und Kolleginnen abzuheben.

Für den Prozess der Individuation kann das Zaubern einige hilfreiche Impulse geben.

Das Basteln und Gestalten einer Zauberbox, die zur Aufbewahrung der Trickrequisiten benutzt wird, und der diskrete Umgang mit einer solchen (der Zauberkasten darf nur von seinem Besitzer geöffnet werden!) sind für manche Kinder eine ganz wichtige Erfahrung. Sie erhalten vielleicht zum ersten Mal etwas wirklich Eigenes, nicht die aufgetragenen Kleider der Geschwister, das Spielzeug, das man mit diesen teilen muss, oder die Schulbücher, die schon viele andere Kinder in der Hand hatten, sondern die eigene persönliche Zauberbox, die niemand anders hat oder benutzen darf. Noch nicht einmal der Vater oder die Mutter dürfen sie öffnen.

Ältere Klassen können für die Zauberbox, die vielleicht in ihrem früheren Leben ein einfacher Schuhkarton war, im Sachkunde- oder Physikunterricht ein Schloss oder eine Alarmanlage entwickeln, um die Geheimnisse vor unbefugten Blicken zu schützen.

Selbst wenn mehrere Kinder ein gleiches Trickgerät basteln oder denselben Trick einstudieren: Die unterschiedliche Gestaltung, die verschiedenartige Präsentation machen es zu einem sehr individuellen Gegenstand oder Trick, mit dem man sich gut von den anderen unterscheiden und abgrenzen kann.

Zur Abgrenzung sind so genannte Zauberwetten besonders geeignet, bei denen ein Zuschauer aufgefordert wird, etwas Bestimmtes zu tun, was ihm aber nicht gelingt. Erst wenn die Vorführenden es vormachen und dabei einen besonderen Kniff zeigen, gelingt die Übung. Der „Zwei-Hand-Knoten" ist eine typische Zauberwette, die man nur dann gewinnen kann, wenn man weiß, wie es geht.

Trick Nr. 5
Der Zwei-Hand-Knoten

Einsatzmöglichkeiten
Kommunikation mit einem Mitspieler; Wirkung auf andere Menschen

Effekt
Ein Zuschauer soll ein Seil an beiden Enden anfassen und dann, ohne es loszulassen, einen Knoten in das Seil schlagen. Es wird ihm trotz größter Mühe nicht gelingen.

Material
Zauberseil, mindestens 1 Meter lang

Vorbereitung
Keine!

Handhabung/Vorführung
Auf dem Tisch liegt das ausgerollte Seil. Ein Zuschauer wird gebeten, das Seil mit beiden Händen jeweils in der Nähe der Enden anzufassen und dann, ohne es loszulassen, einen Knoten zu schlagen. Wenn er sich vergeblich abgemüht hat und aufgibt, zeigt der Zauberkünstler, wie es geht:

Bevor das Seil mit den beiden Händen angefasst wird, werden die beiden Arme vor der Brust übereinander gelegt, also quasi verknotet. Die Hände fassen in diesem Zustand das Seil an. Werden sie auseinander gezogen, entsteht automatisch im Seil ein Knoten.

Achtung
Bei dieser Zauberwette kann man gut erproben, auf welch unterschiedliche Weise sie präsentiert werden kann und wie dies beim Publikum und

den Mitspielern ankommt: triumphierend, mit einem Augenzwinkern, als netter Scherz oder als Versuch, einen anderen zu demütigen. In der Zaubergruppe wird der Scherz immer mit einem anderen Mitglied, das vor der Tür warten musste und so die Lösung nicht kennt, in einer anderen Präsentationsweise ausprobiert. Die „Opfer" sollen in der Reflexionsrunde davon erzählen, wie es ihnen gegangen ist, wie sie sich gefühlt haben und welche Gedanken in diesem Augenblick aufgekommen sind. Ebenso soll der Vorführende sagen, wie er sich während der unterschiedlichen Darbietungen gefühlt hat. Gesprächsziel dieser Runde soll die Frage sein, wie man beim Zaubern mit helfenden Zuschauern und allgemein mit anderen Menschen im außerzauberischen Kontext umgeht und welche positiven und negativen Emotionen dadurch entstehen können.

Trick Nr. 6
Wer gewinnt?

Einsatzmöglichkeiten
Kopfrechnen, Kommunikation mit einem Mitspieler, Überblick bewahren, schnell reagieren, mit Partner einen Trick einüben

Effekt
Aus einer Geldbörse werden alle Münzen auf den Tisch geleert. Künstler und ein Zuschauer geben abwechselnd immer bis zu drei Münzen in die Börse zurück. Wer die letzte Münze in die Börse legt, hat verloren. Der Gewinner darf die komplette Börse samt Inhalt behalten.

Material
Geldbörse mit 15 Münzen von unterschiedlichem Wert

Vorbereitung
Keine!

Handhabung/Vorführung
Die Münzen werden auf den Tisch geschüttet, ohne dass die genaue Zahl genannt wird. Es wird ein Wettspiel angekündigt, bei dem der komplette Inhalt

der Geldbörse zu gewinnen ist. Wenn sich ein Mitspieler gemeldet hat, werden kurz die Regeln erklärt: Zuschauer und Zauberer nehmen jeweils abwechselnd eine Anzahl von Münzen weg und legen sie zurück in die Börse. Es müssen mindestens eine Münze, höchstens drei Münzen sein (Aussetzen ist nicht erlaubt!). Wer die letzte Münze in die Börse legt, hat verloren. Der Gewinner erhält die Börse samt dem Inhalt. Der Zuschauer beginnt.

Damit der Künstler gewinnt, muss er stets die Anzahl der auf dem Tisch liegenden Münzen im Auge behalten. Er darf nur so viele Münzen wegnehmen, dass noch dreizehn oder neun oder fünf Münzen liegen bleiben. Bleiben zum Schluss noch fünf Münzen auf dem Tisch, kann der Zuschauer machen, was er will (drei, zwei oder eine Münze wegnehmen), es bleiben immer so viele Münzen auf dem Tisch, dass der Künstler so viele nehmen kann, dass die letzte Münze für den Zuschauer bleibt.

Achtung
Bei den ersten Übungen kann man alle Münzen in eine Reihe legen, damit die Vorführenden leichter den Überblick behalten und sehen, wie viele Münzen noch auf dem Tisch liegen. Bei der Vorführung sollte dies nicht mehr nötig sein, hier genügt beim Wegnehmen (heimlich mitrechnen) ein Blick auf den Münzhaufen, um die richtige Münzenzahl wegzunehmen.

Das Kunststück kann auch mit beliebigen anderen Gegenständen ausgeführt werden, aber bei Münzen ist der Reiz mitzuspielen größer. Um die Zuschauer etwas zu verwirren, werden immer die kleinsten Münzen weggenommen. Dies hat zwar nichts mit dem Trick zu tun, aber die Zuschauer denken, dass dies irgendeinen Grund haben muss.

Das Kunststück lebt davon, dass es schnell und flüssig vorgeführt wird. Langes Nachdenken und Rechnen schmälern den Effekt und geben den Zuschauern die Möglichkeit, bei einer Wiederholung die Zahl der liegen gebliebenen Münzen zu bemerken. Und dann wäre das Geheimnis gelüftet! Deshalb: Dieses Kunststück ganz oft mit einem Partner als Zuschauerersatz üben. Es sollte von Mal zu Mal schneller gehen.

Zaubern als Frustrationsübung

Wie geht es Ihnen eigentlich mit den hier vorgestellten Zaubertricks? Haben Sie alle ausprobiert und einstudiert? Oder einige nur angelesen und dann ganz schnell übersprungen? Der „Crazy Compass" (siehe S. 90), der auch sehr ausführlich im ersten Seminarheft beschrieben wurde, wurde dort auch von Lehrerinnen und Lehrern gerne überlesen. Zu ausführlich und lange die Beschreibung, zu viel Nach- und Mitdenken, um das Kunststück zu durchschauen, und bei der Vorführung muss man alle seine Gedanken beisammen haben, damit man zum richtigen Zeitpunkt die zum Vortrag passende Achse anfasst. Möchten Sie lieber ein Kunststück, das eine kürzere Anleitung hat, leichter zu verstehen und auch in der Vorführung nicht so problematisch ist?

Was sagen Sie Ihren Schülerinnen/Schülern, die sich genau aus diesen Gründen nicht an die schwierigeren Aufgaben machen? Mit geschickt ausgewählten Zaubertricks, die immer um eine Schwierigkeitsstufe anspruchsvoller werden, ist es möglich, einerseits die Bereitschaft, sich mit komplizierten Zusammenhängen auseinander zu setzen, andererseits die Frustrationstoleranz in kleinen Etappen zu erhöhen. War das erste Kunststück noch ein so genannter „Selbstgänger", so ist man nach dem ersten Erfolg bereit, Zeit in das Verstehen und Üben zu investieren, um einen noch größeren Erfolg mit dem nächsten Kunststück zu erzielen. Selbst wenn es frustrierend lange dauert, bis man den richtigen Dreh raushat – der mögliche Erfolg motiviert, bei der Sache zu bleiben.

Bei anspruchsvollen Tricks ist es für Kinder wichtig, dass sie zu Beginn das Kunststück aus der Zuschauerperspektive gesehen und erlebt haben. Selber verblüfft werden, ohne zu wissen, wie es geht, steigert die Bereitschaft, die Mühen des Erlernens auf sich zu nehmen.

Trick Nr. 7
Zwillinge

Einsatzmöglichkeiten
Umgang mit Karten einüben; Fingerfertigkeit; Kommunikation mit den Zuschauern; Wahrscheinlichkeitsrechnung, dass Pärchen durch Zufall entstehen

Effekt
Zwei Zuschauer legen jeweils eine Spielkarte umgedreht an eine beliebige Stelle ins Spiel. Wenn das Spiel an diesen beiden Stellen genauer untersucht wird, stellt sich heraus, dass die Karten genau an der Stelle in das Spiel gesteckt wurden, an der die Zwillingskarten, das heißt die Karten mit dem gleichen Wert jeweils in Schwarz oder Rot, abgelegt wurden.

Materialliste
Ein Kartenspiel. Es kann mit einem geliehenen Kartenspiel vorgeführt werden. Wenn es sich um ein neues Spiel handelt, sollten vorher alle Zusatzkarten wie Joker aus dem Spiel entfernt werden. Das Spiel muss vollständig (32 oder 52 Blatt) und gut gemischt sein.

Vorbereitung
Keine!

Handhabung/Vorführung
Wenn es sich um ein geliehenes Kartenspiel handelt, kann es vor dem Kunststück noch einmal gemischt werden. Die Künstlerin fächert einmal das komplette Spiel auf, angeblich, um sich davon zu überzeugen, dass es vollständig ist. Dabei schaut sie sich die unterste und die oberste Karte an und sucht die Zwillinge heraus. Ein Zwilling ist eine Karte, deren Wert mit der anderen Karte übereinstimmt (z. B. Sieben/Sieben oder Bube/Bube), die aber eine korrespondierende Kartenfarbe hat (entweder Herz und Karo oder Pik und Kreuz).

Die Zwillingskarten werden offen auf den Tisch gelegt. Ein Zuschauer bekommt den kompletten Kartenstapel mit der Rückseite nach oben zum Halten. Er soll nun von oben eine Karte nach der anderen einzeln auf den Tisch legen und bei einer beliebigen Stelle aufhören. An dieser Stelle wird – mit der

Bildseite nach oben – die Zwillingskarte, die mit der untersten Karte im Stoß korrespondiert, gelegt. Das restliche Spiel wird als komplettes Paket auf den Stoß auf dem Tisch gelegt.

Nun bekommt ein zweiter Zuschauer von der Zauberkünstlerin den Stapel mit der Rückseite nach oben in die Hand. Dieser Zuschauer soll ebenfalls eine Karte nach der anderen von oben auf den Tisch legen und an einer beliebigen Stelle stoppen. An diese Stelle wird die zweite Karte mit der Bildseite nach oben gelegt. Das Restspiel wird als kompletter Stapel auf den Stoß auf dem Tisch gelegt.

Das Spiel wird nun zu einem Kartenband auf dem Tisch ausgestreift. Dazu ist eine raue Unterlage wie eine Tischdecke, eine Zauberbühne (siehe S. 207) oder etwas Ähnliches notwendig. Das Kartenspiel wird in der rechten Hand gehalten. Der Daumen hält es an der zum Körper zeigenden Schmalseite, Mittel- und Ringfinger an der gegenüberliegenden. Der Zeigefinger ist – wenn Sie es in der rechten Hand halten – an der linken Längskante.

Das ganze Päckchen soll für die folgende Bewegung nicht zu fest in der Hand gehalten werden, damit die Einzelkarten locker und gleichmäßig auf dem Tisch ausgestreift werden können. Dazu macht die rechte Hand – das Kartenspiel berührt die Unterlage – eine große Bewegung von links nach rechts. Dabei ist es gleichgültig, ob die Bewegung einen Halbkreis beschreibt oder ob sie einer geraden Linie folgt. Gleichzeitig werden die Karten einzeln auf dem

Tisch losgelassen, sodass ein möglichst gleichmäßiges Kartenband entsteht. Der Zeigefinger kann noch ein bisschen kontrollieren, dass die Karten möglichst einzeln im Band sichtbar sind und tunlichst keine größeren Kartenhaufen entstehen.

Wenn das Kartenband mit der Rückseite nach oben ausgestreift wurde, sind jetzt die beiden von den Zuschauern ins Spiel gelegten Karten mit ihrer Bildseite zu sehen. Wurde alles richtig gemacht, liegt jeweils über den Karten die Zwillingskarte. Wenn das Kartenband mit der Bildseite nach oben zeigt, liegen jeweils unter den Karten mit der Rückseite nach oben die Zwillingskarten. In beiden Fällen werden die entsprechenden beiden Karten mit der Bildseite umgedreht, sodass die Zuschauer sehen können, dass die Zwillinge zusammen liegen.

Achtung

Bei diesem Kunststück kann man während der Vorführung nicht kontrollieren, ob man alles richtig gemacht hat. Erst ganz zum Schluss, wenn die beiden Karten umgedreht werden, sieht man das Ergebnis.

Eine weitere Schwierigkeit liegt in der Vielzahl von Handlungsschritten, die in der richtigen Reihenfolge absolviert werden müssen. Dabei muss die Vorführende immer fleißig mitdenken: Welche Zwillingskarte liegt unter dem Kartenstoß und welche Karte bekommt dann der erste Zuschauer, welche Karte liegt oben und welche Karte bekommt folglich der zweite Zuschauer? Schließlich die relative Lage der Zwillingskarten im Stapel: Wenn das Spiel mit der Rückseite nach oben ausgestreift wurde, liegen die Zwillinge an einer anderen Stelle (siehe oben), als wenn es mit der Bildseite nach oben geschehen ist. Und zu allem Überfluss: Ein schönes, gleichmäßiges Kartenband auf den Tisch zu „zaubern" braucht auch viel Übung.

Zaubern als Teamtraining

Von den ersten Seiten der Fundgrube wissen Sie bereits: Zaubern lernen ist als Teamaufgabe sinnvoll. Ein Partner oder eine Partnerin kontrolliert, übernimmt die Rolle eines Zuschauers und gibt ein qualifiziertes Feedback. Alles das, was die Vorführenden selber nicht sehen können (war die Technik perfekt? Wurden den Mitspielern präzise Anweisungen gegeben? Wie wirkte die Präsentation?), kann der Partner wahrnehmen.

Ein Spiegel oder eine Videokamera können zwar das Proben erleichtern, weil man im Spiegel einen Teil der Zuschauerperspektive sehen und das Videoband nachträglich zur Kontrolle herangezogen werden kann. Aber einen Trainingspartner können sie nicht ersetzen. Nachdem man paarweise das Kunststück einstudiert hat, kommt die erste Probe in der Zaubergruppe, wo Menschen aus verschiedenen Sichtwinkeln die eigene Vorführung beobachten und bewerten. Hier ist dann auch der Ort, an dem entschieden wird, ob ein angehender Künstler den „Vorführschein" (siehe S. 226) erhält, mit dem er dann öffentlich dieses Kunststück vorführen darf.

Als Lernziel, das weit über das Zaubern hinaus geht, lernen Schülerinnen und Schüler in diesem Zusammenhang, wie man eine konstruktive Kritik formulieren kann und wie man mit ihr umgeht. Damit diejenigen Schüler, die Kritik bisher als ausschließlich negativ und verletzend erleben mussten, auch die positive Seite von Kritik erfahren können, sollte innerhalb der Zaubergruppe (die Zauberlehrer eingeschlossen) eine Kultur der „menschenfreundlichen Kritik" eingeführt werden. Fünf Regeln – die hier nur sehr knapp erläutert werden können – sind dabei hilfreich.

1. Das Positive zuerst nennen!
Häufig wird bei der Kritik vergessen, dass es auch erlaubt ist, positive Dinge zu nennen. Wenn die Kritik immer und ausschließlich in der Nennung von Schlechtem besteht, kann dies auf Dauer negativ wirken. *„Ich bin nichts, ich kann nichts, ich kann keine Kritik ertragen!"* Wird ausschließlich ein negatives Fremdbild vermittelt, kann man auf Dauer mit der berechtigten Kritik nicht mehr konstruktiv umgehen. Deshalb sollte jede Kritik immer auch einen positiven Aspekt enthalten und dieser sollte an erster Stelle genannt werden. Neben Aussagen zur Technik und zum Vortrag können auch allgemeine Aspekte positiv hervorgehoben werden: *„Ich fand es toll, dass du dich als Erste gemeldet hast, das neue Kunststück vorzuführen!"*

2. Kritik als kurze Ich-Botschaft formulieren!

Jede Kritik ist immer eine persönliche Einschätzung. Dies sollte in der Formulierung deutlich werden. Eine kurze Ich-Botschaft[13] enthält drei Elemente: das Wort „Ich", den Gegenstand oder die Handlung, die man kritisiert, und eine Begründung, warum man dies kritisiert.

3. Es wird eine Vorführung, eine Handlung, nicht aber eine Person kritisiert!

Diese Trennung zwischen Sache und Person ist für den Kritiknehmenden ganz wichtig. Es geht auch nach einer misslungenen Vorführung nicht um die Person, die als solche angezweifelt wird, sondern nur um die Präsentation des Tricks. Der Wert, das Ansehen der Person ist autonom von der Leistung, unabhängig davon, was die fachlichen Fähigkeiten ausmachen.

4. Der Kritiker lässt Rückfragen und Diskussionen über seine Kritik zu!

Jede Kritik ist im Idealfall eine Form des Dialogs. Keiner der Dialogpartner setzt seine Meinung absolut, sondern es geht um einen Austausch von Wahrnehmungen und Einschätzungen. Und in diesem Dialog besteht auch die Möglichkeit zu Bemerkungen und Rückfragen.

5. Die Kritik enthält konkrete Vorschläge, wie und was man besser machen kann!

Kritiker sollen immer auch eine Idee parat haben, wie man das Angesprochene verbessern kann. Aus der Außenperspektive fällt es ihnen meist leichter, mit kleinen Anregungen (*„Halt die Hand ganz ruhig, dann sehen die Zuschauer deutlicher, wie der Gummiring springt.")* eine Vorführung zu verbessern. Meist steckt die Lösung eines Problems schon in der Begründung, sodass gerade die Begründung hilfreich und wichtig ist. Der Verbesserungsvorschlag ist ein Angebot, das nicht aufgezwungen wird. Darum kann man zuerst sagen, dass man eine Idee hat, wie man es verbessern kann, und dann abwarten, ob es erwünscht ist, diese Idee zu nennen.

---

13   Zu einer vollständigen Ich-Botschaft gehören auch noch die Gefühle, die ein Verhalten bei dem Kritiker auslöst, und die negativen Folgen der Handlung. Ich verwende im Zusammenhang mit den Zauberkursen nur die Kurzform, da diese hier vollkommen ausreicht. Für andere Situationen wie die Klassenlehrerstunden oder das Gespräch über Schülerverhalten sollte aber die vollständige Form der Ich-Botschaft verwendet werden.

Ein Plakat mit den fünf Regeln ist für die Feedback-Runden hilfreich, weil dann alle mit einem Blick sehen können, was zu einer guten Kritik gehört. Die Lehrerin oder der Lehrer achten bei jeder Kritik darauf, ob sie der Form entspricht. Notfalls fordern sie zu Ergänzungen auf und ergänzen selber.

Auch bei der Vorführung kann ein Team gemeinsam ein Kunststück präsentieren; und zwar mit oder ohne einen geheimen Helfer (siehe S. 60, „Die verschwundene Münze"), der sich zwar nicht offen zu erkennen geben darf, aber trotzdem für das Gelingen von entscheidender Bedeutung ist. Das gegenseitige Vertrauen, ein Erfolg, der nur gemeinsam möglich wird, die Bereitschaft, in der Gruppe etwas „auf die Beine zu stellen", sind Stichworte, die das soziale Lernen hier umschreiben.

Und beiläufig kann auch der Lehrer lernen, wie er selber reagiert, wenn in einem Team etwas nicht klappt, einer einen Fehler macht oder das Zusammenspiel nicht funktioniert. Welche Gefühle entstehen dann in ihm? Wie kommuniziert er dann mit dem Partner? Und vor allem: Wie reagiert er öffentlich vor dem Publikum?

Trick Nr. 8
Rechenmedium

Einsatzfeld
Kopfrechnen; in Partnerarbeit ein Kunststück einstudieren und präsentieren; Statistik: Wie viele verschiedene Rechenergebnisse sind möglich?

Effekt
Der Zauberkünstler präsentiert ein Rechenmedium, welches in der Lage ist, eine Additionsaufgabe aus fünf dreistelligen Zahlen schneller auszurechnen als die Zuschauer, die dies mit Stift und Block überprüfen.

Material
Fünf mal fünf Spielkarten, die jeweils mit einer dreistelligen Zahl versehen sind (siehe Kopiervorlage S. 79). Jedes dieser Kartensets ist mit einer anderen Farbe beschrieben. Eine Tafel, auf der die ausgewählten Zahlen notiert und addiert werden. Für das Publikum einige Notizblocks und Stifte zum

Überprüfen der Rechnung. Wenn das Medium mag, eine Augenbinde, um die Augen während der Darbietung zu verbinden.

Vorbereitung
Das Material vorbereiten und bereitlegen.

Handhabung/Vorführung
Das Kunststück ist seit langer Zeit unter dem Namen „Phänomen-Würfel" bekannt. Von jeder Farbe wird eine dreistellige Zahl ausgewählt und diese fünf Zahlen werden dann addiert. Das Medium muss aber nicht die kompletten Zahlen, sondern jeweils die letzten Ziffern addieren. Mit diesem Rechentrick ist es schneller als das Publikum.

Ein Beispiel: Es wurden die Zahlen 186, 663, 278, 642 und 855 ausgewählt. Das Medium addiert nun $6 + 3 + 8 + 2 + 5 = 24$. 24 lauten die letzten beiden Ziffern des vierstelligen Endergebnisses. Die ersten beiden Ziffern ergeben sich daraus, dass die 24 von der Zahl 50 abgezogen wird. $50 - 24 = 26$. Das Ergebnis lautet also 2624. Zur Ermittlung der ersten beiden Stellen wird immer die Zahl XX von 50 abgezogen.

Diese kleine Rechenaufgabe muss das Medium schnell und sicher beherrschen.

Die Präsentation sieht folgendermaßen aus: Das Medium wird vorgestellt und nimmt auf einem Stuhl auf der Bühne Platz. Der Künstler verteilt an fünf Zuschauer jeweils ein Kartenpäckchen mit sechs Spielkarten (die alle in der gleichen Farbe beschrieben sind!). Aus diesen kann sich jeder eine Zahl aussuchen. Die Mitspieler nennen ihre Zahl, die der Künstler zur Addition auf die Tafel schreibt. Währenddessen beginnt das Medium schon mit seiner geheimen Rechnung. Kurz nachdem die letzte Zahl genannt wurde, kann das Medium schon das Ergebnis verkünden.

Wenn einige Blocks im Publikum verteilt wurden, können auch Zuschauer mitrechnen.

Achtung
Dem Künstler kommt die Aufgabe zu, das Kunststück zu präsentieren, während das Medium nur die Rechnung ausführen muss. Der schwierigste Teil, also das Verteilen der Karten, die Instruktion der beteiligten Zuschauer usw., liegt deshalb bei dem Künstler. Durch diese Aufgabenteilung können auch Kinder die Rolle des Mediums übernehmen, die sich alleine nicht trauen würden, ein Kunststück vorzuführen.

Vorbereitung für „Rechenmedium"

Schreibe auf dreißig Blanko-Spiel-
karten oder Karteikarten jeweils
eine der folgenden Ziffern.
Zu Beginn jeder Reihe steht, in
welcher Farbe die folgenden
sechs Zahlen geschrieben werden
sollen.

Lege dann die Spielkarten nach
den Farben zu fünf Päckchen
zusammen. Später erhalten fünf
Zuschauer jeweils ein Päckchen,
aus dem sie sich dann eine Zahl
aussuchen können.

rot	147	543	741	840	642	345
gelb	872	971	179	377	773	278
grün	756	855	558	459	954	657
schwarz	384	681	780	186	483	285
blau	168	564	762	960	663	366

Das Kunststück ist auch eine wunderbare Übung, um die Schüler auf schnelles Kopfrechnen zu trimmen – und zwar sowohl jene, die als Medium agieren wollen, als auch diejenigen, die die Rechenaufgabe nachrechnen sollen.

Das Kunststück kann als Jahrmarktsattraktion präsentiert werden à la „Dame ohne Unterleib". Eine entsprechend lautstarke und spektakuläre Ankündigung gehört dann dazu. Der Künstler ist in diesem Fall mehr Marktschreier als Zauberkünstler.

Es sollte – zum Schutz des Mediums – nicht mit Taschenrechnern mitgerechnet werden.

Trick Nr. 9
Neun Becher

Einsatzfeld
Räumliches Denken; vertrauens-/beziehungsstärkend; Statistik: Wahrscheinlichkeitsberechnung für einen Treffer; Geheimsprache; Schauspielkunst; genaues Beobachten – genaues Zeigen; ein Geheimnis behalten

Effekt
Auf dem Zaubertisch stehen neun undurchsichtige Becher, jeweils drei in einer Reihe. Ein Zuschauer darf nun, während der Künstler zusammen mit einer Kontrollperson den Raum verlässt, einen kleinen Gegenstand unter einen der Becher legen. Obwohl der Künstler keine Möglichkeit hatte, außerhalb des Raumes zu erfahren, wohin der Gegenstand gelegt wurde, kann er ohne Zögern sofort den richtigen Becher anheben. Das kann und muss wiederholt werden, um zu beweisen, dass es sich um keinen Zufallstreffer handelt.

Material
Neun undurchsichtige Plastikbecher oder Kaffeetassen, ein kleiner Gegenstand. Um verräterische Geräusche zu vermeiden, sollte das Kunststück auf einer Tischdecke oder der „Zauberbühne" vorgeführt werden.

Vorbereitung

Die Becher werden in drei Reihen mit jeweils drei Bechern zu einem Quadrat auf dem Tisch aufgestellt. Im Publikum befindet sich ein geheimer Helfer, der dem Künstler mit einer Zeichensprache unauffällig übermittelt, unter welchem Becher sich der Gegenstand befin-

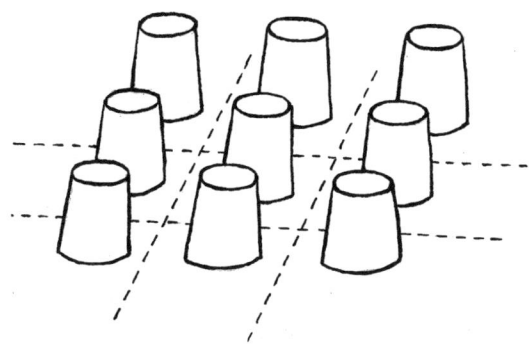

det. Dieses Zusammenspiel muss lange und intensiv geprobt werden, wobei es darauf ankommt, die Zeichen eindeutig und doch unauffällig zu geben und gleichzeitig den unbeteiligten Zuschauer zu mimen.

Die Informationsübermittlung beruht darauf, dass die Becher in einem unsichtbaren Quadrat mit neun Feldern stehen. Künstler und Helfer vereinbaren nun eine Stelle auf einem Tisch, dem Boden usw., wo der Helfer mit der Hand oder der Fußspitze das Quadrat zeigt, in dem sich der Becher samt Gegenstand befindet. Wenn sich z. B. auf dem Boden Platten befinden, ist die Absprache, dass eine vorher vereinbarte Platte dem Quadrat auf dem Tisch entspricht. Ist der Gegenstand in der zweiten Reihe unter dem zweiten Becher, tippt der Helfer mit der Schuhspitze genau in die Mitte der Bodenplatte, ist der Gegenstand in der dritten Reihe im dritten Becher, zeigt der Fuß in die rechte untere Ecke.

Auf die gleiche Weise wird mit der Hand auf dem Schultisch die Position angezeigt. Die geschlossene rechte Hand liegt in einem der neun Felder.

Wichtig ist, dass bei dem imaginären Quadrat vorher die Grenzen deutlich ausgemacht wurden, damit beide wissen, wo die Rand- und Mittelfelder sind.

Handhabung/Vorführung

Nachdem der Künstler das Becherquadrat aufgebaut und einem Zuschauer den Auftrag gegeben, einen Gegenstand unter einem der Becher zu verstecken, verlässt er den Raum. Dabei lässt er sich von einem unbeteiligten Zuschauer begleiten. Dieser soll später bestätigen, dass der Künstler wirklich keine Chance hatte zu erfahren, wo der Gegenstand versteckt wurde.

Ist dies geschehen, rufen die Zuschauer den Künstler samt Kontrollperson wieder in den Raum. Währenddessen markiert der geheime Helfer durch seine Hand- oder Fußposition, wo der Gegenstand zu finden ist. Die Kontrollperson bestätigt, dass der Künstler keine Möglichkeit hatte, vor der Tür zu erfahren, wo der Gegenstand versteckt wurde.

Mit mehr oder weniger theatralischen Gesten begibt sich der Künstler nun daran zu entdecken, wo der Gegenstand liegt. Vielleicht schaut er zu Beginn der Person, die den Gegenstand versteckt hat, einmal intensiv in die Augen. Oder er geht einmal mit der Hand in einigem Abstand über alle Becher hinweg, um dann den richtigen anzuheben. Oder er hält seine Hand nacheinander über jeden Becher und fragt die Person, die den Gegenstand versteckt hat: *„Ist hier der Gegenstand?"* Die Person muss jedes Mal mit *„Nein!"* antworten. Aber aus dem Vibrieren der Stimme – so sagt er jedenfalls – kann der Künstler erkennen, bei welchem Becher die Person gelogen hat. Und genau diesen Becher hebt er dann hoch.

Dieses Kunststück sollte vor dem gleichen Publikum wiederholt werden. Sonst könnten die Zuschauer denken, dass es sich um einen Zufallstreffer handelt. Und wenn man bei jedem Mal das Auffinden auf eine andere Weise zelebriert, wird es für die Zuschauer auch immer spannender.

Achtung
Wenn das Kunststück mehrfach wiederholt wird, kann der Künstler immer eine andere Person mit vor die Tür nehmen, damit sie sich davon überzeugen kann, dass alles mit rechten Dingen zugeht. Wenn jeweils andere Zuschauer den Gegenstand verstecken, wird auf diese Weise ein großer Teil des Publikums mit einbezogen.

Für den Wiederholungsfall sollte man zusätzliche Absprachen über neue Positionsangaben treffen, z. B. auf dem Schoß, auf der Handfläche usw.

Anstelle von Hand oder Fuß können auch Gegenstände, ein Radiergummi oder ein Stift, an die entsprechende Position gelegt werden. Diese Methode hat den Vorteil, dass der Helfer in dem Augenblick, in dem der Künstler den Raum betritt, nicht mehr aktiv sein muss, sondern sich ruhig zurücklegen kann.

Bei dem Erproben der Zeichensprache sollte unbedingt auch ein Zeichen ausgemacht werden, welches anzeigt, dass kein Gegenstand unter den Bechern liegt. Manchmal wollen die Zuschauer den Künstler auf die Probe stellen, indem sie nichts unter die Becher legen. Es ist gut, auch darauf vorbereitet zu sein.

Für Fortgeschrittene: Es werden verschiedene Gegenstände (beispielsweise Münzen mit unterschiedlichen Werten) unter den Bechern versteckt. Der Künstler deckt dann in auf- oder absteigender Reihenfolge eine Münze nach der anderen auf. In diesem Fall muss sich der geheime Helfer die Reihenfolge und die Position der Münzen merken und während der Darbietung immer neu anzeigen.

Zaubern und Feinmotorik

Die Fingerfertigkeit ist eine wesentliche Voraussetzung, um einen Großteil der Tricks vorführen zu können. Beim springenden Gummiring (siehe S. 50) muss der Daumen kleine unspektakuläre Bewegungen machen, die für das Alltagsleben meist nicht notwendig sind. Deshalb braucht es einige Zeit, bis der Daumen seine volle Bewegungsfreiheit ausprobiert hat, um dann leicht und flüssig seine Funktion bei dem Trick zu übernehmen.

Bei anderen Kunststücken müssen mehrere Finger gleichzeitig miteinander agieren. So halten einige Finger beim „Schleifen" (siehe S. 64) das Päckchen Spielkarten fest und trotzdem so locker, dass der Ringfinger die unterste Karte unauffällig einige Millimeter nach hinten schieben kann.

Aber die Motorik beschränkt sich nicht nur auf die einzelnen Finger, sondern viele Körperteile sind bei Zauberkunststücken gefragt: die Hand bei der Universal-Kelle (wie halte ich die Hand, sodass die Zuschauer die Aufschrift immer gut sehen können?), die Arme bei der Wasserzeitung (wie drehe ich die Zeitung, sodass sie auf dem Kopf steht, ohne dass sich meine Arme dabei verknoten?) usw.

Ähnlich dem Jonglieren verlangt das Zaubern auch einen gut koordinierten Bewegungsablauf. Allerdings ist dies nicht immer auf den ersten Blick zu erkennen. Die Koordinierung der Bewegungen der Hand, das Bewegen auf der Bühne sind der sichtbare Teil, aber genauso gehört handwerkliches Geschick beim Herstellen von Trickgeräten dazu.

Trick Nr. 10
Fingerfertigkeit

Einsatzmöglichkeiten
Fingerfertigkeit schulen; Geschicklichkeit im Umgang mit einem Seil; präzises Wiederholen von Handlungen

Effekt
Eine Seilschlaufe wird mehrfach um die Finger einer Hand gelegt. Auf magische Weise durchdringt sie alle Finger der Hand.

Material
Ein dünnes Seil von ca. 100 cm Länge

Vorbereitung
Keine!

Handhabung/Vorführung
Das Seil wird an den beiden Enden zu einer Schlaufe zusammengeknotet. Die Schnurschlinge wird über den kleinen Finger der linken Hand gehängt. Dann wird das Seil kreuzweise durch die einzelnen Finger gezogen. Nach der Kreuzung hinter dem Zeigefinger werden beide Stränge gemeinsam um den Daumen gelegt, um dann erneut kreuzweise um die einzelnen Finger gelegt zu werden. Dabei ist darauf zu achten, dass der Strang, der am Zeige-

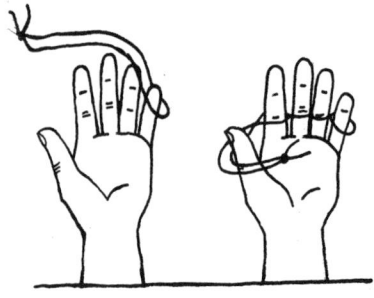

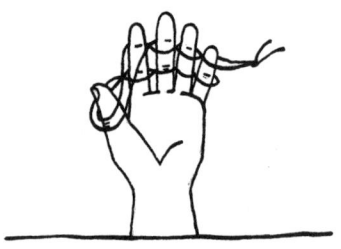

Abb. a   Abb. b

finger auf der Handinnenseite lag, jetzt auch wieder am Zeigefinger zur Handinnenfläche zeigt. Die Seilstränge müssen präzise genau so um die Finger gelegt werden, wie in Abbildung b dargestellt.

Das Seil sollte insgesamt möglichst nahe an den Fingerwurzeln liegen. Ein Zuschauer kann nun probeweise vorsichtig an dem Seil ziehen und er wird bestätigen, dass es sich nicht

Abb. c

herausziehen lässt. Dann wird die Hand zur Faust geschlossen. In diesem Augenblick geht der Daumen unbemerkt aus dem Seil heraus. Wenn der Künstler jetzt selber an dem gegenüberliegenden Ende zieht, schmilzt das Seil durch die Finger, bis die Seilschlaufe vollkommen befreit wurde (Abb. c).

Achtung

Die Beweglichkeit des Daumens ist bei dem Kunststück natürlich wichtig. Aber nachdem ein Zuschauer gezogen hat, um zu überprüfen, ob er das Seil herausziehen kann, liegt das Seil um den Daumen herum meist zu eng an, sodass der Daumen nicht herausschlüpfen kann. Um das Lockern des Seils am Daumen schlüssig begründen zu können, kann man sagen: *„Puuh, Sie haben aber ganz schön feste angezogen. Das, was da gerade blau anläuft, sind übrigens meine Finger!"* Jetzt erscheint es nur natürlich, dass man das Seil wieder etwas lockert. So kann man den Daumen später ganz schnell und leicht aus der Seilschlaufe gleiten lassen.

8 Meine ersten Schritte auf dem Zauberparkett

(von Ute Wegeleben)

Mein erster Zaubertrick, zumindest empfand ich ihn als den ersten „richtigen" Trick, war „Der springende Gummiring". In der S-Bahn – ich hatte gerade den ersten Teil des Zauberkurses hinter mir – übte ich still vor mich hin, wie man den Trickablauf so lässig gleichmäßig gestaltet, dass das Geheimnis verborgen bleibt. Mit etwas Stolz schielte ich um mich herum, ob nicht vielleicht jemand bemerken könnte, dass ich das Zaubern übte?! Nichts!

Abends bei meinen Verwandten sollte ich gleich mal zeigen, was ich nun draufhätte – meine erste Vorführung. Gar nicht so einfach: Ich mit meinem Selbstbewusstsein hätte mir eine größere Überzeugungskraft zugetraut: Gesehen, verstanden, nachgemacht ist eben noch nicht „gezaubert". Total unsicher machte ich bestimmt einen Haufen Fehler. Natürlich bekam ich trotzdem meinen Applaus. Aus Höflichkeit, so dachte ich.

Am zweiten Tag des Seminars folgte dann das Vorzaubern vor der Gruppe, das Herstellen von Requisiten, das Einstudieren weiterer Kunststücke und die Erfahrung, dass es ja noch schwieriger ist, sich mit Trickbeschreibungen aus Büchern Kunststücke zu erarbeiten.

Ich wollte nach Hause, um im stillen Kämmerlein zu üben, einiges auszuprobieren, die Seminarunterlagen und meinen ersten Zauberkasten zu durchforsten. Sofort hatte ich Ideen, wie ich diesen oder jenen Trick im Unterricht einsetzen könnte, also musste ich mich gründlich vorbereiten, ich wollte mich ja nicht blamieren.

Der Plan: Mein erster richtiger „Auftritt" musste her. Zufällig stand bald eine große Familienfeier ins Haus – meine Zaubervorführung als Überraschungsgeschenk, das wäre doch was. Allen, die von meiner Seminarteilnahme wussten, flunkerte ich etwas von einem glatten Reinfall vor: Nichts Neues gelernt, von wegen zaubern, „nur Physik" (Entschuldigung, Herr Rausch!).

Bald sprach mich niemand mehr aufs Zaubern an und ich konnte unbemerkt und ungestört üben. Ich betrieb einen unvorstellbaren Aufwand. Ich trainierte die effektvollsten Kunststücke aus dem Seminar, bis ich in ihrem Ablauf ganz sicher war, suchte nach neuen Kunststücken und stellte alles in einem Ablaufplan zusammen. Ich wollte nicht „einfach" zaubern, es sollte alles zusammenpassen und einen „roten Faden" haben.

Sogar meine Schüler wurden „Opfer" meines Vorbereitungswahns, ich zog mit meinem „Zauberköfferchen" durchs Schulhaus. Vertretungsstunden wurden zum physikalisch-mathematischen „Allgemeinbildungstraining" – Augenmaß, Crazy Compass, Zahlenkompass, Universal-Kelle, Wunderding, Find the Lady, Coca-Cola.

In fast jede Unterrichtsstunde passte plötzlich – davon war ich überzeugt – ein Kunststück. Alles veränderte sich, die Schule machte noch mehr Spaß, meine Zaubereien wurden immer undurchschaubarer (für die Zuschauer!) und ich damit immer sicherer. Die kleineren Schüler riefen manchmal über den Gang: „Zaubern wir heute wieder?" Und die Großen versuchten mir das Geheimnis der Wasserzeitung abzuringen. Natürlich werde ich es nicht preisgeben, aber es ist ein schönes und „pädagogisch wertvolles" Spiel, die Schüler nach Erklärungen suchen zu lassen, diese mit einem Gegenargument wieder zu entkräften und zu weiterem Nachdenken anzuregen.

Mein Auftritt auf der Familienfeier war großartig. Ich fühlte mich ziemlich „berühmt", alle waren begeistert und völlig überrascht von meinem neu entdeckten Talent. Da war es wieder, dieses *„Etwas"*, das ich bemerkt hatte, als ich die ersten Kunststücke im Seminar gesehen habe – nur: Diesmal war ich die „Zauberin".

Mein Standpunkt, von dem nun alle meine weiteren Zauberaktivitäten ausgingen: Ich bin kein Zauberer, kein Magier, kann und will mich mit niemandem messen, werde und will nicht berühmt werden. Ich bin eine Lernende wie meine Schüler auch und deshalb mittendrin in der Zauberlehrlingszunft. Ich werde stets vermitteln, dass diese Kunst mit Übersinnlichem nichts zu tun hat, sondern eine hart erarbeitete Fähigkeit ist.

In der Zwischenzeit setze ich das Zaubern sehr überlegt, gezielt und wesentlich seltener ein, obwohl meine Beschäftigung mit der Zauberei inzwischen noch mehr Zeit in Anspruch nimmt. In meiner Schule hat sich eine kleine Gruppe „junger Zauberer" zusammengefunden, die unter meiner Leitung einmal wöchentlich trainiert und jetzt ihrem ersten Auftritt entgegenfiebert.

Zwei Gedanken zur wertvollsten Zauberregel „Verrate nie ein Trickgeheimnis!" möchte ich Ihnen noch mit auf Ihren Weg geben.

Gedanke Nummer I: Sie als Zauberlehrling wagen sich an eine kleine Präsentation Ihres Könnens (z. B. in der Schule), haben noch nicht mal richtig angefangen und schon gibt es den Zwischenruf: „Ach, den Trick kenne (oder auch: kann) ich schon!" Lassen Sie sich nicht beirren, zaubern Sie munter weiter, denn meist ist damit gemeint: „Hab ich schon mal gesehen!" oder „Ich hätte eine vage (!) Vermutung, wie das funktionieren könnte" (stimmt übrigens meistens nicht!). „Geübte" Zuschauer werden sich den obigen Einwand ohnehin nicht über die Lippen kommen lassen, weil sich die persönliche Wertschätzung des Gesehenen steigert – ob das Trickgeheimnis nun bekannt ist oder nicht.

Gedanke Nummer II: Sie lassen sich tatsächlich dazu überreden, das Trickgeheimnis zu verraten (vielleicht, weil Sie selbst davon so fasziniert sind!). Sie werden dafür keinen Dank ernten: „So einfach ist das" und „Das kann ich auch!" sind die logischen Reaktionen auf Ihre Gutmütigkeit. Und Sie werden diesen Trick vor ähnlichem Publikum (z. B. im Kreis Ihrer Familie, in dieser Schule) nie wieder zeigen können und wollen, denn das Trickgeheimnis spricht sich schnell herum.

Selbst wenn man sich einen Zaubertrick „nur" aus einem Buch erarbeitet, wie Sie es gerade tun, investiert man Zeit und auch ein Stück seiner eigenen Persönlichkeit. Der Anspruch an sich selbst bleibt, einen Trick so zu beherrschen, dass man ihn vorführen kann. Bleiben Sie darum standhaft; verraten Sie nichts!

9 Die große Trickkiste

Nun folgt eine Sammlung von siebenundzwanzig Kunststücken, die im Fachunterricht, bei Projekten oder in Arbeitsgemeinschaften eingesetzt werden können. Im Unterschied zu den ersten zehn Tricks sind diese nicht mehr thematisch sortiert.

In dieser Trickkiste sind auch jene Kunststücke beschrieben, zu denen Sie die Requisiten am Ende des Buches sicher schon entdeckt haben. Der Schwierigkeitsgrad und die Dauer zum Einüben sind unterschiedlich. Während das Farben-Domino (siehe S. 99) innerhalb kürzester Zeit verstanden und vorgeführt werden kann, braucht man für den Crazy Compass (siehe S. 90) schon einige Zeit, um das Prinzip zu verstehen und in Handbewegungen umsetzen zu können.

Wenn Sie sich mit dem Kompass intensiv auseinander gesetzt haben, dann wird es Ihnen nicht mehr schwer fallen, den Zahlenkompass (siehe S. 105) zu verstehen und ihn vorzuführen, da sie beide ein ähnliches Prinzip haben. Aus diesem Grund sollten diese Tricks übrigens nicht in demselben Programm vorgeführt werden. Die Universal-Kelle (siehe S. 113) muss in ihrer Handhabung perfekt einstudiert werden, das dahinter stehende Prinzip ist leicht zu verstehen, aber es bedarf einiger Übung. Die Wasserzeitung schließlich (siehe S. 122) verlangt vor allem Zeit zum Präparieren der Zeitung. Wenn man das Prinzip verstanden hat, kann man sich beim Üben vor allem auf die Präsentation beschränken.

In der Trickkiste finden Sie auch Kunststücke, die noch einige spezielle Hilfsmittel aus dem Zauberfachhandel benötigen. Bei der Auswahl wurde darauf geachtet, dass die Effekte im schulischen Kontext sinnvoll sind, dass die Kosten bei der Anschaffung möglichst gering sind (was bei Zauberkunststücken nicht unbedingt üblich ist), sodass man sie problemlos in den Lehrer-Zauberkoffer legen kann. Die Requisiten für Coca-Cola (siehe S. 97), das Super-Ding (siehe S. 103) und Werrys Versteckspiel (siehe S. 109) können Sie bei der auf Seite 216 angegebenen Bezugsquelle erwerben.

Für die übrigen Kunststücke werden alltägliche Materialien benötigt, die Sie bereits im Haus haben oder die Sie sich mit geringem Aufwand leicht besorgen können. Und nun wünsche ich Ihnen „gut Trick", viel Spaß und ein bisschen Geduld.

 ## Trick Nr. 11
Crazy Compass

Einsatzfeld
Unterscheiden von rechts und links; Schulung der Feinmotorik; Geschichten erfinden; Diagonale, Konstruktion eines Achtecks; unterschiedliche Perspektiven beachten: Zuschauer-/Künstlersicht; als einfaches Bastelobjekt für Arbeitsgemeinschaften und Projektwochen geeignet

Effekt
Auf einem achteckigen Kompass sind sowohl auf der Vorder- wie auch auf der Rückseite je ein Pfeil unverrückbar angebracht. Er zeigt in die gleiche Richtung. Doch auf einmal spielt der Kompass verrückt. Während der Pfeil auf der Vorderseite nach rechts zeigt, zeigt der rückseitige nach oben, dann zeigt der eine nach unten, der andere nach links usw.

Materialliste
Für das Kunststück wird nur der achteckige Kompass aus der Materialsammlung des Buchs benötigt. Wenn jemand den Kompass selber basteln will, braucht er stabilen Karton, Schere, Geodreieck (zur Konstruktion des Achtecks), Klebefolie für die Pfeile.

Vorbereitung
Keine!

Handhabung/Vorführung
Das Geheimnis besteht darin, dass auf der Scheibe die beiden Pfeile nicht in dieselbe Richtung zeigen, sondern um 90 Grad gedreht angebracht sind. Man kann die Scheibe zwischen Daumen und Zeigefinger in vier verschiedenen Positionen halten, und zwar jeweils an den beiden gegenüberliegen-

den Ecken. Mit einem Finger der andern Hand wird die Scheibe um die so entstandene Achse gedreht.

Je nachdem, in welcher Position die Finger die Scheibe halten, werden die beiden Pfeile entweder in die gleiche Richtung zeigen oder in unterschiedliche.

Zur Veranschaulichung soll die folgende Skizze dienen, die von a bis d zeigt, wie die zwei Finger die Scheibe halten können. Nur in der Position a–a zeigen die Pfeile in die gleiche Richtung, bei b–b zeigen sie in um 90 Grad gedrehte Richtungen, bei c–c in die entgegengesetzte Richtung und bei d–d wieder in um 90 Grad gedrehte Richtungen.

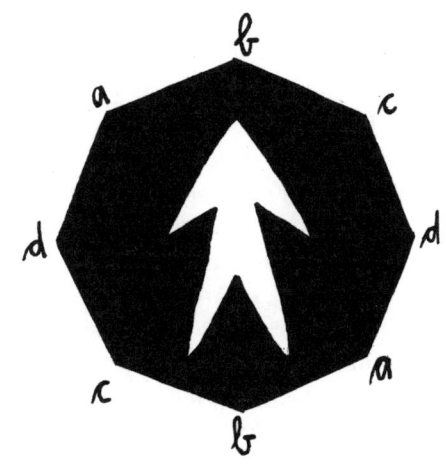

Als kleine Merkhilfe: Der Kompass wird immer an der Diagonalen angefasst.

Begonnen wird das Kunststück immer so, dass der Pfeil auf beiden Seiten in die gleiche Richtung zeigt. Dazu wird er so gefasst, dass der Zeigefinger eine Ecke links neben der Pfeilspitze liegt, der Daumen an der diagonal gegenüberliegenden Ecke (a–a). Der Kompass wird jetzt mehrmals um diese Achse gedreht, der Pfeil zeigt immer in die gleiche Richtung.

Um die Pfeilrichtung zu ändern, wird die Achse, um die der Pfeil gedreht wird, geändert. Das Umgreifen sollte verschleiert werden, damit die Zuschauer keine Hinweise auf die eigentliche Tricktechnik bekommen. Dies könnte z. B. so aussehen: Der Kompass wird in der rechten Hand gehalten. Nachdem er mehrmals gedreht wurde, übernimmt die Linke ihn kurzzeitig. Der rechte Zeigefinger zeigt noch einmal „zur Verdeutlichung", in welche Richtung im Augenblick der Pfeil zeigt. Dann wechselt der Kompass wieder in die rechte Hand, wobei er an einer anderen Achse gegriffen wird. Eine andere Möglichkeit, das Umgreifen zu vertuschen, besteht darin, ihn kurzzeitig auf dem Tisch – wenn vorhanden – abzulegen, oder aber den Kompass abwechselnd mit der rechten und der linken Hand vorzuführen. Beim Wechseln der Hand wird darauf geachtet, dass der Pfeil weiter in die gleiche Richtung zeigt, aber die Drehachse wird um ein Feld nach rechts oder links verschoben.

Kleine Anregung für den Vortrag[14]:
Letzten Sommer wollte ich einmal nach .... (nennen Sie einen Ort in Ihrer Nähe) *wandern. Als vorsichtiger Mensch ging ich zunächst zu meinem chinesischen Freund Bum Tsching Peng und lieh mir seinen Kompass aus.* (Scheibe vorzeigen) *Es war ein ganz besonderer Kompass, denn er hatte zwei Pfeile, einen oben, einen unten. In China ist eben manches anders als bei uns. Der untere Pfeil sollte zur Kontrolle dienen, ob die eingeschlagene Richtung auch die richtige sei.* (Scheibe mehrmals drehen und deutlich machen, dass beide Pfeile in dieselbe Richtung zeigen)

Den Kompass in der Hand marschierte ich los. (Scheibe bei b–b erfassen) *Doch nachdem ich drei Wochen gewandert war, schien es mir, als hätte ich den rechten Weg verfehlt. Ich zog den Kompass zu Rate. Und zu meinem größten Entsetzen entdeckte ich, dass der obere Pfeil immer noch in dieselbe Richtung zeigte, während der zweite Pfeil in Richtung ...* (Nennen Sie einen anderen Ort in Ihrer Nähe, dabei den Kompass mehrmals um die neue Achse drehen) *deutete.*

Auf der Stelle ging ich zu meinem Freund Bum Tsching Peng zurück und berichtete ihm, dass der Kompass offensichtlich eine Fehlkonstruktion sei. Die Pfeile würden in verschiedene Richtungen weisen. (Die Scheibe bei c–c erfassen und mehrmals um die neue Achse drehen)

Bum Tsching Peng aber antwortete: Chinesische Kompass sehl gut! Diese Seite zeigen Lichtung du gehst in – andele Seite zeigen Lichtung du kommst von. So du immel weißt, ob du gelade kommst odel gehst! (Dabei den Kompass so ergreifen, dass die Pfeile in entgegengesetzte Richtungen zeigen. Mehrmals drehen) *Siehst du, wie gut chinesische Kompass funktionielen?*

Achtung

Dieses auf den ersten Blick simpel wirkende Kunststück lebt vor allem durch einen ausgereiften Vortrag. Selbst Profi-Zauberkünstler[15] haben sich mit

---

14 Der Vortrag stammt aus der Anleitung des MCH – Magic Center Harri, Kraftsolms. Er wird hier mit freundlicher Erlaubnis wiedergegeben.
15 So hat PUNX – einer der wenigen deutschen Zauberkünstler, der auch international anerkannt wird – in seinem ersten Buch einen Vortrag zu diesem Kunststück unter dem Titel „Das Märchen vom Chinesischen Kompass" veröffentlicht. Eine besondere Feinheit bei ihm ist, dass er zusätzlich zum Kompass-Prinzip noch das Prinzip des Kellentricks (siehe S. 113) angewandt hat. Darüber hinaus verwendet er eine runde Scheibe, wodurch das unauffällige Umgreifen beim Vorzeigen sehr erleichtert wird. (PUNX: Setzt euch zu meinen Füßen, Bremen 1977, S. 31 f.)

dem Kompass-Prinzip auseinander gesetzt. Ein sorgfältig ausgearbeiteter Vortrag, der z. B. ein Reiseerlebnis beschreibt, gibt dem Trick erst die eigentliche Wirkung. Die Lust am Geschichtenerzählen kann mit diesem Trick gut gefördert werden.

Für Schüler besteht eine besondere Schwierigkeit dieses Kunststücks darin, dass sie während der Vorführung nur eine Seite des Pfeils sehen und sich vorstellen müssen, in welche Richtung der Pfeil bei der nächsten Drehung zeigen wird bzw. wie sie richtig umgreifen müssen. Das Problem der unterschiedlichen Zuschauer- und Künstlersicht zeigt sich hier in besonders drastischer Weise. Es hilft, den Kompass vor dem Körper leicht schräg in Richtung Zuschauer zu halten, sodass Zuschauer wie Vorführende auf die Zuschauerseite sehen können.

Ein anderes Problem ist, dass bei dem Vortrag oft von „rechts" und „links" die Rede ist, und dies immer aus Sicht der Zuschauer meint. Da der Künstler aber frontal vor den Zuschauern steht, muss er mitdenken: Was für mich „rechts" ist, ist für die anderen „links".

Schließlich ist es schwierig, immer genau zu wissen, wo welche Achse ist und über welche Achse die Scheibe als Nächstes gedreht werden soll. Eine kleine Erleichterung können drei Punkte sein, die möglichst unauffällig mit Lackstiften an der Kante dreier Achsen angebracht wurden (nicht auf den Flächen, auf denen sich der Pfeil befindet!). In drei unterschiedlichen Farben (grün, gelb, rot – wie bei einer Ampel) markieren sie die Reihenfolge, in der die Achsen genutzt werden. Für Projektwochen ist der Crazy Compass als Basteltrick geeignet. Mithilfe eines Zirkels, Lineals und Geodreiecks wird eine größere Version des Kompasses auf fester Pappe oder leichtem Sperrholz konstruiert. Dieser Kompass ist dann bei einem Durchmesser von etwa fünfundzwanzig Zentimetern auch bühnentauglich. Er muss mit beiden Händen an den Achsen gehalten und gedreht werden.

Neben dem oben vorgestellten Vortrag lassen sich noch viele weitere Themen für die Präsentation verwenden: *In der Fahrschule* – der Kompass als Einbahnstraßenschild; Reiseplanung *in der Familie* – geht die Reise in den Süden oder den Norden?; *Hänsel und Gretel modern* – statt Brotkrumen haben sie den Kompass dabei usw.

Trick Nr. 12
Strohhalm-Mirakel

Einsatzfeld
Feinmotorik; Zuschauer lenken

Effekt
Durch einen einfachen Strohhalm wird ein Faden gezogen. Ein Zuschauer darf den Strohhalm samt Faden in der Mitte durchschneiden. Die beiden Strohhalmstücke werden aneinander gehalten und der Faden wird restauriert, also wieder in einem Stück, herausgezogen.

Materialliste
Ein Strohhalm mit möglichst großem Durchmesser, aber ohne Knick zum Trinken; der Strohhalm muss undurchsichtig sein; Faden, der sich farbig deutlich von dem Strohhalm unterscheidet; bewährt hat sich Schinkenfaden, mit dem Würste abgebunden oder Rollbraten zusammengehalten werden (er ist weiß und eingewachst, sodass er sehr leicht durch den Strohhalm zu schieben ist); ein scharfes Messer und eine Schere.

Vorbereitung
Vor der Vorstellung wird mit dem Messer ein langer Schlitz in den Strohhalm geschnitten. Vorsicht, Verletzungsgefahr! Wichtig ist, dass der Schnitt ganz gerade verläuft. Während der Vorführung wird diese Seite immer nach unten oder in Richtung des Vorführenden gehalten.

Handhabung/Vorführung
Nachdem der Faden durch den Strohhalm gefädelt wurde, wird der Halm in der Mitte v-förmig geknickt. Der Schlitz liegt in dem Knick. Bevor ein Zuschauer mit der Schere den Strohhalm in der Mitte durchschneiden darf,

wird mit einem scharfen Ruck an beiden Fadenenden gleichzeitig gezogen. Dadurch kommt der Faden durch den Schlitz ins „Freie", kann also nicht mehr mit dem Halm zusammen zerschnitten werden.

Bei dem gleichzeitigen Zug an beiden Enden muss man einige Kraft aufwenden, damit der Faden nicht hängen bleibt. Die Hand, die den v-förmig geknickten Halm hält, verdeckt von vorne, sodass die Zuschauer es nicht sehen können, dass der Faden sich in der Mitte nicht mehr in dem Halm befindet.

Beim Zerschneiden kann der Halm entweder an der Knickstelle senkrecht (wie in der Abbildung gezeigt) durchgeschnitten werden, sodass zwei Strohhalmteile übrig bleiben, oder er wird mit waagerecht gehaltener Schere in drei Teile zerschnitten. Das kleine, mittlere Teil (mit dem Knick) fällt auf den Tisch und wird während dieses Kunststücks nicht mehr verwendet. Die beiden übrigen werden von der Hand festgehalten.

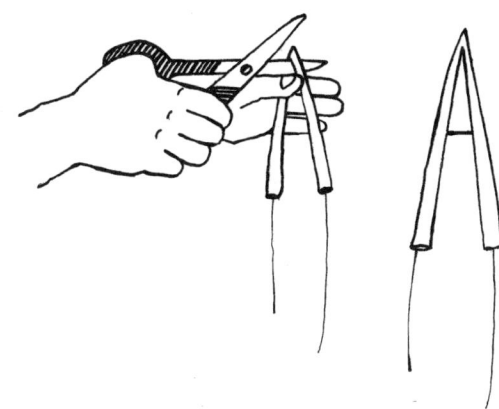

An der Schnittstelle hält man die beiden Halmteile jetzt möglichst noch weiter auseinander, sodass es für die Zuschauer keinen Zweifel gibt, dass der Strohhalm wirklich durchgeschnitten wurde. Dabei muss immer darauf geachtet werden, dass die Zuschauer den Faden nicht sehen können.

Zur Restauration des Fadens gibt es zwei Möglichkeiten:
a) Entweder werden die beiden Halmteile an der Schnittstelle waagerecht aneinander gefügt. Dabei ist darauf zu achten, dass der „freie" Faden von den Zusehern nicht wahrgenommen werden kann. Dies könnte dann so aussehen, dass ein Halmteil nach oben geklappt wird, so als würde der Halm wieder in seine ursprüngliche Position gebracht. In dieser Position wird dann an einem Ende des Fadens gezogen.
b) Die beiden Strohhalmstücke werden parallel nebeneinander gehalten. Die Hand, die den „freien" Faden abdeckt, deckt jetzt noch zusätzlich die Schnittstelle ab. So bleiben die beiden Stücke in ihrer eigentlichen Positi-

on und werden nur etwas näher nebeneinander gelegt. Die Hand umfasst das Ende der Halme dort, wo der Schnitt erfolgte. Dann kann an einem Fadenende, welches aus dem Strohhalm heraushängt, gezogen werden und der restaurierte Faden kommt zum Vorschein.

Die Variante a) ist optisch und ästhetisch die wirkungsvollere, setzt aber ein gewisses feinmotorisches Geschick und damit verbunden auch ein intensiveres Üben voraus. Bei der Variante b) ist der Akt der Restauration nicht ganz so effektvoll.

Achtung

Bei der Vorführung können entweder ein Zuschauer oder der Künstler selber den Halm zerschneiden. Dies ist von der Vorführsituation, dem Alter des Publikums usw. abhängig. Wenn ein Zuschauer schneidet, muss ihm genau erklärt werden, wie er schneiden soll. Am einfachsten ist es, wenn er waagerecht schneidet, sodass drei Stücke entstehen. Die Unterstützung durch einen Zuschauer erschwert die Vorführung für den Künstler, weil dieser selbstverständlich nicht sehen darf, wo der Faden verläuft.

Das Kunststück kann auch von einem Zauber-Duo vorgeführt werden, bei dem ein Partner den Halm hält, der andere schneidet.

In dem Augenblick, in dem der Faden durch den Schlitz gezogen wird, also kurz vor dem Schnitt, machen die meisten Leute einen angestrengten Gesichtsausdruck. Sie spüren, dass jetzt etwas Wichtiges passiert. Zum Zaubertraining gehört auch, dass man in diesem Augenblick ganz entspannt schaut.

Trick Nr. 13
Coca-Cola

Einsatzfeld
Physik: atmosphärischer Druck, Auftriebskräfte im Wasser, Oberflächenspannung von Wasser; Feinmotorik (bei Handhabung des geheimen Hilfsmittels)

Effekt
Eine mit Wasser gefüllte Cola-Flasche wird umgedreht. Obwohl die Öffnung unverschlossen ist, was durch Streichhölzer, einen kleinen Bleistift usw. bewiesen wird, fließt kein Wasser aus der Flasche.

Materialliste
Neben dem Gimmick (= Hilfsmittel, hier eine Kappe), welches Sie bei der auf Seite 216 angegebenen Bezugsquelle erwerben können, benötigt man noch: eine Cola-Flasche (mit Kronkorkenverschluss), eine Schachtel Streichhölzer, einen kleinen Bleistift und eine Visitenkarte (oder ein gleich großes Stück Papier). Und selbstverständlich Wasser, mit dem die Flasche gefüllt wird. Als das Kunststück entwickelt wurde, waren nur die Cola-Flaschen transparent, inzwischen gibt es auch durchsichtige Wasserflaschen (0,2 l), die ebenso gut für das Kunststück verwendet werden können. Von Flaschen mit einem größeren Fassungsvermögen muss aufgrund des wesentlich höheren Gewichts bei der Präsentation eher abgeraten werden.

Vorbereitung
Die Flasche wird, nachdem sie gereinigt wurde (und sich keine Spülmittelreste in der Flasche befinden!), mit Wasser gefüllt. Die Kappe wird aufgesetzt. Sie ist schon aus kurzer Entfernung nicht mehr zu erkennen. Die übrigen Hilfsmittel liegen bereit.

Handhabung/Vorführung
Zu Beginn soll den Zuschauern demonstriert werden, dass die Flasche unverschlossen ist. Dazu wird sie aufgenommen, und durch eine schleudernde Bewegung mit dem Flaschenhals spritzen einige Tropfen Wasser aus der Flasche. Wenn dadurch einige Zuschauer getroffen wurden, haben sie den hautnahen Beweis erhalten, dass die Flasche offen ist.

Das Stück Papier wird auf die Flaschenöffnung gelegt. Eine Hand hält das Papier fest, während die andere Hand die ganze Flasche umdreht und auf den Kopf stellt.

Durch leichtes Bewegen des Papiers gelangt unauffällig etwas Wasser zwischen Papier und Kappe. Dann kann die Hand vorsichtig entfernt werden: Das Papier bleibt unter der Flasche haften. Das Papier kann sogar noch von der Öffnung weggenommen werden, ohne dass Wasser ausläuft.

Um die Zuschauer nun davon zu überzeugen, dass die Flasche weiterhin unverschlossen ist, können einige Streichhölzer durch die Öffnung der Kappe gesteckt werden. Sie steigen in dem Wasser schnell nach oben.

Bevor nun die Flasche wieder umgedreht wird, legt sich einfach die flache Handinnenfläche auf die Flaschenöffnung. In dieser Weise wird die Flasche mehrmals umgedreht, auf den Kopf gestellt und gezeigt, dass kein Wasser ausfließen kann. Mit dem Bleistift kann in der umgedrehten Flasche gerührt werden, um auch auf diese Weise zu zeigen, dass die Öffnung offen ist. Dabei werden immer einige Tropfen Wasser die Hand des Künstlers benetzen. Aber dies stört nicht.

Beim letzten Drehen der Flasche in die normale Stellung liegt die Hand wieder auf der Flaschenöffnung. Dabei liegt die Handinnenfläche (zwischen Daumenballen und Kleinfingerbällchen) auf der Kappe. Entfernt sich die Hand von der Öffnung, klemmt sie die Kappe ein und nimmt sie heimlich mit.

Den Zuschauern kann jetzt die Flasche sofort überreicht werden, damit sie sich davon überzeugen können, dass sie unpräpariert ist. Unter Umständen können sie selber das Experiment ausprobieren.

Die in der Hand verborgen gehaltene Kappe wird zu einem günstigen Zeitpunkt (nicht sofort, weil die Aufmerksamkeit der Zuschauer noch auf der Hand liegt!) abgelegt.[16] Dies könnte so aussehen: Nach einigen Augenblicken nimmt man etwas in die Hand, z. B. die Streichholzschachtel, und steckt diese ganz natürlich in die Tasche. Dabei bleibt die Kappe in der Tasche zurück.

---

16 Für Zauberer und Zauberinnen ist es immer von Vorteil, wenn sie eine leicht zugängliche und weite Tasche in der Hose, der Weste oder einem Jackett haben, weil man dort schnell einen geheimen Gegenstand ablegen kann. Bei der Auswahl der Zauberkleidung sollte dies berücksichtigt werden.

Achtung

Das Vorführen erfordert meist etwas Überwindung, weil man unsicher ist, ob die Kappe hält oder ob es eine Überschwemmung geben wird. Vertrauen in die Gesetze der Physik – dies kann auch ein Lernziel sein.

Üblicherweise sollten für dieses Kunststück kleine Flaschen verwendet werden. Es sollte vorher ausprobiert werden, ob die Kinder in der Lage sind, eine gefüllte Flasche sicher zu halten und umzudrehen.

Bevor den Schülern das Geheimnis erklärt wird, können sie – über einem Wasserbecken – selber ausprobieren, wie der Trick funktioniert. Selbstverständlich, ohne dass sie das Gimmick kennen oder bekommen. Es wird ein feuchtfröhlicher Spaß!

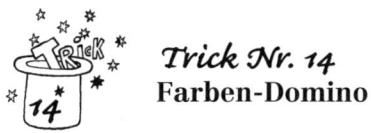 **Trick Nr. 14**
Farben-Domino

Einsatzfeld

Farben benennen; mit einem Zuschauer als Mitspieler kommunizieren; kopfrechnen

Effekt

Aus neun Farbdominosteinen legt ein Zuschauer eine beliebige Reihe. Der Künstler hat bereits vorher gewusst und aufgeschrieben, welche beiden Farben am Anfang und Ende dieser Reihe liegen werden. Das Kunststück kann beliebig oft mit immer wechselndem Ergebnis wiederholt werden.

Materialliste

Die zehn Farbdominosteine[17], die dieser Zauber-Fundgrube beigelegt wurden. Auf der Rückseite sind die Dominosteine mit kleinen Rechenaufgaben bedruckt. Als Rechenkunststück wird diese Seite der Steine verwendet. Selbstverständlich können die Aufgaben beliebig ausgetauscht und an die

---

17 Die Idee, diesen bekannten Trick mit Farbdominosteinen zu machen, stammt von der Firma MCH-Magic Center Harri, Kraftsolms. Mit ihrer freundlichen Erlaubnis wird sie hier verwendet. Die Idee, auf die Rückseite Rechenaufgaben zu schreiben, stammt vom Autor der Zauber-Fundgrube.

Rechenkenntnisse der Kinder angepasst werden; wichtig ist, dass alle Aufgaben und Ergebnisse eine Kette bilden und jede Ergebniszahl nur einmal vorkommt. Ein Blatt Papier und ein Stift für die Vorhersage.

Vorbereitung

Die Zuschauer bekommen immer nur neun Dominosteine zu sehen. Der zehnte Stein wird versteckt und gibt gleichzeitig an, welche beiden Farben am Ende der Dominokette sind (oder bei den Rechenaufgaben die Zahlen). Diese beiden Farben (oder die erste Zahl) werden später auf den Zettel als Vorhersage geschrieben.

Handhabung/Vorführung

Auf einen Zettel schreibt der Künstler, sodass es kein Zuseher sehen kann, als Vorhersage die zwei Farben (z. B. Orange und Rosa), faltet den Zettel und legt die Vorhersage für alle sichtbar ab.

Ein Mitwirkender erhält die neun Dominosteine, soll sie einmal gut durchmischen (eine an sich unsinnige Handlung, die aber im Gedächtnis der Zuschauer haften bleibt) und dann aus ihnen eine Kette nach den üblichen Dominoregeln bilden. Ist er damit fertig, soll er die beiden Farben nennen, die jeweils am Anfang und am Ende der Kette liegen.

Ein zweiter Zuschauer wird gebeten, den Zettel zu öffnen und laut vorzulesen, was dort als Vorhersage festgelegt wurde: Die Farben stimmen überein!

Soweit die einfache Variante, die auch Anfänger sehr schnell beherrschen können. Soll das Kunststück ein zweites Mal vorgeführt werden, was den Effekt erheblich steigert, dann muss der separierte Dominostein gegen einen anderen ausgetauscht werden, damit eine neue Farbkombination vorhergesagt werden kann.

Der unauffällige Austausch kann auf verschiedene Weise bewerkstelligt werden. Die einfachste läuft so ab: Die Kärtchen werden eingesammelt und in dieselbe Tasche gesteckt, in der sich das Vorhersage-Kärtchen befindet. In dieser Tasche liegt auch ein kleiner Notizblock für die Vorhersage. Für den zweiten Durchgang werden wieder neun Dominosteine aus der Tasche genommen. Dabei kommt die alte Vorhersage-Karte mit auf den Tisch, während eine beliebig andere in der Tasche bleibt. Um die Vorhersage aufschreiben zu können, muss man unauffällig erfahren, welche beiden Farben auf der Karte in der Tasche sind. Zusammen mit dem Block wird die Karte aus der Tasche genommen. Dabei wird der Block ständig so gehalten, dass die Zuschauer die Karte nicht sehen können. Jetzt dreht man sich mit dem Rücken zum Publikum. Während die Zuschauer die Steine gründlich mischen sollen, kann der Künstler unbeobachtet den Dominostein anschauen und die beiden Farben aufschreiben. Er reißt den Zettel ab. Der Block wird samt Dominostein wieder in die Tasche gesteckt, der Künstler dreht sich wieder um und legt den zusammengefalteten Zettel sichtbar auf den Tisch. Jetzt soll ein Zuschauer mit dem Legen der Reihe beginnen. Ist er fertig, nennt er die erste und die letzte Farbe in der Reihe. Ein zweiter Zuschauer öffnet den Zettel und liest die Vorhersage vor: Übereinstimmung!

Achtung

Alle Steine müssen aneinander gelegt eine vollständige Kette ergeben. Der Stein, der aus der Kette entfernt wurde, gibt den Anfang und das Ende und damit die Vorhersage an.

Das Kunststück ist mit einer größeren Anzahl von Dominosteinen noch effektvoller. Vor allem dann, wenn man das Kunststück mehrmals wiederholen möchte, ist eine zweite Trickausstattung sehr zu empfehlen. Ein zweiter Satz Steine (ohne Rechenaufgabe auf der Rückseite) kann bei dem Hersteller (Adresse siehe Anhang) erworben werden.

Das Kunststück ist auch als Basteltrick für die Projektwoche oder die Zauber-AG geeignet. Anstelle der Farben werden zum Beispiel die Konterfeis von Lehrerinnen und Lehrern genommen. Die Anzahl der Dominosteine ist im Prinzip unwichtig, es sollten nicht weniger als zehn sein. Bei sehr vielen Steinen dauert das Legen der Reihe lange, was für die Zuschauer langweilig werden kann.

Die Dominosteine, die der Zauber-Fundgrube beigelegt wurden, können alternativ mit der Rückseite und den Rechenaufgaben verwendet werden. Der Künstler schreibt, bevor ein Mitwirkender beginnt, eine Kette mit Rechenaufgaben zu bilden, das Ergebnis der letzten Aufgabe auf die Tafelrückseite. Bei dieser Variante bekommt der Zuschauer selbstverständlich auch nur neun Steine. Die erste Zahl auf dem verbleibenden Stein ist das Endergebnis. Das Kunststück kann zehnmal mit unterschiedlichen Ergebnissen vorgeführt werden. Ein besonderer Lerneffekt ergibt sich, wenn die Kinder Steine nach beiden Seiten anlegen müssen. Dass heißt, sie müssen zu einigen Rechenaufgaben das richtige Ergebnis suchen, um dann die nächste Aufgabe lösen zu können. Diese Karten werden immer nach rechts angelegt. Wenn es aber dort nicht mehr weitergeht und noch einzelne Steine übrig sind, müssen diese links angelegt werden. Dies bedeutet, dass zu einem Ergebnis die passende Rechenaufgabe gesucht wird. Wenn die Aufgabe komplett ist, wenn alle Steine eingebaut sind, nennt das Kind das Ergebnis der letzten Aufgabe, zu der es keine passende Anlegekarte gibt, und die Tafel wird umgeklappt.

Durch die Wiederholung mit einem neuen Ergebnis wird das Kunststück besonders verblüffend. Damit alle Kinder in der Klasse das Legen der Rechenaufgaben verfolgen können, kann man auch Dominosteine aus Overhead-Folie herstellen. Der Mitwirkende arbeitet dann am Projektor.

Noch etwas zum Mischen der Dominosteine: Diese Handlung ist an sich überflüssig, weil dadurch das Ergebnis der Reihe in keiner Weise beeinflusst wird. Sie hat aber an dieser Stelle zwei Funktionen:

a) Die Zuschauer werden beschäftigt, während man in Ruhe die Vorhersage aufschreibt (und bei der Wiederholung die beiden neuen Farben zur Kenntnis nimmt).

b) Bei einem Zauberkünstler steht das Mischen immer dafür, dass alles ganz fair zugeht. Da die Zuschauer zu diesem Zeitpunkt noch nicht wissen, was passieren wird, bedarf es noch keiner Begründung, warum die Steine gemischt werden sollen. Wenn die Zuschauer später das Kunststück rekonstruieren wollen, können sie sich zwar daran erinnern, dass die Steine gemischt wurden, aber nicht mehr, warum. Im besten Fall erinnern sie sich daran, dass alles ganz fair zugegangen ist. Außerdem: Wenn man normales Domino spielt, werden die Steine vorher auch gemischt – also warum nicht auch vor dem Kunststück?

Trick Nr. 15
Das Super-Ding

Einsatzfeld
Orientierungen: rechts – links; im oder gegen den Uhrzeigersinn; Physik: Energie/Bewegung; Reibungsverlust; Rotation; Wahrnehmung, Erinnern

Effekt
Ein kleines Kunststoff-Formteil wird auf einer glatten Unterlage angestoßen. Auf eine magische Bewegung, ein Zauberwort oder etwas Ähnliches hin verändert es plötzlich – ohne erkennbare äußere Einflussnahme – seine Drehrichtung.

Materialliste
Das Super-Ding ist ein Formteil aus Kunststoff mit einer außergewöhnlichen Eigenschaft. Sie können es bei der auf Seite 216 angegebenen Bezugsquelle erwerben.

Um den Effekt hervorrufen zu können, ist eine glatte, gerade Tischoberfläche notwendig, auf der sich das Teil möglichst leicht drehen kann.

Vorbereitung
Keine!

Handhabung/Vorführung
Das Geheimnis liegt in dem Formteil selber. Aufgrund seiner außergewöhnlichen Form dreht es sich auf einer glatten Fläche sehr gut und ausdauernd. Darüber hinaus hat es die folgende Eigenschaft: Wenn es gegen den Uhrzeigersinn angestoßen wird, beginnt es nach einigen Umdrehungen leicht zu vibrieren, seine Fahrt langsam zu stoppen und dann in der entgegengesetzten Richtung fortzusetzen. Es ist möglich, das Teil, das auch unter dem Namen „Keltischer Wackelstein" bekannt ist, nur durch leichtes Antippen an einem Ende aus seiner Ruhelage in Fahrt zu versetzen. Im Einzelnen sieht die Vorführung so aus:
Zunächst stellt man den Zuschauern das „Super-Ding" in Bewegung vor: Mit der runden Wölbung wird das Formteil auf die glatte Unterlage gesetzt.

Das Teil wird mit einem Finger kräftig *gegen* den Uhrzeigersinn angestoßen. Es beginnt sich zu drehen.

Sobald es sich ausgedreht hat, wird es aufgenommen. Damit die Zuschauer sich nicht merken können, in welche Richtung es angestoßen wurde, muss an dieser Stelle ein psychologischer Kniff angewendet werden: Die Erinnerung daran wird durch eine andere, stärkere Erinnerung überlagert. Dazu legt man das Teil mit der flachen Seite nach unten auf die Unterlage und sagt: *„Man könnte versuchen, das Teil so in Bewegung zu versetzen!"* Während diese Worte gesprochen werden, wird es *im* Uhrzeigersinn angestoßen. Aber die Zuschauer sehen – bei zwei oder drei Versuchen –, dass dies nicht so gut geht.

Schließlich wird es wieder mit der runden Seite nach unten auf die Unterlage gelegt. Dadurch, dass man jetzt gezeigt hat, wie sich das Teil nicht bewegt, und dabei zwei- oder dreimal die andere Drehrichtung verwendet hat, überlagert die „wichtige" Information verbunden mit der Drehrichtung „im Uhrzeigersinn" die ursprüngliche Information über die Drehrichtung.

Nun wird das Formteil mit einem kräftigen Schwung *im* Uhrzeigersinn angestoßen. Nach einigen Drehungen beginnt es zu vibrieren. Dies ist der Augenblick, in dem man das Zauberwort sagt, mit dem Finger schnalzt, oder irgendetwas macht, was angeblich die Änderung der Drehrichtung hervorruft. Für die Zuschauer muss der Eindruck erweckt werden, dass durch die „magische" Handlung die Änderung der Drehrichtung ausgelöst wird.

Jetzt kann ein Zuschauer das Ding anstoßen. Je nach Drehrichtung, die er wählt, spricht der Künstler das Zauberwort oder lässt es bleiben.

Schließlich stecken Sie das Teil in die Tasche und lassen das Publikum mit all seinen Spekulationen allein.

Achtung

Das Zauberwort muss kommen, bevor sich die Drehrichtung verändert hat. Das erste leichte Vibrieren ist das Zeichen, jetzt etwas zu sagen oder zu machen. Der richtige Zeitpunkt spielt bei der Präsentation eine große Rolle, denn nur so wird die optimale Wirkung bei den Zuschauern hervorgerufen.

Es gibt außerdem noch ein „Super-Ding zwo", das genau umgekehrt läuft. Dieses ist im Augenblick nicht im Handel erhältlich. Wenn Sie es irgendwo einmal sehen: zugreifen! Mit beiden Teilen zusammen, vor allem wenn sie die gleiche Farbe haben, kann man das Publikum in den „Wahnsinn treiben". Heimlich während der Vorstellung ausgetauscht ist es selbst für scharfe Beobachter und gute Physiker absolut unerklärlich, wieso offensichtlich die Drehrichtung keine Rolle dabei spielt, um den Effekt hervorzurufen.

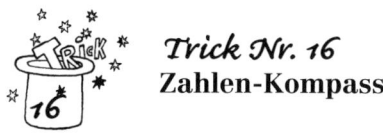

Trick Nr. 16
Zahlen-Kompass

Einsatzfeld

Kopfrechnen, Diagonale, Konstruktion eines Sechsecks; Schulung Feinmotorik; Wechsel der Perspektive: Zuschauer- und Künstlersicht; als einfaches Bastelobjekt geeignet

Effekt

Ein Zuschauer wählt aus zwölf Feldern, die auf zwei Seiten einer sechseckigen Scheibe aufgeprägt sind, eines aus und addiert die Zahlen heimlich, die auf der Rück- und Vorderseite dieses Feldes stehen. Eine bereits vorher für alle sichtbar deponierte Vorhersage wird dann verlesen, nachdem der Mitwirkende sein Endergebnis genannt hat: Die Ergebnisse stimmen überein.

Materialliste

Der Zahlen-Kompass[18], der dieser Zauber-Fundgrube beiliegt; ein Zettel und ein Stift für die Vorhersage

Vorbereitung

Vor der ersten Vorstellung sollte man sich mit der Funktionsweise des Kompasses vertraut gemacht haben.

Handhabung/Vorführung

Das Geheimnis besteht darin, dass der Zuschauer angeblich die Vorder- und die Rückseite *eines* Feldes addieren soll. Wenn er dies wirklich tun würde, bekäme man mit dem Kompass insgesamt zwölf verschiedene Additionsergebnisse. Wenn aber ein Feld auf der Rückseite stets um ein Feld nach rechts verschoben addiert wird, dann gibt es nur ein Ergebnis: die 97!

Legen Sie die Scheibe so vor sich, dass eine Kante horizontal vor Ihnen liegt. Um das Vorhersageergebnis zu erhalten, wird die Scheibe an der Diagonalen links oben nach rechts unten (aus Zauberersicht) angefasst. Um die-

---

18 Das Kunststück wird mit freundlicher Genehmigung der Firma MCH – Magic Center Harri, Kraftsolms, hier beschrieben. Die Idee des mehrfach zu beschriftenden Kompasses stammt von dem Autoren der Zauber-Fundgrube.

se Achse wird sie später gedreht, wenn ein Zuschauer seine Zahlen addieren soll. Wird die Scheibe auf eine andere Weise gedreht, ergeben sich andere Summen.

Bevor man mit dem eigentlichen Experiment beginnen kann, muss den Zuschauern die Funktion des Kompasses und ihre Aufgabe genau erklärt werden. Dies ist auch eine wunderbare Möglichkeit zu zeigen, dass bei der Addition verschiedene Ergebnisse erzielt werden. Man beginnt:

„Ich habe hier ein Sechseck, eingeteilt sowohl auf der Vorderseite als auch auf der Rückseite in sechs Felder, die jeweils noch einmal unterteilt sind. In jedem Feld steht eine zweistellige Zahl, also insgesamt 24 Zahlen." Bei diesen Worten wird die Scheibe mehrmals um die Diagonale rechts oben nach links unten (aus der Zuschauersicht) gedreht. *„Einer von euch darf sich gleich eine beliebige Zahl in einem Feld aussuchen und diese zu der Zahl aus dem gleichen Feld auf der Rückseite addieren. Also zum Beispiel 60 + 22 = 82. Damit aber niemand, wirklich niemand aus diesem Raum das Ergebnis kennen kann, muss die Addition im Kopf erfolgen. Kein Zettel, kein Taschenrechner – nichts, was eine Spur hinterlassen könnte, die mir helfen könnte. Denn ich will das Ergebnis vorhersagen. Und damit ich es nicht zu leicht habe, will ich nichts verwenden, was mir nur den geringsten Hinweis geben könnte."*

Diese Worte sind eine wunderbare Begründung, warum man nur mit Kopf-rechnen diesen Trick ausführen kann. Sie können noch an weiteren Re-chenbeispielen verdeutlichen, welche Zahlen gleich addiert werden sollen. Dass dabei immer verschiedene Summen herauskommen, ist für den Effekt von Vorteil. Dann heißt es weiter: *„Wer von euch hat verstanden, wie es geht, und möchte mitmachen?"* Mit diesen Worten wird ein Freiwilliger ausge-wählt. Wenn es notwendig erscheint, kann man noch einmal mit ihm zu-sammen eine Proberechnung machen. Selbstverständlich noch ohne die Vorhersagezahl. *„Okay! Dann ist ja alles klar. Ich schreibe jetzt meine Vor-hersage auf, die Zahl, von der ich felsenfest überzeugt bin, dass sie gleich bei der Rechnung als Summe herauskommt. Den zusammengefalteten Zettel gebe ich dir zur Aufbewahrung. Bitte erst öffnen, wenn ich es sage. Dann kannst du meine Vorhersage laut vorlesen, damit alle sehen können, ob sie stimmt."*

Die Scheibe wird abgelegt und auf einen Zettel wird die 97 groß und deut-lich geschrieben. Ein Zuschauer bekommt den gefalteten Zettel. Wird die Scheibe wieder aufgenommen, wird sie an der Diagonalen links oben nach rechts unten (aus Zuschauersicht) aufgenommen. *„Du kannst dir jetzt eine beliebige der zwölf Zahlen aussuchen. Merke dir bitte die Zahl und das Feld. Ich drehe nun die Scheibe um und du addierst die Zahl zu der gemerkten da-zu, die in demselben Feld auf der Rückseite ist. Sage das Ergebnis bitte laut und deutlich! 97? Nun bitte ich das Kind, das den Zettel mit meiner Vorher-sage hat, diesen zu öffnen und laut vorzulesen, was ich aufgeschrieben ha-be?"* Selbstverständlich wird nun auch die 97 genannt. An dieser Stelle soll-te ein kleiner Applaus einsetzen.

Achtung

Für den Schulunterricht kann man sich auch einen großen Zahlen-Kompass herstellen. Das Kunststück wird dann einmal mit allen Schülerinnen und Schülern gleichzeitig vorgeführt. Alle suchen sich eine Zahl aus und addie-ren sie im Kopf zu der Zahl auf der gegenüberliegenden Seite. Alle erhalten das gleiche Ergebnis, das vorhergesehen wurde. Um den Beteiligten das Ad-dieren besonders leicht zu machen, wird die Scheibe sechsmal umgedreht, wobei immer ein anderes Zahlenfeld nach oben zeigt. Die Kinder, deren Zahl gerade nach oben zeigt, sollen dann Vorder- und Rückseite addieren.

Soll das Kunststück mehrmals hintereinander vorgeführt werden, um bei-spielsweise die Kopfrechenfähigkeiten zu verbessern, benötigt man mehrere Zahlenkompasse mit jeweils unterschiedlichen Ergebnissen. Für diesen Zweck finden Sie bei den Materialien einen Blanko-Kompass, den Sie selber beschriften können. Sie brauchen zwölf Aufgaben mit demselben Ergebnis. Die Zahlen werden auf der Vorder- und Rückseite (um ein Feld nach rechts verschoben) verteilt. Sie können denselben Kompass mehrfach verwenden, wenn Sie vor dem ersten Gebrauch den Blanko-Kompass auf beiden Seiten mit durchsichtiger selbstklebender Folie bekleben. Die Zahlen werden dann mit White-Board-Stiften (die sich trocken abwischen lassen) oder mit wasserlöslichen Folienstiften geschrieben. Damit können Sie den Kompass in jeder Stunde mit neuen Aufgaben und neuen Ergebnissen einsetzen. Neben der Addition kann als Rechenart auch die Subtraktion verwendet werden. Die größeren Zahlen müssen dann alle auf der Vorderseite stehen.

Für Arbeitsgemeinschaften und Projektwochen ist der Zahlen-Kompass zum Selberbauen geeignet. Unter Umständen kann es sinnvoll sein, eine Kopiervorlage mit der Vorder- und der Rückseite herzustellen. In die leeren Felder müssen dann die Zahlen eingetragen werden, die das gewünschte Ergebnis bringen. Jeder Schüler wählt eine eigene Vorhersagezahl und sucht dazu zwölf passende Additionen aus.

Noch ein Hinweis: Warum soll der Zuschauer zuerst sein Ergebnis nennen, bevor die Vorhersage offenbart wird? Es gibt dafür zwei Gründe. Wenn sich das Kind verrechnet hat (oder nicht das gemacht hat, was es sollte), dann kann man dies jetzt feststellen und gemeinsam korrigieren. (*„Welches war die Zahl, die du dir als Erstes gemerkt hast? Und jetzt schauen wir zusammen nach, was auf der Rückseite steht. Das ergibt zusammen …"*) So ist sichergestellt, dass der Trick ein Erfolg wird. Und es soll Schüler geben, die eine Freude daran haben, wenn sich der Lehrer blamiert. Das Ergebnis in dem Augenblick zu verändern, wenn man die Vorhersage des Lehrers kennt, wäre dafür eine Möglichkeit. Und das kann man verhindern …

Eine Kombination beim Lernen mit dem Crazy Kompass (siehe S. 90) scheint naheliegend, aber die Vorführung beider Kunststücke sollte nicht vor dem gleichen Publikum gezeigt werden, da sonst das identische Trickgeheimnis leichter entschlüsselt werden könnte.

Trick Nr. 17
Werrys Versteckspiel

Der folgende Trick gehört zu einer fast unübersehbaren Reihe von Erfindungen des deutschen Trickgeräte-Erfinders WERNER GEISSLER-WERRY. Viele seiner Kunststücke wurden – ohne seine Erlaubnis – kopiert, manche haben so den Weg bis in die Zauberkästen gefunden. Neben seiner Tätigkeit als Erfinder und Produzent hat er vor über 50 Jahren auch die Fachzeitschrift „Magische Welt" gegründet. Er betreute sie als Herausgeber und machte sie zu der führenden Fachzeitschrift im deutschen Sprachraum.

Einsatzfeld
Schulung der optischen Wahrnehmung; Lichtreflexion und -absorption; Mathematik: Wahrscheinlichkeitsrechnung; Präsentation: einen einfachen Trick spannend verpacken

Effekt
Unter mehreren Plastikkappen versteckt ein Zuschauer eine Münze. Und obwohl weder die Kappen noch die Münzen präpariert sind, kann der Künstler immer mit hundertprozentiger Sicherheit sagen, wo sich die Münze befindet.

Materialliste
Vier spezielle gelbe Kappen, die Sie bei der auf Seite 216 angegebenen Bezugsadresse erwerben können, Münzen und eine helle Arbeitsfläche. Das Kunststück kann auch auf einer dunklen Arbeitsfläche vorgeführt werden, allerdings muss man dann näher am Geschehen sein. In beiden Fällen soll die Unterlage ohne Muster sein.

Vorbereitung
Keine!

Handhabung/Vorführung

Obwohl keiner der beteiligten Gegenstände präpariert ist, ermöglichen sie im Zusammenspiel einen guten und geheimnisvollen Trick. Die Plastikkappen sind so beschaffen, dass sie auf einer hellen Unterlage verraten, unter welcher Kappe sich eine Münze befindet. Wenn Sie dies ausprobieren, legen Sie drei Kappen in eine Reihe. Unter eine Kappe kommt eine Münze und dann kann man die Färbung der drei miteinander vergleichen. Die Kappe, die eine Münze verbirgt, erscheint eine Nuance dunkler. Voraussetzung dafür ist aber, dass das Kunststück auf einem einfarbigem Untergrund, z. B. einer weißen Tischdecke, vorgeführt wird. Es ist dann möglich, aus bis zu drei Meter Entfernung den Unterschied in der Nuance festzustellen. Wenn man es auf einer dunklen Unterlage vorführt, muss man bis auf 50 Zentimeter an die Kappen herangehen, um die unterschiedliche Helligkeit feststellen zu können.

So schlicht und einfach ist das Trickgeheimnis. Allerdings wird gerade an diesem Beispiel deutlich, dass ein Trickgeheimnis allein noch lange keinen interessanten Effekt ausmacht. Es kommt auf die gute Verpackung an, damit das Publikum verblüfft wird.

1) Auf dem Tisch liegen drei Kappen. Ein Zuschauer wird aufgefordert, eine Münze aus der eigenen Geldbörse zu nehmen und diese unter eine der Kappen zu legen. Er soll damit allerdings warten, bis der Künstler einige Schritte beiseite getreten ist und sich umgedreht hat, damit er nicht sehen kann, was auf dem Zaubertisch passiert. Wenn alles fertig ist, kommt der Künstler zurück an den Tisch und kann zielsicher die Kappe anheben, unter der sich die Münze befindet. Um es für die Zuschauer undurchschaubar zu machen, sollte nur ein flüchtiger Blick auf die Plastikkappen gerichtet werden. In erster Linie wird der Zuschauer angesehen, der die Münze versteckt hat. Zielsicher kann man die Kappe nennen und anheben, unter der sich die Münze befindet.

2) Bei der Wiederholung kommt ein zweiter Zuschauer ins Spiel. Nachdem der erste wieder die Münze versteckt hat, soll der zweite Zuschauer, der ebenfalls nicht weiß, unter welcher Kappe sich die Münze befindet, die Kappen auf dem Tisch hin und her schieben, sodass wirklich niemand mehr wissen kann, wo sich die Münze befindet. Ist dies alles geschehen, kommt der Künstler zurück an den Tisch. Auch dieses Mal kann er ohne Zögern die richtige Kappe nennen.

3) Beim dritten Versuch kommt die vierte Kappe ins Spiel. Dies kann man zum Beispiel damit begründen, dass es bei vier Kappen für den Künstler wesentlich schwieriger würde. Bei drei Kappen gibt es immer eine Mitte und damit sind die Zuschauer schon unbewusst beeinflusst, diese Kappe auszuwählen oder zu vermeiden. Um dies auszuschließen, deshalb jetzt vier Kappen! Der Rest läuft wie eben ab, und trotz der „Erschwernis" ist der Künstler in der Lage, sofort die richtige Kappe anzuzeigen.

Achtung

Dieses Kunststück kann – ja muss sogar – mehrmals vor dem gleichen Publikum vorgeführt werden. Beim einmaligen Zeigen könnten Zuschauer der Meinung sein, dass der richtige Treffer reiner Zufall war. Also mehrmals wiederholen, wenn möglich jeweils auf eine andere Weise!

Bei diesem Kunststück kann es passieren, dass die Zuschauer den Künstler reinlegen wollen, indem sie keine oder mehrere Münzen unter die Kappe legen. In diesem Fall gibt es keinen erkennbaren Unterschied zwischen den einzelnen Kappen und man kann nicht erkennen, ob keine oder mehrere verborgen wurden! Trotzdem keine Panik! Machen Sie die scheinbare Schwäche zur Stärke: Streichen Sie mit der Hand in einem größeren Abstand über den Kappen hin und her und sagen Sie dann ganz trocken: *„Es liegt nicht eine Münze unter den Kappen!"* Drehen Sie sofort alle drei Kappen um, damit alle Zuschauer sehen können, was dort liegt. Die doppeldeutige Formulierung „nicht eine Münze" kann sowohl bedeuten, dass keine oder dass mehrere Münzen unter den Kappen liegen. Und das stimmt ja auf jeden Fall. Wenn man erkennen kann, dass zwei Münzen unter zwei Kappen liegen: umso besser! Dies ist ein erstaunliches Wissen, das man vor den Augen der Zuseher auch zu einem Mirakel gestalten kann.

Da man nur einen kurzen Blick auf die Kappen werfen sollte, um das eigentliche Geheimnis nicht zu verraten, und man deshalb die meiste Zeit den Mitspieler anschaut, kann man dies auch zum „Trickthema" machen.

Man vereinbart beispielsweise, dass man aufgrund der Gesichtszüge und der Antworten des Mitspielers erkennen kann, unter welcher Kappe er die Münze versteckt hat. Es werden drei Fragen gestellt, der Mitspieler kann antworten, was er wolle, also auch lügen, aber er darf unter keinen Umständen verraten (weder durch Worte noch durch Mimik), unter welcher der Kappen die Münze liegt. Nach der dritten Antwort weiß man ganz sicher, wo die Münze ist.

Mit durchdringendem Blick wird der Zuschauer angesehen und dabei ge-fragt: *„Wirst du immer die Wahrheit sagen?"*, *„Hast du die Münze unter die mittlere Kappe gelegt?"* *„Hast du gerade gelogen?"* So oder ähnlich können die Fragen aussehen, unabhängig davon, wie der Mitspieler reagiert, was er sagt. Ohne zu zögern nennt man nach der dritten Antwort die richtige Kappe.

Mit einigen zusätzlichen Gegenständen kann der „nackte" Effekt noch aufgepeppt werden. So können die Kappen beispielsweise mit einem was-serlöslichen Folienstift durchnummeriert werden. Oder die Münzen haben verschiedene Werte. Nachdem die erste und teuerste Münze versteckt wur-de, dreht sich der Künstler kurz um, um zwei weniger wertvolle Münzen ins Spiel zu bringen. Dabei wird mit einem Blick die bereits belegte Kappe loka-lisiert.

Wenn Sie oder ihr Schüler den Unterschied zwischen den Kappen nicht leicht erkennen können, probieren Sie verschiedene Anordnungen der Kap-pen auf dem Tisch aus: eine Reihe, ein Quadrat, die Kappen berühren sich, sie liegen weit entfernt voneinander. Und auch der eigene Blickwinkel kann das Erkennen verbessern oder verschlechtern. Über die Bedeutung der Un-terlage wurde schon gesprochen, ebenso bedeutsam ist die Lichtquelle so-wie der Lichteinfall auf die Kappen (von vorne, von oben, von vorne und hin-ten, nur von hinten usw.). Jede Beleuchtungssituation verändert immer auch den Kontrast ein bisschen. Deshalb vor der Vorstellung in dem betreffenden Raum ausprobieren, wie es wirkt.

Trick Nr. 18
Universal-Kelle

Einsatzfeld
Feinmotorik; Koordination verschiedener Bewegungen; logische Folge von Abläufen; Vortragsgestaltung; Perspektivwechsel: Zuschauer- und Künstlersicht; Wahrnehmung

Effekt
Mit einer Kelle sind viele Effekte möglich. Hier nur in knappen Worten der Grundeffekt: Auf den beiden Seiten einer Kelle erscheinen, verschwinden und vermehren sich Zeichen.

Materialliste
Weiße Kelle aus der beigefügten Materialsammlung; White-Board-Schreiber oder abwaschbarer Folienstift

Vorbereitung
Für das Üben des Grundgriffs reicht es vollkommen aus, dass auf eine Kellenseite mit dem Stift ein Kreuz gemalt wird. Je nach Trick sind später unterschiedliche Vorbereitungen nötig.

Handhabung/Vorführung
Die Kellentricks gehören zu den traditionsreichen Kunststücken im Bereich der „Close-up-Zauberei". Generationen von Künstlern haben sich mit dem Kellentrick-Prinzip beschäftigt und neue Kunststücke und trickreiche Kellen entworfen.

Das Grundprinzip bei allen Kellentricks ist, dass eine Kelle – die auch ein Taschenmesser oder etwas Ähnliches sein kann – scheinbar von beiden Seiten vorgezeigt wird. In Wirklichkeit sehen die Zuschauer aber immer nur eine Seite, obwohl die Kelle umgedreht wurde. Im Verlauf des Tricks verändern sich zuerst eine und dann beide Seiten der Kelle.

Der Grundgriff besteht aus zwei Bewegungselementen und geht so: Halten Sie die rechte Hand mit der geöffneten Handfläche nach oben vor sich. Die Kelle wird mit dem Stiel auf Zeige- und Mittelfinger gelegt. Die Position ist dabei auf dem ersten bzw. zweiten Fingerglied. Der Daumen der rechten

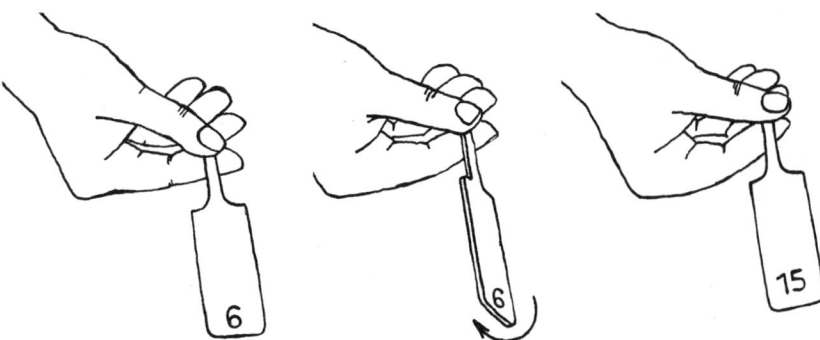

Abb. a

Hand hält die Kelle fest. Die erste Bewegung besteht darin, dass der Daumen die Kelle um jeweils 180 Grad vor- und rückwärts dreht bzw. rollt. Die Drehung soll nur durch eine sehr kleine Daumenbewegung zustande kommen. Auf diese Weise werden beide Seiten der Kelle gezeigt (siehe Abbildung a).

Bei der zweiten Bewegung kippt das Handgelenk auf den Körper zu bzw. wieder zurück in die Ausgangsstellung. Auch hier werden beide Kellenseiten sichtbar (siehe Abbildung b).

Beide Bewegungen sollten möglichst zügig durchgeführt werden. Die Täuschung kommt dadurch zustande, dass beide Bewegungen gleichzeitig ausgeführt werden. Während die Hand von unten nach oben gekippt wird, dreht der Daumen die Kelle um. So sieht es aus, als ob die Zuschauer beide Seiten der Kelle zu Gesicht bekommen. Die Drehung der Kelle, durch die die Vorderseite als Rückseite gezeigt wird, bleibt verborgen. Die Zuschauer sehen stets dieselbe Seite (siehe Abbildung c).

Abb. b

Abb. c

Um diesen Griff zu üben, malen Sie bitte mit dem Folienstift auf eine Seite ein Kreuz. Und nun zeigen Sie die Kelle mit den oben beschriebenen Bewegungen auf beiden Seiten leer vor. Beim Üben ist hier übrigens ein Spiegel sinnvoll, weil man damit aus einer anderen Perspektive verfolgen kann, wie die Zuschauer den Effekt sehen werden. Die Spiegelperspektive ist zwar nicht die originale Zuschauer-Perspektive, aber zum Ausmerzen der gröbsten Fehler ist sie sehr hilfreich.

Um jetzt das Kreuz auf der Kelle erscheinen zu lassen, ist ein zweiter Griff notwendig. Sie halten dazu die Kelle mit der rechten Hand, die Kellenfläche zeigt nach unten. Mit der linken Hand streichen Sie jetzt einmal über die Kellenfläche. Dabei wird mit dem rechten Daumen die Kelle unmerklich umgedreht. Wenn die linke Hand die Kellenfläche verlässt, ist das Kreuz erschienen. Nun ist es möglich, von beiden Seiten das Kreuz zu zeigen.

Es gibt noch eine dritte Bewegung, die die Kelle so zeigt, dass beide Seiten zu sehen sind. Dazu wird sie in der Hand wie oben beschrieben gehalten. Während der Kippbewegung aus dem Handgelenk wird dann allerdings nicht der Daumen bewegt! Wenn man zeigen will, dass auf der Vorder- und der Rückseite unterschiedliche Abbildungen sind, wird diese Bewegung eingesetzt.

Die oben beschriebene Verwandlung durch das Darüberstreichen ist am einfachsten durchzuführen, wenn die Kellenfläche nach unten zeigt. Manchmal kann es notwendig sein, die Kelle von oben nach unten zu bringen, ohne dass dabei einer der oben beschriebenen Griffe angewendet wird. In diesem Fall: Die Kelle mit Daumen und Zeigefinger festhalten und sie mit der anderen Hand um die Finger (als gedachter Mittelpunkt) um 180 Grad nach unten drehen. Danach kann diese Seite der Kelle durch Darüberstreichen ebenfalls verwandelt werden.

Damit kennen Sie die wichtigsten Grundgriffe, um einen Kellentrick auszuführen – jetzt müssen Sie sie nur noch üben.

Achtung

In einer Projektwoche können kleine Kellen auch selber gebastelt und gestaltet werden. Dafür sind beispielsweise Mundspachtel aus der Arztpraxis geeignet.

In den meisten Kinderzauberkästen befinden sich eine oder mehrere Kellen, die dort manchmal auch Paddel genannt werden. Die meisten davon sind von der Größe und Form für Kinder geeignet, allerdings können die Kinder mit den Beschreibungen in den Handbüchern oft kaum etwas anfangen. Darum liegen die Kellen ungenutzt in den Pappschachteln herum. Wenn Sie ein Zauberprojekt in der Schule machen möchten, lassen Sie alle Kinder ihre Zauberkästen mitbringen (nicht extra kaufen – dies ist meist eine überflüssige und zu teure Investition!). Vielleicht finden Sie auf diese Weise ausreichend Kellen, sodass die ganze Gruppe einen Kellentrick einüben kann. In manchen Hotelbars gibt es Cocktailrührer aus Plastik, die ebenfalls als Kellen bestens geeignet sind.

Das Erscheinenlassen einer Zeichnung durch Darüberreiben mit der Hand wirkt bei kleinen Kinderhänden nicht ganz überzeugend, weil die Kellenfläche nicht wirklich abgedeckt und so die Drehung immer sichtbar ist. Kinder sollten deshalb mit einer kleineren Kelle arbeiten!

Die Kelle aus der Materialsammlung können Sie dahingehend verändern, dass aus einer einfachen Schreibkelle eine Münzkelle wird. Dazu ist es notwendig, an beiden Seiten im gleichmäßigen Abstand drei kleine Schlitze anzubringen. Durch sie werden dann drei kleine Gummiringe stramm über die Kelle gespannt. Die Schlitze sorgen dafür, dass sich die Gummiringe auf der Kelle nicht verschieben. Auf die Rückseite der Kelle wird unbeobachtet ein mehrfach gefalteter Geldschein (Fünf Euro) unter die Gummiringe geklemmt. Die Vorderseite bleibt vorläufig leer. Einige Münzen liegen bereit.

Das Kunststück verläuft nun so: Zeigen Sie zuerst die Kelle von beiden Seiten leer her. Dann stecken Sie für die Zuschauer sichtbar einen Cent unter einen Gummiring und zeigen, dass jetzt auf der Rückseite ebenfalls ein Cent erschienen ist. Entfernen Sie die Münze und zeigen Sie die Kelle wieder leer vor.

Nun wird ein Zwei-Euro-Stück unter einen Gummi gesteckt und auf der Rückseite sieht man ebenfalls eine gleichwertige Münze. Dies wird mit einem Fünfzig-Cent-Stück wiederholt.

Jetzt fragen Sie die Zuschauer, wie viel Euro insgesamt auf der Kelle sind. Vermutlich lautet die Antwort: „fünf!". Streichen Sie nun mit der flachen Hand über die Kelle und drehen Sie diese unter der Deckung der Hand um. Jetzt können sie den Geldschein vorzeigen und abnehmen – es sind tatsächlich fünf Euro! Zeigen Sie die Kelle noch einmal von beiden Seiten leer vor und stecken Sie sie ein.

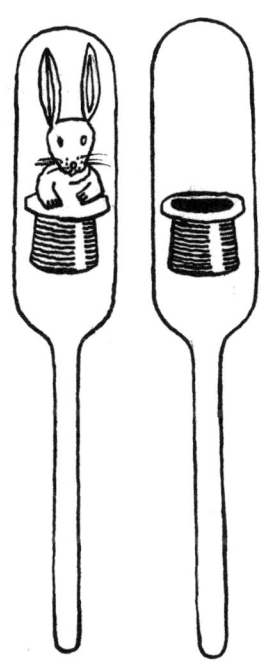

Sie können auch etwas auf die Kellenseiten aufmalen und damit einen effektvollen Trick vorführen. Die folgende Beschreibung soll Sie zu eigenen Experimenten anregen: Auf einer Kellenseite ist ein leerer Zylinder gemalt. Auf der anderen Seite sitzt der Zauberhase in dem Zylinder. Zusätzlich benötigen Sie noch eine kleine Zeichnung auf Papier, oder besser auf Pappe, die den Zauberhasen ohne Hut darstellt. Diese liegt verdeckt auf dem Tisch. Die Größe sollte so sein, dass die Kellenfläche gut damit abgedeckt werden kann.

Wenn Sie gut spontan zeichnen können, lassen Sie zunächst eine Seite der Kelle leer. Auf diese Weise haben Sie einen Effekt mehr: Zu Beginn wird die Kelle weiß von beiden Seiten gezeigt, dann zeichnen Sie vor dem Publikum den Zylinder auf eine Seite und dieser erscheint – wie von Zauberhand – auch auf der Rückseite.

Der Trick hat folgenden Verlauf: Die Kelle so von beiden Seiten zeigen, dass sich ein leerer Zylinder dort befindet; der Hase erscheint (darüber streichen mit der Hand) in einem Zylinder, während der andere Zylinder noch leer bleibt; ein zweiter Hase erscheint (darüber streichen mit der Hand); ein Hase verschwindet; Kelle von beiden Seiten (ohne Trick) vorzeigen; der letzte

Hase will trotz Zureden, Zauberspruch usw. nicht verschwinden; jetzt hilft nur noch Gewalt: Mit der Pappe auf die Kelle schlagen (unter der Deckung der Pappe die Kelle umdrehen) und der Hase verschwindet von der Kelle; Kelle von beiden Seiten mit leerem Zylinder vorzeigen; zeigen, dass der Hase auf die Pappe gewandert ist.

Diese Beispiele sollen ausreichen, um zu zeigen, wie eine Kelle wirkungsvoll eingesetzt werden kann.

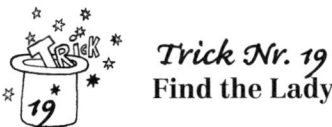

Trick Nr. 19
Find the Lady

Einsatzfeld
Logisches Denken, Präzision beim Basteln

Effekt
In einem scheinbaren Wettspiel wird ein Zuschauer herausgefordert: Er soll in einer Reihe von fünf Spielkarten die Dame mit einer Wäscheklammer markieren. Aber obwohl die Karten unverrückbar miteinander verbunden sind, ist ihm dies nicht möglich. Er markiert immer die falsche Karte.

Materialliste
Fünf Spielkarten, darunter eine Dame (oder eine andere Bildkarte) und vier Spielkarten mit Zahlen; ein gut klebender Klebestift und eine Wäscheklammer

Vorbereitung
Die fünf Spielkarten müssen zu einer Leiste zusammengeklebt werden. Dazu legen Sie eine Zahlenkarte auf den Tisch, darauf wird, um 15 Millimeter nach rechts versetzt, eine weitere Zahlenkarte aufgeklebt. Darauf werden, wieder um 15 Millimeter nach rechts versetzt, zuerst die Dame und dann die beiden letzten Karten aufgeklebt. Die Dame befindet sich in der Mitte der fünf Karten. Wenn Sie die Karten noch zwischen schweren Büchern pressen und trocknen lassen, bleiben sie auch bei häufiger Benutzung sicher miteinander verbunden.

Handhabung/Vorführung

Den Zuschauern wird der Kartenstreifen von der Vorderseite gezeigt. Sie sollen sich die Position der Dame gut merken.

Ein Mitspieler bekommt die Wäscheklammer ausgehändigt und hat damit die Chance, an einem Gewinnspiel teilzunehmen. Seine Aufgabe ist es, dreimal die Dame richtig mit der Wäscheklammer zu markieren. Das erste Mal ist es kinderleicht, weil die Kartenreihe mit der Bildseite hingehalten wird. Der Mitspieler soll die Wäscheklammer von oben auf die Dame stecken. Dieser Versuch wird immer gelingen, wie auch der zweite, wenn er die Klammer von unten anbringen soll. Erst der dritte Versuch wird schwieriger, weil jetzt die Karten mit der Rückseite nach vorn gehalten werden. Der Mitspieler wird folgerichtig die mittlere Karte markieren, aber wenn die Kartenreihe umgedreht wird, zeigt sich, dass er die Dame nicht getroffen hat.

Und das Trickgeheimnis? Es gibt keins, denn es ist alles ganz logisch. Allerdings spielt den meisten Zuschauern das Gehirn einen kleinen Streich: Sie stellen sich die Anordnung auf der Rückseite anders vor, als es in Wirklichkeit ist, weil sie die Überlappung der Karten nicht berücksichtigen. Um auf der Vorderseite den sichtbaren Teil der Dame zu treffen, muss man die Klammer auf der Rückseite an der Karte, die zur Gänze zu sehen ist, befestigen.

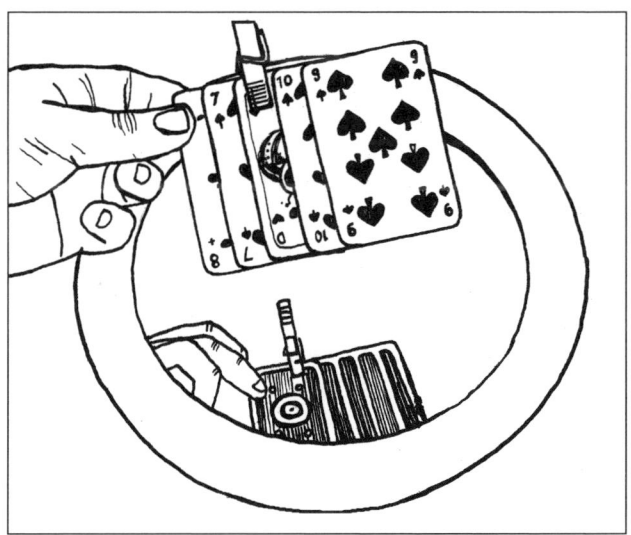

Hier ist im Spiegel die Rückseite des Kartenstreifens zu sehen.

Um auch den gewitztesten Zusehern keine Chance zu geben, durch Nachdenken die richtige Karte zu treffen, hier noch zwei Tipps:

a) Das Kunststück mit Tempo durchziehen, sodass bei der Rückseite keine Zeit zum Nachdenken bleibt.

b) Beim Drehen der Kartenreihe darauf achten, dass für die Zuschauer die komplett sichtbare Karte immer an derselben Stelle (z. B. rechts im Streifen) ist. Um dies zu erreichen, wird der Kartenstreifen weder über die horizontale noch über die vertikale Achse gedreht, sondern über die diagonale Achse.

Achtung

Bei diesem Kunststück ist noch eine besonders überraschende Variante möglich, nämlich dass die Dame verschwindet, obwohl die Karten fest zusammengeklebt sind, und an ihrer Stelle eine Zahlenkarte auftaucht.

Um die Handhabung dieses Kunststücks zu vereinfachen, sollte man den Kartenstreifen mit Miniaturkarten herstellen. An die dritte Stelle wird allerdings nicht die Dame, sondern eine Zahlenkarte, ein Joker oder eine Karte mit Spielanleitung geklebt. Wichtig ist, dass sich die Karte möglichst deutlich von der Dame unterscheidet. Die Karte wird so in die Leiste eingeklebt, dass noch ein kleiner Spalt bleibt, unter den dann ein schmaler Streifen der Dame geklemmt werden kann. Die Damen-Karte muss so zurechtgeschnitten werden, dass sie genau in den Spalt passt und die darunter liegende Karte abdeckt.

Die Vorführung geschieht in zwei Etappen. Im ersten Schritt wird der traditionelle Effekt vorgeführt. Nachdem der Zuschauer ausreichend Zeit hatte, die Karten zu betrachten (nicht anfassen!), bietet man ihm eine Revanche an. Hier ist nun ein bisschen manipulatives Geschick des Künstlers gefragt. Während er die Karte umdreht, zieht er gleichzeitig heimlich die lose Dame ab und hält sie in der Hand versteckt (mit Miniaturkarten geht dies besonders einfach!). Selbst wenn der Zuschauer gut aufgepasst hat, hat er jetzt keine Chance mehr, die Karte zu treffen, da sie schon verschwunden ist, wie er später feststellen muss.

Trick Nr. 20
Augenmaß

Einsatzfeld

Physik, Mathematik: Abschätzen von Rauminhalten, Berechnen des Rauminhaltes von Kegeln, optische Täuschungen; Psychologie: ein Trickgeheimnis effektvoll verpacken

Effekt

Zwei Sektgläser stehen etwa zu drei Viertel gefüllt auf dem Tisch. Damit die Zuschauer auch in der letzten Reihe den Effekt verfolgen können, ist das Wasser eingefärbt. Die Zuschauer können nun frei bestimmen, in welchem Glas das Wunder geschehen soll. In dieses Glas wird der komplette Inhalt des zweiten Glases geschüttet, ohne dass nur ein einziger Tropfen überläuft.

Materialliste

Neben etwas Lebensmittelfarbe zum Einfärben des Wassers benötigt man zwei Sektgläser und einen Folienschreiber. Obwohl die beiden Gläser vollkommen unpräpariert sind, haben sie es in sich. Es handelt sich dabei um so genannte Sektflöten oder Kelchgläser, deren besondere Form ein Abschätzen des Inhalts erschwert.

Vorbereitung

Vor der ersten Vorstellung füllen Sie ein Glas randvoll mit Wasser. Dieser Inhalt wird dann gleichmäßig auf beide Gläser aufgeteilt. Es sollte der optische Eindruck entstehen, dass jedes Glas zu Dreiviertel gefüllt ist. Mit einem Permanent-Folienschreiber wird an einem Glas unauffällig die Einfüllhöhe markiert. Bei der nun folgenden Vorstellung wird das markierte Glas als Erstes mit gefärbtem Wasser gefüllt, danach das zweite Glas bis zur gleichen Füllhöhe.

Handhabung/Vorführung

Die beiden Gläser stehen nebeneinander auf dem Vorführtisch. Die eigentliche Handhabung besteht nur darin, das eine Glas in das andere umzufüllen. Deshalb ist es hier besonders wichtig, das Ganze effektvoll zu verpacken. Als Rahmenthemen bieten sich an: Wasser wird so komprimiert, dass in ein Glas die doppelte Füllmenge passt (sic!); eine spezielle Tablette kann Wasser reduzieren; beim Umgießen verschwindet Wasser in der Luft; Quiz-Spiel mit dem Publikum (Wie viel Wasser bleibt im Glas? Wie viel Wasser läuft über?).

Achtung

Selbstverständlich kann dieser Effekt auch umgekehrt vorgeführt werden: Mit dem Inhalt eines Glases werden zwei Gläser zu drei Viertel gefüllt. Allerdings hat die Praxis gezeigt, dass dieser Effekt weniger Überraschung bei dem Publikum auslöst.

Trick Nr. 21
Wasserzeitung

Einsatzfeld

Dies ist ein Vorführtrick, den Sie bitte nicht an Schülerinnen und Schüler weitergeben, sondern nur selbst vorführen. Dazu brauchen Sie eine gute räumliche Vorstellung, manuelle Fähigkeiten und Selbstvertrauen. Dieser Vorführtrick eignet sich auch für große Shows.

Effekt

Eine Tageszeitung wird vorgeblättert. In die zusammengefaltete Zeitung wird ein Glas Wasser gegossen. Die Zeitung wird auseinander gefaltet, jede Seite einzeln vorgezeigt und sogar auf den Kopf gestellt: Das Wasser ist und bleibt verschwunden. Nachdem die trockene Zeitung wieder zusammengefaltet wurde, kann die Flüssigkeit wieder aus der Zeitung in das Glas zurückgegossen werden.

Materialliste

Der spezielle Plastikbeutel liegt diesem Buch bei. Zusätzlich benötigen Sie noch eine Tageszeitung. Das Format sollte nicht zu groß sein, denn je größer die Zeitung, um so schwieriger sind die Bewegungen beim Auf- und Zufalten. Die „Neue Züricher Zeitung" (NZZ) hat ein ideales Format. Oft haben Lokalzeitungen ein geeignetes Format. Neben dem Klebestift sind auch noch etwas Doppelklebeband (Teppichklebeband hat die beste Klebkraft), ein Glas mit Wasser und eventuell etwas Lebensmittelfarbe notwendig.

Vorbereitung

Das Geheimnis des Kunststücks beruht darauf, dass die spezielle Plastiktüte vorher in die Zeitung eingeklebt wird. Zwischen zwei Seiten, die dann exakt zusammengeklebt wurden, wird auf diese Weise ein Behälter geschaffen, der ein kleines Glas Wasser aufnehmen kann. Die spezielle Konstruktion der Tüte macht es möglich, dass sie, obwohl sie mit Wasser gefüllt ist, auf den Kopf gestellt werden kann. Die Tüte muss dazu langsam in Richtung des geschlossenen Faches um 180 Grad gedreht werden.

Bevor die Zeitung präpariert werden kann, muss der Künstler sich darüber im Klaren sein, wie das Trickgeheimnis funktioniert. Er muss sicher sein, in

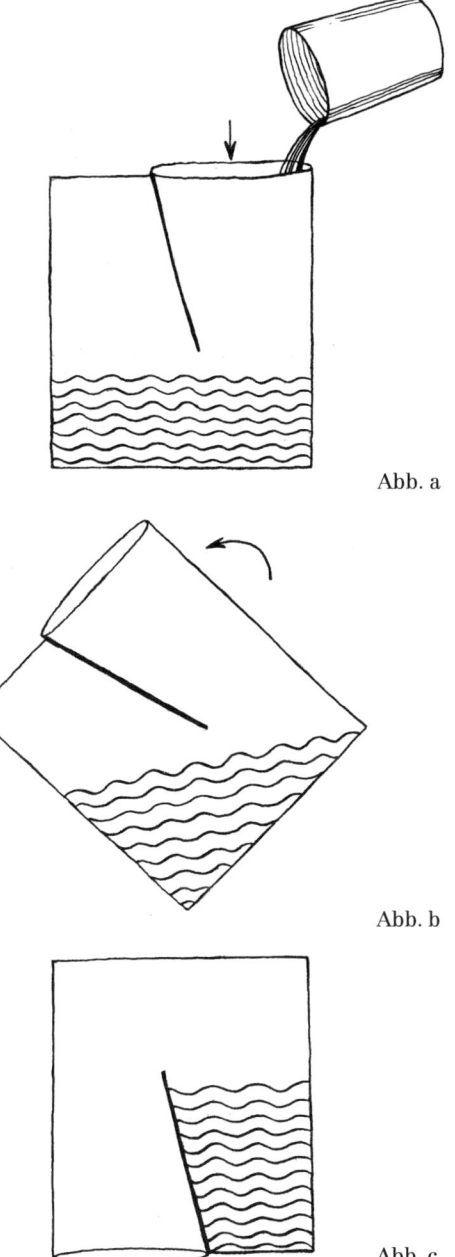

Abb. a

Abb. b

Abb. c

welche Richtung die Zeitung gedreht werden muss, damit das Wasser in dem Geheimabteil „verschwindet", und was er tun muss, damit das Wasser wieder aus der Zeitung ausgegossen werden kann. Als kleine Eselsbrücke kann dienen: um 180 Grad *zur Öffnung hin* = das Wasser *erscheint*; um 180 Grad *von der Öffnung weg* = das Wasser *verschwindet*. Ganz wichtig: Wenn die Tüte auf dem Kopf steht, nicht weiter in diese Richtung drehen, es sei denn, Sie wünschen eine feuchte Überraschung. Nach dem Kopfstand muss die Zeitung auf dem rückwärtigen Weg in die Ausgangslage gebracht werden.

Lassen Sie uns nun gemeinsam eine Zeitung präparieren. Die Wasserzeitung ist übrigens ein Requisit, das nicht ewig hält. Es muss gelegentlich wieder aufgefrischt oder ganz neu hergestellt werden. Vor allem bei der ersten Zeitung entstehen wegen ungeschickter Handhabung leicht Wassernasen, die zwar trocknen, aber irgendwann unansehnlich werden. Den äußeren Bogen der Zeitung legen Sie aufgefaltet auf den Tisch vor sich. Die Schrift ist in Leserichtung. Der Beutel wird mit dem doppelseitigen Klebeband auf die Seite zwei geklebt. Er liegt dabei so, dass er mit der oberen Zeitungskante abschließt und die Öffnung ganz präzise an dem Falz beginnt.

Der Beutel sollte an der kompletten oberen Schmalkante mit Klebeband befestigt werden, um zu gewährleisten, dass die Öffnung bei der Vorführung leicht zugänglich ist. An der unteren Seite ist ein Stück Klebeband ebenfalls sinnvoll, damit der gefüllte Beutel später nicht in der Zeitung hin und her schlingert. Mein Tipp: Die Klebestreifen auf den Beutel aufkleben, aber das Schutzpapier erst einmal nicht entfernen. Den Beutel in die Zeitung legen und sich davon überzeugen, dass er an der richtigen Stelle liegt und die Öffnung nach oben zeigt; als Erstes das Schutzpapier an der Oberkante des Beutels abziehen und ihn bündig mit der Zeitungskante einkleben; erst dann das untere Stück klebefertig machen und einkleben.

Im nächsten Schritt wird ein zweiter Zeitungsbogen auf den ersten geklebt. Es wird aber nur die linke Seite auf der präparierten Seite zwei festgeklebt! Dazu werden die Ränder auf Seite zwei und einige Stellen in der Mitte mit einem Klebestift bestrichen. Die Schutzfolie auf dem Klebeband wird entfernt und der zweite Zeitungsbogen aufgeklebt. Hier beginnt man am besten wieder an der oberen Schmalseite, zuerst beim Plastikbeutel. Die Seite sollte bündig mit den Rändern von Seite zwei abschließen. Notfalls kann hier mit einer Schere noch ein wenig nachgeschnitten werden. Da die rechte Seite nicht mit Klebstoff bestrichen wurde, ist nun ein „Heft" mit einer beweglichen Mittelseite entstanden. Während der gesamten Bastelei vergewissern

Sie sich, dass alles richtigherum sitzt und stimmt. Erst denken – dann kleben! Um die Trick-Zeitung noch etwas umfangreicher zu machen, können abschließend noch ein oder zwei zusätzliche Bogen Zeitung eingelegt werden. Bei der Vorführung hat man dann später etwas mehr zu blättern, was die Aufmerksamkeit von der ersten präparierten Seite ablenkt.

Vor der ersten Vorführung sollten Sie einmal ausprobiert haben, wie viel Flüssigkeit in dem Beutel „verschwinden" kann.

Handhabung/Vorführung

Die Zeitung wird mit der Titelseite in Richtung Zuschauer gehalten, locker vorgezeigt und aufgeblättert. Sie wird dann einmal quer und einmal längs gefaltet, sodass sie gut mit einer Hand gehalten werden kann. Eventuell ist eine weitere Faltung nötig. Dabei ist zu beachten, dass das Zeitungspaket niemals kleiner werden darf als der eingeklebte Plastikbeutel. Die rechte Hand hält das Zeitungspaket von oben. Sie liegt dabei an dem Falz der Doppelseite an. Der Zeige- und Mittelfinger der rechten Hand gehen in das Zeitungspaket und halten den Beutel ein wenig offen. Je größer die Öffnung, umso leichter kann später die Flüssigkeit hineingeschüttet werden.

Die linke Hand nimmt das Glas auf und beginnt, die Flüssigkeit in die Zeitung und dort in den Beutel zu schütten. Beim Einfüllen beginnt man ganz nah an der Zeitung, und wenn der Wasserstrahl läuft, dann kann der Becher immer weiter von der Zeitung entfernt werden. Die Zuschauer sollen deutlich sehen und hören, dass Wasser in die Zeitung fließt! Ist der Becher leer, wird er abgestellt und die Zeitung langsam aufgefaltet und aufgeblättert. Das Wasser ist verschwunden. Und nun ist es möglich, die Zeitung auf den Kopf zu stellen, um auf diese Weise zu demonstrieren, dass wirklich nichts mehr in der Zeitung sein kann. Dazu wird die wieder zusammengefaltete Zeitung langsam um 180 Grad so gedreht, dass die Flüssigkeit in das geheime Fach fließen kann. Wenn der Zeitungsfalz vom Künstler aus gesehen rechts ist, wird die Zeitung langsam nach links gegen den Uhrzeigersinn gedreht. Die kopfstehende Zeitung kann dann wieder vorgeblättert und anschließend in umgekehrter Richtung zurückgedreht werden.

Um die Flüssigkeit wieder erscheinen zu lassen, wird die Zeitung weiter im Uhrzeigersinn gedreht. In das abgestellte Glas fließt die erschienene oder verwandelte (siehe unten) Flüssigkeit zurück. Achtung: Das Wasser kann das Glas umwerfen! Und auch um die Zielgenauigkeit zu erhöhen, ist es besser, das Glas in die Hand zu nehmen. Es kann dann leicht beim Ausgießen nachkorrigiert werden, sodass kein Tropfen danebenfließt.

Achtung

Bei einer Vorführung vor einem größeren Publikum kann es sinnvoll sein, das Wasser mit etwas Lebensmittelfarbe einzufärben, damit es auch noch aus größerer Entfernung gesehen werden kann.

Mit Lebensmittelfarbe kann der Effekt auch zusätzlich gesteigert werden: Klares Wasser wird in die Zeitung gegeben, es verschwindet und dann erscheint plötzlich „Apfelsaft" aus der Zeitung. Dazu werden vor der Vorstellung einigen Tropfen Farbe in den Beutel gegeben.

Für das Kunststück sollte ausschließlich Wasser verwendet werden. Jede andere Flüssigkeit (Saft usw.) birgt die Gefahr, den Beutel zu verkleben, sodass er sich bei den folgenden Vorstellungen nur noch schwer oder gar nicht mehr öffnen lässt.

Das Umdrehen der Zeitung muss langsam erfolgen, damit das Wasser Zeit hat, in die Kammer zu fließen. Wenn die Zeitung zu schnell gedreht wird, besteht die Gefahr, dass nicht alles rechtzeitig hineingelangt und es aus der Zeitung tropft. Das Kunststück kann sehr gut mit dem Trick „Augenmaß" (siehe S. 121) kombiniert werden.

Trick Nr. 22
Wunder mit nichts

Einsatzfeld
Geometrische Formen, Quadrat und Rechteck, Flächen teilen, gerade und ungerade Zahlen; Typographie

Effekt
Auf einen Kartonstreifen ist das Wort „WUNDER" geschrieben. Es wird so in sechs Streifen zerschnitten, dass auf jedem Streifen ein Buchstabe steht. Auf einem Extrazettel macht der Künstler eine Vorhersage, die aus zwei Teilen besteht, und legt sie vorerst unbesehen beiseite. Einer der Buchstabenstreifen wird blind von einem Zuschauer gegen einen Blankostreifen ausgetauscht. Dann werden die Streifen mit der Rückseite nach oben gemischt und in eine Reihe gelegt. Ein anderer Zuschauer wählt erneut einen Streifen aus. Wenn die beiden Vorhersagen vorgelesen werden, stellt sich heraus, dass sie genau beschreiben, was die Zuschauer frei gewählt haben: den Streifen mit dem „R" und den Streifen mit „nichts".

Materialliste
Die Grundidee für dieses Kunststück geht auf LUBOR FIEDLER zurück. Im Gegensatz zu seiner Urversion, die im Jahr 1965 veröffentlicht wurde[19], unterscheidet sich meine Version in zwei Punkten: Es wird ein Wort zerschnitten und es werden zwei Vorhersagen auf einmal gemacht.

Für den Effekt benötigen Sie eine Karte (6 x 12 cm), auf die das Wort „WUNDER" geschrieben ist. Jeder Buchstabe sollte knapp zwei Zentimeter breit und ebenso hoch sein. Das Wort steht auf einer gedachten Linie, die zwei Zentimeter von der unteren Kante entfernt ist. Im Prinzip kann man jedes Wort aus sechs Buchstaben oder eine Zahlenkombination verwenden. Aber mit dem Wort „Wunder" lassen sich im Vortrag schöne Wortspielereien kreieren. Ein Muster finden Sie als Kopiervorlage auf Seite 131.

---

19 FIEDLER, LUBOR: Neue magische Ideen. In: Methodische Reihe der Zauberkunst Nr. 1. Herausgegeben vom Zentralhaus für Kulturarbeit, Leipzig. „Papier im Banne der Geometrie", Seite 10 ff.

Zusätzlich benötigen Sie noch eine große Papierschere, mit der ein Schnitt von mindestens sieben Zentimeter gemacht werden kann, und zwei Papierstreifen (6 x 2 cm). Die Papierstreifen sind aus demselben Papier wie der „Wunder"-Zettel. Ein Papierstreifen bleibt blanko, auf den zweiten wird der Buchstabe „R" genau in der Art und an die Stelle geschrieben wie auf dem „Wunder"-Zettel.

Schließlich werden ein bunter Zettel und ein Stift bereitgelegt. Auf diesen wird während des Kunststücks die Vorhersage geschrieben. Sie kann zum Beispiel so lauten: „Ich sage voraus: Aus dem Wunder wurde eine Wunde, weil der erste Streifen, der aussortiert wurde, den Buchstaben R enthielt. Als zweiter wurde in freier Wahl der Streifen genommen, auf dem kein Buchstabe steht."

Wenn Sie ein eigenes Wort auf den Zettel schreiben, ist es wichtig zu wissen, dass als Vorhersage-Buchstabe immer nur einer der letzten drei Buchstaben in Frage kommt. Warum dies so ist, werden Sie weiter unten verstehen.

Vorbereitung

Wenn Sie alle Materialien zusammenhaben, können Sie mit dem Kunststück beginnen. Die beiden zusätzlichen Zettel sollten allerdings zu Beginn von den Zuschauern noch nicht gesehen werden. Ein Vorschlag: Der Zettel mit dem „R" steckt in der rechten Hosen- oder Jackentasche, der Blankozettel in der linken.

Handhabung/Vorführung

Der Zettel mit dem Wort „WUNDER" wird den Zuschauern vorgezeigt. Mit der Schere beginnt man, ihn in sechs etwa zwei Zentimeter breite Streifen zu zerschneiden. Dabei wird bei dem „W" begonnen. Die ersten drei Buchstaben werden noch offen vor den Augen des Publikums abgeschnitten. Die Buchstaben „W", „U" und „N" liegen offen auf dem Tisch.

Bevor nun der nächste Buchstabe abgeschnitten wird, wird der Zettel mit der Rückseite nach oben gedreht. Dabei geschieht die wichtige Trickhandlung: Das verbliebene Quadrat (6 x 6 cm) wird dabei um 90 Grad gedreht. Anschließend wird es mit zwei Schnitten in ebenfalls drei Streifen zerlegt. Durch die Drehung steht jetzt nicht mehr auf jedem Streifen ein Buchstabe, sondern zwei Streifen sind leer und der mittlere Streifen enthält alle drei Buchstaben „D", „E" und „R".

Diese letzten drei Streifen werden mit der Rückseite nach oben in einer Reihe nebeneinander gelegt. Dabei liegt der Streifen mit den drei Buchstaben in der Mitte. Nun schreiben Sie Ihre komplette Vorhersage auf den Zettel, falten ihn einmal und legen die Vorhersage für alle sichtbar ab.

Ein Zuschauer soll nun den rechten Zeigefinger auf einen der drei Streifen legen: Zeigt er auf den mittleren – was in etwa 70 Prozent der Fälle eintritt –, dann hat er diesen Streifen ausgewählt (siehe Abbildung a). Das ist der beste Fall! Sie nehmen den Streifen auf und stecken ihn (etwas zerstreut erscheinend) in die rechte Hosentasche, um ihn dort gegen den R-Streifen auszutauschen. Dazu sagen Sie: „Dies ist Ihre Wahl – vielleicht ist es besser, wenn wir den Streifen mit dem Buchstaben für alle sichtbar zu der Vorhersage legen und auf die Rückseite eine ‚1' schreiben." Bei diesen Worten holen Sie den Zettel wieder hervor, legen ihn auf den Tisch und nummerieren ihn.

Sollte der Zuschauer nicht den mittleren Streifen gewählt haben, soll er jetzt den linken Zeigefinger auf einen zweiten Streifen legen. Im Idealfall sind die beiden Zeigefinger jetzt auf den äußeren Streifen (siehe Abbildung b). Mit den Worten „Die sind jetzt ausgeschieden!" legen Sie die beiden Streifen zu den anderen drei Buchstabenstreifen („W", „U", „N") ohne sie umzudrehen. So erreichen Sie, dass der mittlere Streifen als gewählt gilt, und können mit ihm wie oben bereits beschrieben verfahren.

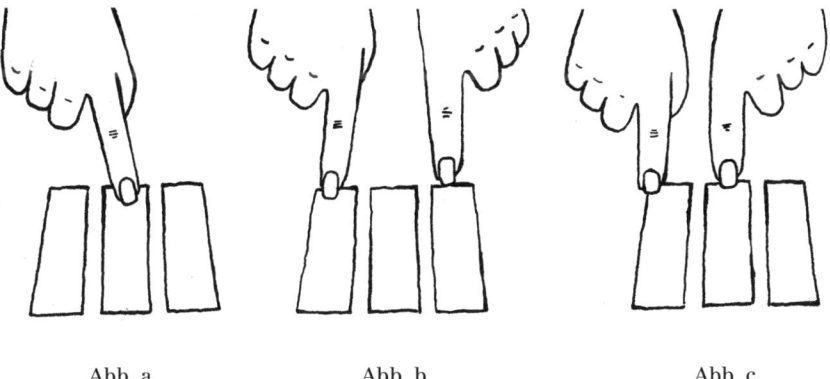

Abb. a   Abb. b   Abb. c

In den Fällen a und b nehmen Sie den mittleren Streifen als den gewählten.
Im Fall c wird der Streifen, auf den kein Finger zeigt, zu den drei anderen gelegt.

Hat der Zuschauer stattdessen den linken Zeigfinger auf den mittleren Streifen gelegt, wird der unberührte zu den anderen drei Buchstabenstreifen gelegt (siehe Abbildung c, S. 129). Als Letztes soll der Zuschauer dann entweder den rechten oder den linken Finger heben. Was immer er jetzt tut, Sie legen den Blankostreifen zu den vier Buchstabenstreifen und behandeln den ehemals mittleren als gewählt wie oben beschrieben.

Die fünf Streifen werden alle mit der Rückseite nach oben (die drei Buchstaben noch umdrehen) gelegt. Aus Künstlersicht liegt links ein Buchstabe, dann ein Blankostreifen usw. abwechselnd auf dem Tisch. Aus der linken Hosentasche wird der zusätzliche Blankostreifen geholt und den Zuschauern deutlich von beiden Seiten vorgezeigt und ans rechte Ende der Reihe gelegt. Damit die Zuschauer nicht mehr wissen, wo sich der Blankostreifen befindet, werden nun mehrmals die Streifen, die sich rechts oder links am Ende der Reihe befinden, an das jeweils andere Ende gelegt. Wie oft dies geschieht und an welcher Seite angelegt wird, ist vollkommen gleich. Wichtig ist nur, dass die Folge Buchstabe – Blanko – Buchstabe erhalten bleibt und dass Sie wissen, ob am rechten oder linken Ende ein Buchstabe liegt.

Der Zuschauer soll nun eine Zahl zwischen eins und sechs nennen. Der Streifen, auf den die Zahl fällt, wird dem Zuschauer in die Hand gegeben. Er soll sich aber noch nicht ansehen, was auf der Vorderseite zu sehen ist. Damit die Wahl auch wirklich auf einen Blankostreifen fällt, muss man darauf achten, ob der Zuschauer eine gerade oder eine ungerade Zahl genannt hat. Bei einer geraden Zahl beginnt man an der Seite mit dem Zählen, an der ein Buchstabenstreifen liegt, bei einer ungeraden Zahl auf der Seite, an der an erster Stelle ein Blankostreifen liegt.

Hat der Zuschauer seinen Streifen, werden die übrigen zusammengeschoben und sofort eingesteckt. Die Vorhersage wird vorgelesen und dabei die beiden Streifen vorgezeigt.

Achtung

Der Effekt kann dadurch gesteigert werden, dass man immer wieder die Streifen mischt, bevor der Zuschauer seine Wahl trifft. Dafür muss man während des Mischens die Blankostreifen bzw. den Streifen mit den drei Buchstaben immer im Auge behalten, damit man diese an der richtigen Stelle platziert.

Wunder mit nichts

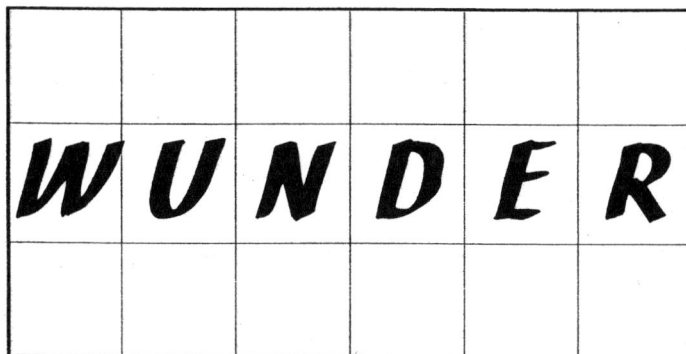

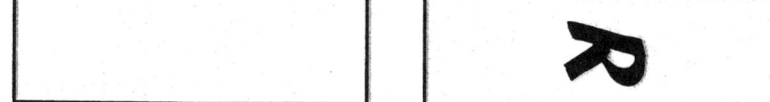

Wer nicht mit Buchstaben arbeiten will, kann stattdessen in der Mitte einen Farbstreifen mit sechs unterschiedlichen Farben anbringen. Anstelle des Buchstabens wird dann die Farbe bzw. die nicht vorhandene Farbe auf dem Extrastreifen vorhergesagt.

Wenn Ihre Schule, ein Kollege oder ein Schüler einen Namen aus sechs Buchstaben hat, kann dieses Kunststück selbstverständlich mit diesem Namen vorgeführt werden.

Das Kunststück ist von der Tricktechnik her einfach, der Ablauf der verschiedenen Handlungen aber kompliziert. Um das Kunststück ohne Stocken vorführen zu können, muss der Ablauf gut einstudiert und oft geübt werden.

Trick Nr. 23
Zauberkasten

Einsatzfeld

Komplexe Bewegungs- und Handlungsabläufe einstudieren und ausführen; Vorführtrick für die Lehrkraft; Herstellen einer Aufbewahrungsbox für Zauberrequisiten

Effekt

Ein Schuhkarton wird von allen Seiten innen und außen vorgezeigt. Er ist leer! Nach einem Zauberspruch wird der Deckel geöffnet und der Künstler kann viele kleine und große Dinge aus der Zauberbox holen.

Materialliste

Ein Schuhkarton mit Stülpdeckel; Bastel- und Dekorationsmaterialien; eine Papprolle (wie vom Küchenkrepp), Gewebeband; kleine Gegenstände oder bunte Tücher, die erscheinen sollen

Vorbereitung

Die Papprolle dient später zur Aufnahme der Gegenstände, die erscheinen sollen. Ideal sind Seidentücher, da sie sich sehr klein zusammendrücken lassen und beim Erscheinen spektakulär groß aus dem Kasten hervorkommen. Richtig luftig auf dem Zaubertisch drapiert kann der Eindruck erweckt werden, als hätten die Tücher den ganzen Kasten ausfüllen können.

Das Geheimnis des Zauberkastens besteht darin, dass die Pappröhre beweglich im Deckel befestigt wurde. Durch eine geschickte Handhabung können so alle Seiten des Zauberkastens vorgezeigt werden, ohne dass die Zuschauer die Röhre sehen. Legen Sie den Deckel mit der Innenseite nach oben auf den Tisch, die Längsseite sollte parallel zur Tischkante liegen. In einem Abstand von drei bis vier Zentimetern wird die Pappröhre hinter den Deckel gelegt. Sie sollte mittig zum Deckel liegen. Mit dem Gewebeband werden das rechte und das linke Ende der Röhre an der Deckelinnenseite befestigt. Dabei soll der Abstand zum Deckel (3–4 cm) immer erhalten bleiben. Das Gewebeband muss auf beiden Seiten verklebt werden, damit die Röhre später nicht versehentlich im Deckel oder am Kasten festklebt.

Bevor Sie den Kastendeckel schmücken und damit die Klebestellen der Röhre kaschieren, probieren Sie aus, ob die unten beschriebenen Handlungen ausgeführt werden können, ohne dass die Röhre sichtbar wird, oder ob die Position der Röhre verändert werden muss. Danach werden Kasten und Deckel „zauberhaft" dekoriert. Im Prinzip ist die Farbwahl gleich, aber wenn die Box innen etwas dunkler und schlichter, außen bunter und glitzernder gestaltet wird, entspricht dies wahrscheinlich genau dem Bild von einem „Zauberkasten".

Handhabung/Vorführung

In die Röhre kommen Seidentücher, bis sie gut gefüllt ist. Für den Anfang ist es wahrscheinlich sinnvoll, ein oder zwei große Seidentücher in die Röhre zu stopfen, da sie leicht herbeigezaubert werden können. Kleine Tücher „verstecken" sich gerne im Inneren der Röhre und sind manchmal nur schwer hervorzuholen.

Der Kasten steht mit der Längsseite zum Publikum. Der Deckel liegt oben auf, wobei sich die Röhre auf der Rückseite außerhalb des Kastens in Richtung Künstler befindet. Wenn jetzt der Deckel um bis zu 90 Grad an der vorderen Längsseite geöffnet wird, können die Zuschauer in einen leeren Kasten blicken. Unter Umständen muss man ihn dazu leicht in Zuschauerrichtung anheben.

Der Kasten wird wieder geschlossen und der ganze Deckel abgehoben. Dies geschieht so, dass man ihn an der Längsseite zum Künstler hin anhebt und im Winkel von 90 Grad aufstellt. Die Zuschauer sehen jetzt auf die Deckel-

oberseite. Die Röhre baumelt in dem Deckel und das Ganze kann abgenommen werden. Dabei wird immer darauf geachtet, dass die Zuschauer nur die
Deckeloberseite sehen. Der Deckel wird so gegen einen schweren Gegenstand auf dem Zaubertisch angelehnt.

In aller Ruhe und Ausführlichkeit wird nun das Kastenunterteil von allen
Seiten gezeigt. Dann wird der Deckel auf dem gleichen Weg wieder aufgesetzt und der Kasten geschlossen. Dieses Mal kommt die Röhre aber in den
Zauberkasten.
   Jetzt wird die geschlossene Zauberkiste noch einmal von allen Seiten vorgezeigt. Wenn sie auf dem Tisch abgestellt wird, steht sie so, dass die Längsseite mit der befestigten Röhre in Richtung Zuschauer zeigt.

Der Kasten wird nun an der hinteren Längskante auf der Seite des Künstlers geöffnet. Bei einem Winkel von ca. 90 Grad kann der Zauberer auf die Röhre im Kasten blicken. Während die eine Hand den Deckel in dieser Position festhält, greift die andere Hand in den Kasten und zieht aus der Röhre mit großem Schwung das Tuch heraus. Wenn mehrere Tücher in der Röhre sind, sollten das kleinste zuerst und dann die größeren hervorgeholt werden. Wenn alle Tücher auf dem Tisch liegen, wird der Kasten geschlossen und der verdiente Applaus entgegengenommen.

Achtung

Das Kunststück kann nur vorgeführt werden, wenn die Zuschauer frontal vor dem Zauberkünstler sitzen. Sicht von der Seite oder von hinten verrät das Trickgeheimnis.

Hilfreich ist ein kleiner Zaubertisch, hinter dem der Künstler stehen kann, um die Box, den Deckel oder die erscheinenden Tücher ablegen zu können. Der Abstand, mit dem die Röhre befestigt wird, ist auch von der Höhe der Deckelkante abhängig. Bei einem sehr hohen Rand kann es notwendig sein, den Abstand ein wenig zu vergrößern, damit sich die Röhre gut bewegen kann.

Um das Erscheinen noch spektakulärer zu gestalten, kann man in die Tücher etwas Konfetti einpacken. Wenn die Tücher erscheinen, entsteht so auch eine kleine Konfettiwolke. Aber vorher bitte klären, ob und wer das Konfetti nach der Vorstellung beseitigt.

Das Kunststück verführt dazu, den Zuschauern das Kastenunterteil zum Untersuchen zu reichen. Davon ist abzuraten, weil sie dann auch den Deckel anfassen wollen, was aber nicht möglich ist. Außerdem handelt es sich um eine Bühnenillusion – wenn auch im kleinen Maßstab –, und wer hat schon einmal den Tiger oder die Jungfrau auf der Bühne untersucht?

Trick Nr. 24
Unkaputtbar

Einsatzfeld
Koordination der Bewegungen, manipulatives Geschick, präzises Basteln

Effekt
Ein Seidenband wird mit der Schere in zwei Stücke zerschnitten. Nach ein bisschen Simsalabim ist das Band wieder restauriert und kann von den Zuschauern genau untersucht werden.

Materialliste
Breites Seidenband mit etwa ein Meter Länge, eine scharfe Schere, zwei leere Zündholzschachteln und Bastelmaterialien

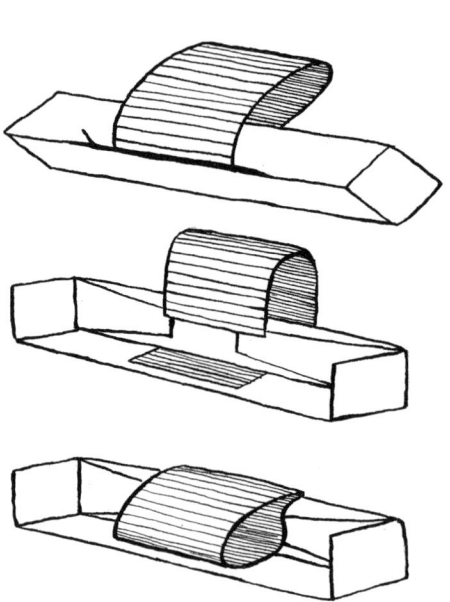

Vorbereitung
Dieses Kunststück ist eine Kombination von Trickgerät und Handfertigkeit. Wenn man das Trickgerät einmal hergestellt hat, kann man es nach einer kurzen Auffrischung immer wieder verwenden.

Aus der ersten Streichholzschachtel wird die Lade entfernt. Ein Ende der Lade wird etwa einen Zentimeter breit abgeschnitten.

Von dem Seidenband wird ein etwa drei Zentimeter langes Stück abgeschnitten. Das Bandstück wird, wie in den Abbildungen gezeigt, in dem Ladenendstück befestigt. Dieses wird in die

Schachtelhülle bis ans Ende geschoben. Dann wird vorsichtig die Lade der zweiten Schachtel in die Hülle geschoben. Die präparierte Schachtel, Schere und Seidenband werden bereitgehalten.

Handhabung/Vorführung
Die Schachtel wird aufgenommen und mit dem präparierten Ende nach unten gehalten (siehe Abbildung a). Die vollständige Lade wird nach oben herausgezogen und auf dem Tisch abgelegt. Die Mitte des Seidenbandes wird über die Schachtelhülle gelegt und dann mit der Lade hineingedrückt. Jetzt kann man die Schachtel umdrehen und das präparierte Ende zeigen (siehe Abbildung b). Es sieht so aus, als sei hier die Mitte des Seidenbandes zu sehen. In Wirklichkeit ist das kurze Bandstück sichtbar, das vorher hier eingebracht worden ist. Man zieht nun leicht am Seidenband, damit eine kleine Schlaufe entsteht. Mit der Schere kann man noch ein bisschen nachhelfen. Die Schlaufe sollte gerade so groß sein, dass die geöffnete Schere mit einem Schenkel problemlos hineinpasst.

Das Band wird nun für die Zuschauer gut sichtbar mit der Schere durchgeschnitten (siehe Abbildung c, S. 138). Dann wird die Schachtel umgedreht, sodass die Schnittstelle nach unten zeigt. Die linke Hand hält die Schachtel unten, sodass sie das Hilfsmittel (nämlich das präparierte Endstück) auffangen kann. Dazu halten Daumen und Mittelfinger der rechten Hand die

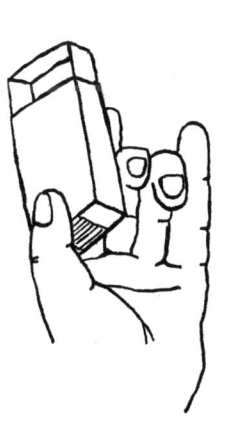

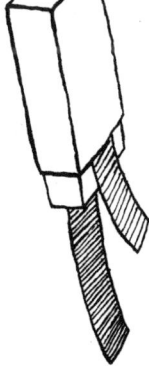

Abb. a   Abb. b

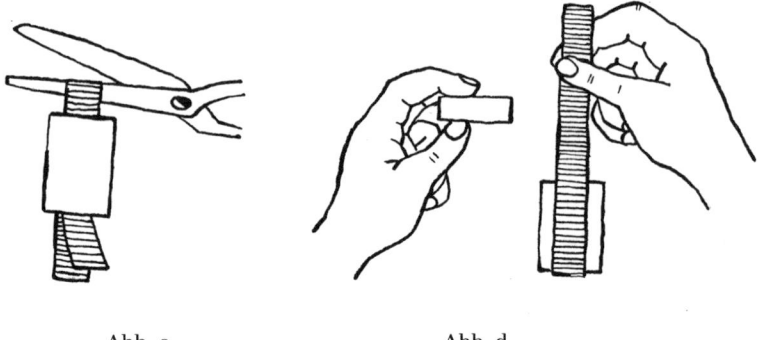

Abb. c   Abb. d

Schachtel an der Oberkante. Der Zeigefinger der rechten Hand drückt von oben die Lade in die Schachtel hinein. Dabei fällt das kurze Endstück in die linke Handinnenfläche. Sobald das Teil aufgefangen wurde, schließt sich die Hand und geht über die Schachtel, um die beiden Bandenden zu ergreifen und an ihnen zu ziehen. Die Hülle wird jetzt mit der rechten Hand abgezogen und leer vorgezeigt, während die Lade an dem scheinbar restaurierten (oder: „unkaputtbaren") Band hängt (siehe Abbildung d).

Achtung

Für dieses Kunststück benötigt man eine scharfe Schere, die mit einem Schnitt das Band durchtrennen kann. Die Zuschauer das Band durchschneiden zu lassen ist wenig empfehlenswert, weil dann die Gefahr besteht, dass sie das geheime Hilfsmittel aus der Schachtel herausziehen.

Das Kunststück ist in der Präparation wie auch in der Vorführung so anspruchsvoll, dass es einige Geschicklichkeit voraussetzt.

Trick Nr. 25
Schlüsselbund

Einsatzmöglichkeiten
Feinmotorische Fähigkeiten verbessern

Effekt
Ein Schlüssel und ein gewöhnlicher Schlüsselring werden auf ein Taschentuch oder eine Stoffserviette gelegt und darin eingerollt. Wenn das Tuch wieder ausgerollt wird, haben sich Schlüssel und Schlüsselring fest miteinander verbunden.

Material
Ein Stofftaschentuch oder eine Stoffserviette, zwei identische Schlüssel und zwei Schlüsselringe gleicher Art und Farbe. Das Kunststück muss auf einer weichen geräuschdämmenden Unterlage vorgeführt werden. Besonders geeignet ist die Zauberbühne (siehe S. 207), weil dort außerhalb der Sicht der Zuschauer alles vorbereitet werden kann und dann erst die Zauberbühne den Zuschauern präsentiert wird.

Vorbereitung
Ein Schlüssel wird mit einem Schlüsselring verbunden. Dieser wird in die Mitte des Tisches gelegt und mit der aufgefalteten Stoffserviette abgedeckt. Eine Ecke der Serviette zeigt in Richtung des Künstlers, eine in Richtung Zuschauer. Von diesen Vorbereitungen darf das Publikum nichts mitbekommen. Der lose Schlüssel und der zweite Schlüsselring werden bereitgelegt.

Handhabung/Vorführung
Der Schlüsselring und der einzelne Schlüssel werden deutlich vorgezeigt und in die Mitte der Serviette gelegt. Es sollten dabei keine Geräusche durch die darunter liegenden Teile entstehen. Die Serviette wird von der Ecke beim Künstler hin zu der Ecke in Richtung Zuschauer zu einer Roulade aufgerollt. Dabei werden die unter der Serviette liegende Teile unauffällig mit eingerollt.

Das Trickgeheimnis besteht darin, dass die Serviette beim Aufrollen umgedreht wird, das heißt, dass die Unterseite dann nach oben und die Oberseite nach unten zeigt und dadurch die beiden losen gegen die verbundenen Teile ausgetauscht werden. Um dies zu erreichen, muss eine kleine Manipulation vor dem Aufrollen vorgenommen werden. Die Ecke, die außen liegt, also am nächsten in Richtung Zuschauer, wird unter der Rolle wieder ein kleines Stück zurückgeschoben, sodass sie zum Zauberkünstler zeigt. Jetzt wird an beiden Ecken gleichzeitig gezogen, bis sich die Serviette wieder auf dem Tisch entrollt. Der Verbund Schlüssel und Schlüsselring wird sichtbar.

Achtung

Das Umlegen der einen Ecke ist dann besonders gut kaschiert, wenn man direkt beim Aufrollen die vordere (Zuschauer-) Ecke nur so weit mitrollt, dass sie am Ende in Richtung Künstler zeigt. Ein auffälliges Zurückschieben der Ecke ist in diesem Fall überflüssig.

Der Effekt ist besonders wirkungsvoll, wenn der Schlüsselring möglichst viele Windungen hat, sodass es auch ohne Trick nicht leicht ist, den Ring aufzufädeln. Ein Zuschauer kann ja am Ende des Kunststücks Ring und Schlüssel wieder trennen, damit alle sehen, dass es nicht so einfach ist.

Wenn das Kunststück so weit gezeigt ist, ist es noch nicht fertig: Unter der Serviette liegen Schlüssel und Ring. Der Künstler muss sich also überlegen, wie er jetzt das Feld räumt, ohne dass es verräterische Spuren und Hinweise (z. B. Geräusche) auf das eigentliche Trickgeheimnis gibt. Wurde das Kunststück auf der Zauberbühne vorgeführt, nimmt man sie am Ende wieder und geht mit ihr ab. Die Gegenstände unter dem Tuch können so ungesehen beiseite gebracht werden.

Theoretisch kann der Trick auch in umgekehrter Reihenfolge vorgeführt werden, allerdings ist es etwas schwieriger, die beiden Einzelteile unter der Serviette mit einem Griff zu ergreifen und einzurollen.

Trick Nr. 26
Befreite Zuschauerin

Einsatzmöglichkeiten
Bühnentrick für großes Publikum, Schauspielen auf der Bühne

Effekt
Eine Zuschauerin wird auf die Bühne geholt und mit einem Seil gefesselt.
Nachdem das Seil vor dem Körper verknotet wurde, bekommen es zwei weitere Zuschauer jeweils an einem Ende zum Halten. Auf einmal durchdringt
das Seil die Zuschauerin und sie steht befreit hinter dem Seil, welches die
beiden Zuschauer weiterhin vor ihr gespannt halten.

Material
Ein Seil von mindestens drei Meter Länge

Vorbereitung
Ein Zuschauer oder eine Zuschauerin muss eingeweiht werden.

Handhabung/Vorführung
Der Künstler wählt drei freiwillige Helfer aus dem Publikum aus. Darunter
befindet sich die eingeweihte Zuschauerin, die in der Mitte der Bühne platziert wird. Sie faltet ihre Arme hinter dem Rücken. Die beiden anderen Zuschauer stehen etwas *vor* ihr. Sie erhalten jeder ein Ende des Seils, das sie
vor der Zuschauerin ungefähr auf Taillenhöhe spannen. Sie können auch
gern kräftig an dem Seil ziehen, um zu zeigen, dass es unpräpariert ist. Von
jedem der beiden Zuschauer nimmt der Künstler das Seilende und führt es
hinter den Rücken der Zuschauerin, um es dann einmal um den Körper zu
führen und vor dem Körper zu verknoten. Hierbei geschieht das Trickgeheimnis. Hinter dem Rücken hält die Zuschauerin einen Daumen senkrecht
(siehe Abbildung S. 142).

Um diesen werden die beiden Seile einmal gewickelt, um dann auf der Seite,
von der sie kommen, wieder vor den Körper geführt zu werden. Vor der Taille werden sie einmal miteinander verknotet. Beide Helfer bekommen genau
das Seilende zurück, das sie vorher abgegeben haben. Die beiden Zuschau-

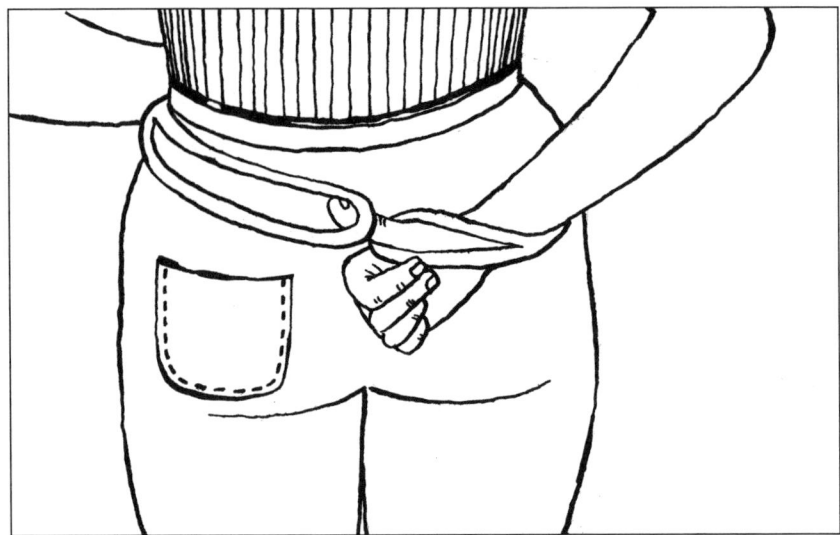

er sollen nun bei „drei" fest an ihrem Ende ziehen. Die Zuschauerin in der Mitte weiß, dass sie bei „drei" den Daumen aus den Schlingen nehmen muss.

Für das Publikum sieht es so aus, als würde das Seil durch den Körper der gefesselten Zuschauerin gleiten.

Achtung

Das Kunststück kann selbstverständlich auch mit einem Zuschauer vorgeführt werden.

Da niemand sehen darf, was sich hinter dem Rücken der Zuschauerin abspielt, muss der Künstler darauf achten, dass die beiden Helfer aus dem Publikum immer etwas vor der Zuschauerin in der Mitte stehen. Aus dem gleichen Grund sollte das Kunststück nur an einem Ort vorgeführt werden, bei dem sichergestellt ist, dass niemand von der Seite oder von hinten das Trickgeheimnis sehen kann.

Damit die eingeweihte Zuschauerin ihre Rolle für das Publikum glaubwürdig spielt, muss sie immer darauf warten, bis sie eine Anweisung erhält. Kleine Ungeschicklichkeiten, die bewusst mit eingebaut werden und vielleicht zum Schmunzeln verführen (Zuschauerin stellt sich mit dem Rücken zum Publikum auf; fragt nach einer Schere, als sie erfährt, dass sie aus dem Seil befreit werden soll usw.), können in diese Rolle eingebaut werden.

Trick Nr. 27
Das Ergebnis

Einsatzmöglichkeiten
Kopfrechnen

Effekt
Die Künstlerin schreibt eine Zahl als Vorhersage auf einen Zettel, den sie für alle sichtbar umgedreht ablegt. Eine zweite Zahl schreibt sie auf die Tafel. Ein Zuschauer soll eine inzwischen ausgedachte Zahl zwischen 50 und 100 darüber schreiben. Nach einigen Rechenoperationen gibt der Zuschauer sein Endergebnis bekannt. Es ist genau die Zahl, die die Künstlerin vorher auf den Zettel als Vorhersage geschrieben hat.

Material
Block oder Tafel, Kreide oder Stift

Vorbereitung
Die Künstlerin sucht sich eine Zahl unter 51 aus. Diese wird als Vorhersage aufgeschrieben. Jetzt muss sie noch eine geheime Rechenoperation ausführen, bei der sie die Vorhersagezahl von 99 abzieht. Diese Zahl schreibt sie an die Tafel.

Handhabung/Vorführung
Der Zuschauer wird von der Künstlerin aufgefordert, sich eine Zahl zwischen 50 und 100 auszusuchen. Er soll sie an die Tafel schreiben. Zu dieser Zahl wird die von dem Künstler genannte Zahl addiert. Die erste Stelle des Ergebnisses wird gestrichen und als Einerzahl addiert.Diese Summe wird von der vorher vom Zuschauer ausgedachten Zahl abgezogen. Das Ergebnis wird mit der Vorhersage verglichen. Übereinstimmung!

Ein Beispiel: Die Künstlerin hat sich die Zahl 40 ausgesucht. Heimlich rechnet sie 99 – 40 = 59. Die 59 schreibt sie an die Tafel. Der Zuschauer hat sich 60 ausgedacht. Er soll 59 + 60 rechnen. Das Ergebnis lautet 119. Die erste Stelle (1) wird gestrichen und zu der Restzahl 19 addiert. Das ergibt 20. Nun zieht der Zuschauer von seiner ausgedachten Zahl 60 die 20 ab und erhält die vorhergesagte Zahl 40!

Achtung

Wenn die Zuschauer im Kopfrechnen einigermaßen sicher sind, kann das Kunststück noch spektakulärer gestaltet werden: Der Zuschauer nennt nie seine Zahl und führt alle Operationen im Kopf aus. Die einzige Zahl, die er nennt, ist das Ergebnis, und dies wird dann mit der Vorhersage verglichen. Sollte es einmal eine Differenz zwischen der Zahl geben, die der Zuschauer errechnet, und der, die die Künstlerin vorhergesagt hat, werden die einzelnen Rechenschritte an der Tafel gemeinsam ausgeführt.

Das Kunststück kann, ja muss, wiederholt werden, um zu zeigen, dass bei jeder Rechnung andere Zahlen herauskommen.

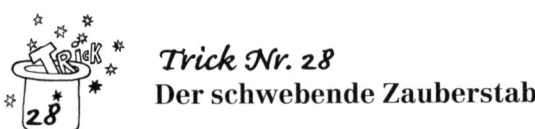

Trick Nr. 28
Der schwebende Zauberstab

Einsatzmöglichkeiten

Feinmotorik verbessern

Effekt

Ein Zauberstab schwebt auf unterschiedliche Weisen an der Hand des Künstlers. Dieses Phänomen wird von Mal zu Mal rätselhafter.

Material

Ein Zauberstab von etwa dreißig Zentimetern Länge, möglichst leicht und mit kleinem Durchmesser, damit alle Manipulationen auch von Kinderhänden gut durchgeführt werden können; Doppelklebeband, Gummiringe, ein Lineal

Vorbereitung

Je nach Vorführvariante unterschiedlich. Sie werden bei den einzelnen Varianten beschrieben.

Handhabung/Vorführung

Für die *Variante a* sind keine Vorbereitungen notwendig. Der Stab wird in die rechte Faust genommen. Die linke Hand umfasst von unten das rechte Handgelenk. Dann öffnet sich langsam die rechte Faust, ohne dass der Zauberstab herunterfällt. Er schwebt in der Hand, wobei die Zuschauer nur den Handrücken, nie aber die Handinnenseite sehen. Das Geheimnis: Der Zeigefinger der linken Hand umfasst nicht das Handgelenk, sondern geht in die rechte Faust und drückt den Zauberstab gegen die Handinnenfläche, sodass der Stab scheinbar auch in der geöffneten Faust schwebt. Das Umfassen und Wegnehmen der linken Hand um das rechte Handgelenk und die damit verbundene Fixierung des Zauberstabs durch den linken Zeigefinger muss gut geübt werden, damit dies unbemerkt von den Zuschauern geschieht.

Variante b: Um das rechte Handgelenk sind einige stramm sitzende Gummiringe, eine Uhr oder etwas ähnliches gespannt, die darunter ein Lineal fixieren, welches zu Beginn des Tricks noch im Ärmel steckt. Wenn der Zauberstab in die rechte Hand gelegt wird, zieht die linke das Lineal aus dem Ärmel so weit, dass es den Stab gegen die Handinnenfläche drückt. Die linke Hand entfernt sich und der Stab schwebt frei in der geöffneten Faust. Ist das Kunststück beendet, muss das Lineal unauffällig wieder in den Ärmel zurückgeschoben werden. Auch bei dieser Variante sehen die Zuschauer ausschließlich den Handrücken.

Variante c: Der Zauberstab ist an einer kleinen Stelle mit Doppelklebeband versehen. Er wird in die Hand geklebt und schwebt dann dank dieser Klebehilfe. Bei dieser Version kann die Hand auch mit der Handinnenfläche in Richtung Publikum gezeigt werden. Der Stab darf nicht zum Untersuchen herumgereicht werden, weil er präpariert ist!

Die *Variante d* ist die anspruchsvollste. Dazu muss die ideale Position des Zauberstabs in der Handinnenfläche gesucht werden, die den Stab ohne weitere Hilfsmittel hält. So ist es möglich, die Hand langsam in eine senkrechte Position zu bringen, ohne dass der Stab herunterfällt. Der Stab wird in der Nähe der Daumenwurzel so durch die Unebenheiten der Hand gehalten, dass er bei relativ ruhigen Bewegungen nicht herunterfällt. Wenn man es besonders spektakulär mag: Auf einen gesprochenen Befehl hin fällt der Stab herunter!

Achtung

Der schwebende Zauberstab ist ein klassisches Kunststück, das auch in vielen Kinder-Zauberbüchern und -kästen beschrieben wird. Durch die verschiedenen Tricktechniken ist es möglich, die passende für Ihre Kinder herauszusuchen.

Es ist ebenso möglich, eine ganze Abfolge zusammenzustellen, bei der sich die Schwierigkeit von Stufe zu Stufe steigert.

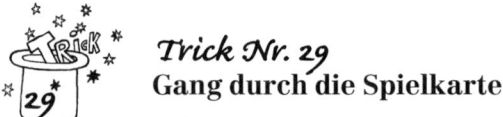

Trick Nr. 29
Gang durch die Spielkarte

Einsatzmöglichkeiten
Abgrenzung von anderen, Präzision beim Basteln, eine logische Lösung suchen

Effekt
Eine besonders große Spielkarte wird vorgezeigt. Der Künstler wettet nun, dass es ihm gelingt, durch diese Karte zu steigen.

Material
Eine Spielkarte im Format 18 x 12 cm. Es eignen sich auch Karteikarten, Postkarten usw. Geübte Künstlerinnen und Künstler können später auch eine Spielkarte in Normalgröße verwenden. Sie brauchen eine scharfe Papierschere.

Vorbereitung
Keine! Bei sehr kleinen Zauberkünstlern kann man mit einem Bleistift vorzeichnen, wie die Karte geschnitten werden muss.

Handhabung/Vorführung
Nachdem die Karte von beiden Seiten vorgezeigt wurde, wird sie einmal an der Längsachse in der Mitte gefaltet. Nun wird die Karte immer abwechselnd von oben (also von der Falzseite aus) und von unten eingeschnitten. Diese Schnitte enden jeweils sehr knapp am Ende der Karte. Der erste Schnitt wird am rechten oder linken Rand beginnend gesetzt. Er geht von der gefalteten Seite aus. Der letzte Schnitt auf der gegenüberliegenden Seite endet ebenfalls von der gefalteten Seite aus. Die Schnitte sollten möglichst dicht nebeneinander liegen, damit eine ausreichend große Zahl von Schnitten (ca. 16) auf der Spielkarte Platz hat. Bevor die Karte wieder aufgefaltet wird, werden an der Falzkante mit einem Schnitt die inneren Streifen getrennt.

Die beiden äußeren Streifen dürfen nicht durchgeschnitten werden, damit die Karte dann vorsichtig ziehharmonikaförmig aufgefaltet und auseinander gezogen werden kann. So kann der Künstler durch die Karte steigen.

 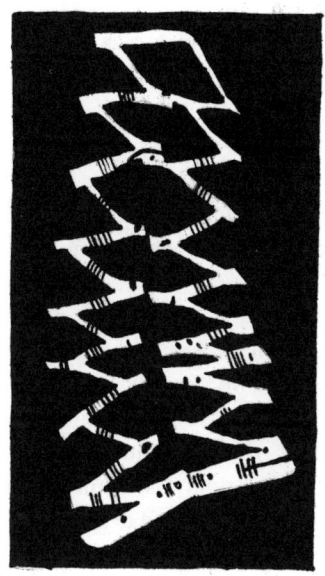

Achtung

Je kleiner die Karte ist, mit der dieses Kunststück vorgeführt wird, umso vorsichtiger muss geschnitten werden. Zum Üben erst einmal ein großes DIN-A3-Blatt nehmen, und wenn die Kinder verstanden haben, worauf es ankommt, bekommen sie eine Post- oder Riesenspielkarte.

Unter den Zauberlehrlingen kann ein Wettstreit darüber entstehen, wer das Kunststück mit der kleinsten Karte ausführen kann.

Das Kunststück kann den Lehrlingen als Denksport-Aufgabe vorgestellt werden. Nachdem sie die genaue Aufgabenstellung gehört haben, sollen sie versuchen, durch Nachdenken herauszufinden, wie in die Karte ein Loch geschnitten werden muss, damit ein Mensch durch die Karte steigen kann.

Trick Nr. 30
Streichhölzer hören

Einsatzmöglichkeiten

Wahrscheinlichkeitsrechnung, Kommunikation mit einem Zuschauer, Zaubertrick zum Hören, Feinmotorik, komplexe Routine einstudieren

Effekt

Drei Streichholzschachteln liegen auf dem Tisch. Eine Schachtel enthält einige Streichhölzer, die anderen beiden sind leer. Die Schachteln werden geschlossen und ein Zuschauer soll sich merken, wo sich die Schachtel mit den Hölzern, die man deutlich klappern hört, befindet. Die Schachteln werden schnell auf dem Tisch hin und her geschoben. Der Zuschauer verliert den Überblick. Also wird der ganze Vorgang langsam wiederholt – und trotzdem tippt der Zuschauer immer daneben. Auch wenn ein zweites Schächtelchen mit Hölzern gefüllt wird und sich die Chancen für den Zuschauer vergrößern, liegt er mit seinem Tipp immer daneben. Zum Schluss wird das letzte leere Streichholzschächtelchen gegen ein gefülltes ausgetauscht, sodass der Zuschauer nun ganz sicher ein volles erwischen muss, aber egal auf welche der Schachteln er jetzt tippt: Alle drei Schachteln sind stumm und leer, die Streichhölzer liegen lose in der Hand des Künstlers.

Material

Sechs Streichholzschachteln, zwei Gummiringe, Klebstoff

Vorbereitung

Alle Streichholzschachteln werden entleert. In eine Schachtel werden vier oder fünf Hölzer gelegt und die Schachtel verschlossen. Diese Schachtel wird für die Vorführung mit den Gummiringen am rechten Handgelenk unter dem Pullover befestigt. Sie ist die einzige Schachtel, die das Geräusch der Streichhölzer erzeugen kann, aber diese Schachtel werden die Zuschauer nie sehen. Bei der Bekleidung ist darauf zu achten, dass die klappernden Hölzchen deutlich vernehmbar sind und nicht durch den Stoff zu sehr gedämpft werden.

In drei anderen Schachteln werden jeweils fünf Streichhölzer festgeklebt, man soll den Eindruck haben, dass sie locker in der Schachtel liegen. Es darf nicht der Verdacht aufkommen, dass sie festgeklebt sind – denn das ist die Hälfte des Trickgeheimnisses. Zwei weitere Schachteln bleiben leer.

Schließlich werden etwa 15 Hölzer mit einem Mini-Gummiring zu einem Päckchen zusammengehalten. Der Gummi liegt ganz nah an dem Ende ohne Zündkopf. Er sollte ganz leicht abzustreifen sein, da dies am Ende der Vorführung schnell und geheim geschehen soll. Das Bündel wird in eine linke Tasche gesteckt. In diese Tasche kommt noch ein Extrahölzchen.

Handhabung/Vorführung

Immer wenn man die Schachtel _mit_ den Hölzern vorzeigen will, wird eine Schachtel mit der _rechten_ Hand aufgenommen und leicht geschüttelt – die Zuschauer _hören_ die Hölzer. Wenn es eine Schachtel mit eingeklebten Hölzern ist, stellen Sie die Schachtel vorsichtig auf den Tisch und öffnen Sie sie langsam. Das vorsichtige Handhaben ist deshalb notwendig, weil bei einem schnellen Öffnen normalerweise die Hölzer in der Schachtel herumfliegen würden, was diese aber nicht können. Wenn eine Schachtel _leer_ gezeigt werden soll, dann wird sie mit der _linken_ Hand aufgenommen und geschüttelt – die Schachtel bleibt _stumm_. Ist die Schachtel leer, kann sie auch geöffnet werden. Achten Sie aber darauf, dass die rechte Hand nicht versehentlich ein Klapper-Geräusch verursacht. Am besten ist es, wenn alle Schachteln immer auf die gleiche Weise geöffnet werden: auf den Tisch abstellen und die Lade nur um die Hälfte aufschieben.

Ein Mitspieler oder eine Mitspielerin wird ausgewählt. Die Routine beginnt damit, dass _eine gefüllte_ und _zwei leere_ Schachteln vorgezeigt und verschlossen und dann ganz schnell auf dem Tisch hin und her geschoben werden. Der Zuschauer soll dann sagen, in welcher Schachtel sich die Hölzer befinden. Gleich auf welche Schachtel er tippt, diese wird mit der linken Hand aufgenommen und geschüttelt: leer. Eine andere Schachtel, wenn möglich die mit den eingeklebten Hölzern, wird aufgenommen und geschüttelt: Es gibt ein Geräusch, also ist sie voll. Zu diesem Zeitpunkt wird keine Schachtel geöffnet, weil die Zuschauer sich daran gewöhnen sollen, dass das Geräusch der Beweis dafür ist, ob eine Schachtel leer oder voll ist.

Nun weiß der Mitspieler angeblich wieder, wo die Hölzer sind. Die Schachteln werden ganz, ganz langsam auf dem Tisch hin und her geschoben, sodass jeder mit den Augen verfolgen kann, wo die Hölzchen sind. Und trotzdem tippt der Zuschauer wieder falsch, was durch Schütteln bewiesen wird.

Als kleine Hilfe wird in die Schachtel, die das Geräusch macht (aber vollkommen leer ist), das Extrahölzchen senkrecht in die leicht geöffnete Lade geklemmt. Mit dieser Markierung werden die drei Schachteln wieder sehr schnell auf dem Tisch bewegt. Und wenn der Zuschauer jetzt auf die Schachtel mit dem Streichholz tippt, wird diese geöffnet und leer gezeigt. Die beiden anderen werden ebenfalls geöffnet und vorgezeigt.

Eine leere Schachtel wird gegen eine gefüllte ausgetauscht, sodass die Chancen des Mitspielers erhöht sind. Die drei Schachteln werden auf dem Tisch bewegt und der Zuschauer darf wieder tippen. Er erwischt wieder die falsche Schachtel, was durch Schütteln bewiesen wird. Jetzt werden noch einmal die drei Schachteln schnell vertauscht, und dann öffnet der Künstler selber (ohne dass der Mitspieler tippen durfte)[20] die leere Schachtel, um sie gegen die dritte gefüllte auszutauschen. Alle drei werden noch einmal geöffnet vorgezeigt und, nachdem sie geschlossen wurden, geschüttelt. Der Mitspieler hat jetzt eine hundertprozentige Chance, eine gefüllte Schachtel zu erwischen.

Die Schachteln werden ganz langsam auf dem Tisch hin und her geschoben. Dann soll er die benennen, die seiner Meinung nach voll ist. Sie wird aufgenommen, mit *links* geschüttelt und dann in die linke Tasche gesteckt. Die verbliebenen zwei Schachteln werden langsam auf dem Tisch hin und her geschoben. Der Zuschauer darf noch einmal tippen. Schachtel aufnehmen, schütteln und dann die Lade mit der Öffnung nach unten aufschieben, sodass nichts auf den Tisch fällt. Die Schachtel wird in die linke Tasche gesteckt. Dort greift die Hand das Bündel mit Streichhölzern, streift den Gummi ab und bringt die geschlossene Hand wieder hervor. Mit dem Zeigefinger der linken Hand wird die verbliebene Schachtel ein bisschen hin und her geschoben. Dann soll der Zuschauer die Schachtel benennen, die seiner Meinung nach die Hölzer enthält.(Achtung: Scherz!) Die linke Hand bleibt zu diesem Zeitpunkt über dem Tisch, und sobald der Mitspieler gesprochen hat, öffnet der Künstler seine Hand, sodass alle Hölzer auf den Tisch fallen. Die Schachtel kann dann noch kurz aufgenommen, geschüttelt und weggesteckt werden.

---

20 Dies ist notwendig, weil ja die Gefahr besteht, dass der Zuschauer vorher eine volle Schachtel erwischt hat, die nicht gegen eine andere ausgetauscht werden kann. Es sollen ja jetzt drei volle Schachteln auf dem Tisch stehen.

Achtung

Der Effekt entspricht dem Hütchenspiel, mit dem auf betrügerische Weise um Geld gespielt wird. Mit diesem Trick kann man zeigen, dass man als Mitspieler nie eine Chance hat.

Das Trickthema ist aus Kinder-Zauberkästen, beispielsweise mit kleinen Glocken, von denen nur eine klingelt, bekannt. Durch den Aufbau, die verschiedenen Phasen der Vorführung und den Höhepunkt zum Abschluss wird es hier aber – eine entsprechende Präsentation vorausgesetzt – zu einem vollwertigen Kunststück.

Gewöhnungsbedürftig ist für die meisten, dass der rechte Arm vor, während und nach dem Trick ruhig gehalten werden muss, damit nichts klappert. Trotzdem sollen alle Bewegungen noch natürlich und unverkrampft aussehen. Überhaupt muss jede Handbewegung gut durchdacht werden, damit die Zuschauer zum richtigen oder falschen Zeitpunkt nicht die eingeklebten Zündhölzer sehen.

Damit auch der Künstler immer weiß, wo sich die Schachteln mit den Hölzchen befinden, kann auf der Oberseite der betreffenden Schachteln mit einem weichen Bleistift ein kleiner Punkt angebracht werden. Die Punkte sollen so in das Design der Schachtel integriert werden, dass der Wissende sie sicher und zuverlässig erkennen kann, die Zuschauer die Markierung aber nicht sehen.

Eine Zauberbühne (siehe S. 207) ist hilfreich, weil dort das Kunststück aufgebaut werden kann: Drei Streichholzschachteln stehen halb geöffnet in der Mitte, die mittlere davon ist mit Hölzern gefüllt, die beiden anderen leer. Die beiden übrigen gefüllten stehen ebenfalls halb geöffnet am rechten Rand. So tritt der Künstler vor sein Publikum.

Übrigens: Wenn Sie vor dem Publikum von „links" oder „rechts" sprechen, so ist im Theater immer die Sicht aus der Zuschauerperspektive gemeint!

Trick Nr. 31
Sympathie

Einsatzmöglichkeiten
Schauspielkunst, Gedächtnistraining

Effekt
Aus einer Papiertüte, die verschiedene kleine Gegenstände enthält, zieht ein
Zuschauer nacheinander drei Gegenstände. Je einen Gegenstand legt er in
die rechte und in die linke Hosentasche, den letzten Gegenstand hält er verborgen in der Hand. Ein zweiter Zuschauer wählt aus einigen verschlossenen
Umschlägen und reicht ihn zu jedem gezogenen Gegenstand dem ersten Zuschauer, der ihn an dieselbe Stelle legt wie die drei gezogenen Gegenstände.
Und obwohl beide Zuschauer sich nicht abgesprochen haben, stimmen Gegenstand und Inhalt des Umschlags immer hundertprozentig überein.

Material
Drei Papiertüten (aus sehr dickem Papier mit Klapp-Boden), Overhead-Folie, sechs bis acht kleine Gegenstände, die von einer Kinderhand komplett
umschlossen werden können (z. B. Flummiball, Bonbon, Knopf usw.), Brief-
umschläge mit Briefkarten in der gleichen Anzahl, weicher Bleistift, Bastelmaterial

Vorbereitung
Die Papiertüte, aus der die Gegenstände gezogen werden, ist präpariert. Auf
der Rückseite (die Seite, zu der der Klappboden gefaltet wird) ist ein durch-
sichtiges Fenster angebracht, welches über die ganze Seite der Tüte geht.
Die Höhe des Fensters ist von der Größe der Gegenstände abhängig. Damit
nichts aus dem Fenster herausfällt, ist das Fenster so geschnitten worden,
dass am Rand rechts und links und unten etwas von dem Papier stehen
bleibt. Von innen wird das Fenster mit der zurechtgeschnittenen Folie verklebt. Damit man die Tüte vor und nach dem Trick von außen von beiden Seiten vorzeigen kann, wird aus der zweiten Tüte die Rückseite sauber heraus-
geschnitten. Sie wird auf die Rückseite und damit das Fenster der Tüte
geklebt, und zwar so, dass sie als Klappe während der Vorführung leicht
nach oben geklappt werden kann. Dann ist der Blick auf das Fenster frei.

Das unauffällige Auf- und Zuklappen muss der Künstler gut üben. Die Tüte sollte übrigens etwas gebraucht aussehen, um so die Stelle zu kaschieren, an der die Klappe klappt.

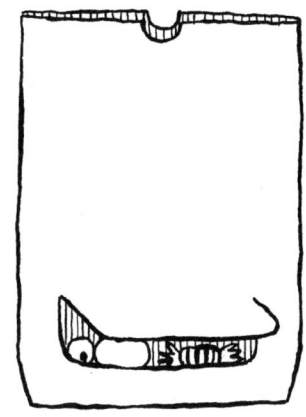

Auf jede Briefkarte wird ein Gegenstand geschrieben oder gemalt. Man kann auch ein Merkmal (Farbe, Geschmack usw., siehe unten) notieren, mit dem sich der Gegenstand von den übrigen unterscheidet. Auf den undurchsichtigen Umschlägen werden an einer unauffälligen Stelle mit dem Bleistift Punkte angebracht, anhand derer der eingeweihte Zuschauer erkennen kann, was sich im Umschlag befindet. Er muss sich dann nur merken, was die Punkte über den Inhalt aussagen. Als Ordnungskriterium kann die alphabetische Reihenfolge der Begriffe dienen. Ein Punkt = blau, zwei Punkte = flieder, drei Punkte = gelb usw. Diese Zuordnung muss sich der eingeweihte Zuschauer gut merken, damit er während der Darbietung den passenden Umschlag ohne Zögern herausholen kann.

Handhabung/Vorführung
Die Umschläge werden vorgezeigt, gemischt, was auch ein Zuschauer übernehmen kann, und dann auf dem Tisch so abgelegt, dass die Markierungen nach oben zeigen. Die Tüte wird im gefalteten Zustand vorgezeigt, aufgefaltet (Fensterklappe nach hinten) und dann einzeln mit den Gegenständen gefüllt. Die Tüte wird ebenfalls auf dem Tisch abgestellt. Zwei Zuschauer werden auf die Bühne gebeten. Darunter befindet sich der eingeweihte Zuschauer. Dieser soll sich auf den Stuhl hinter den Tisch setzen und einen der Umschläge auswählen.

Währenddessen greift der zweite Zuschauer in die Tüte, um einen Gegenstand herauszuholen und in seine rechte Tasche zu stecken. Die Auswahl kann der eingeweihte Zuschauer durch das Fenster verfolgen. Erst wenn er weiß, was genommen wurde, nimmt er den passenden Umschlag. Wichtig ist, dass die Zuschauer den Eindruck haben, als ob er vorher bereits gewählt hat. Aber er zögert, nimmt den einen oder anderen Umschlag in die Hand, um so die Zeit zu überbrücken, bis der Zuschauer einen Gegenstand in der

Hand hat. Dann gibt er den passenden Umschlag an den Künstler, der ihn zu dem Gegenstand in die rechte Tasche des Zuschauers steckt oder stecken lässt. Der ganze Vorgang wird noch mindestens zweimal – wenn mehr Taschen bei dem Zuschauer zur Verfügung stehen, auch häufiger – wiederholt. Sind alle Taschen gefüllt, beginnt die Auflösung: Aus der ersten Tasche wird der Gegenstand genommen, der Umschlag wird geöffnet und die Botschaft verlesen. Aus der zweiten Tasche wird zuerst der Umschlag, dann der Gegenstand geholt usw., bis alle Übereinstimmungen aufgedeckt wurden.

Achtung

Der Effekt kann noch gesteigert werden, indem der ziehende Zuschauer selber nicht weiß, welchen Gegenstand er gerade in die Hand genommen hat, und erst bei der Auflösung des Kunststücks selber sieht, was er da gerade aus der Hosentasche holt. Wenn noch nicht einmal der Ziehende weiß, was er hat, wie kann es der zweite Zuschauer wissen? Um dies zu erreichen, dürfen die Gegenstände nicht durch Tasten voneinander zu unterscheiden sein, es müssen Gegenstände sein, die eine identische Form haben und trotzdem voneinander zu unterscheiden sind. Es kommen dafür unter anderem in Frage: Bonbons mit unterschiedlichen Geschmacksrichtungen, Flummis mit verschiedenen Farben, Setzkastenfiguren (z. B. die Schlümpfe). Bei der Auswahl sollte darauf geachtet werden, dass die Gegenstände durch das Fenster gut und eindeutig zu erkennen sind, damit es bei der Vorführung zu keinem Zuordnungsproblem kommt.

Das Kunststück kann auch ohne einen eingeweihten Zuschauer von der Künstlerin alleine vorgeführt werden. Sie hält den Beutel einem Zuschauer hin, der blind einen Gegenstand nimmt. Die Künstlerin sieht, was er nimmt, und greift dann in die eigene Tasche und überreicht einen Umschlag mit der passenden Aufschrift. Diese Variante sollte gewählt werden, wenn die Teilnehmerinnen und Teilnehmer im Zauberkurs das Kunststück erleben sollen. Wenn sie erfahren haben, wie es auf das Publikum wirkt, können sie die Varianten mit einem eingeweihten Zuschauer oder einem Assistenten als zusätzliche Vorführmöglichkeit kennen lernen.

Der Assistent oder der eingeweihte Zuschauer kann zusätzlich die Augen verbunden bekommen, um auch optisch deutlich zu machen, dass er keine Chance hat zu erfahren, was der „echte" Zuschauer ziehen wird. Da er aber immer darauf angewiesen ist, etwas zu sehen, wird auch hier mit einem Trick gearbeitet. Ein dunkles Halstuch wird doppelt gelegt. Es muss in diesem Zustand undurchsichtig sein. Jetzt prüfen einige Zuschauer die Augenbinde und bestätigen, dass sie nichts sehen können. Liegt das Tuch nur in einer Lage, muss man hindurchsehen können, der Stoff sollte relativ dünn sein. Vor dem Umbinden wird das Tuch auf eine besondere Weise gefaltet. Das Tuch liegt auf dem Tisch. Ein Viertel des Tuchs wird von oben zur Mitte längs gefaltet, ein weiteres Viertel von unten, sodass sich die beiden Säume berühren, aber nicht überlappen. Diese Stelle wird später genau über den Augen liegen. Ist die Augenbinde angelegt und verknotet, wird sie noch ein bisschen zurechtgezupft, damit der Assistent wirklich „nichts sehen" kann. Wird der Stoff ein kleines Stück nach unten gezogen, öffnet sich der Spalt an den beiden Säumen und gibt den Blick frei.

Ob mit verbundenen oder unverbundenen Augen: Mit dem Assistenten muss einstudiert werden, dass er nicht auf den Beutel und das geheime Fenster stiert, um zu erkennen, was gerade genommen wird. Dies würde jedem Zuschauer auffallen. Ein beiläufiger Blick sollte genügen.

Wenn der Assistent nicht gleich erkennen konnte, was gerade genommen wurde, sollte er ein vorher vereinbartes Zeichen machen, damit der Künstler weiß, dass etwas schief läuft. Er kann dann zum Beispiel so reagieren: „Bitte konzentriere dich gut. Es sind noch vier Gegenstände in dieser Tüte und der Zuschauer nimmt jetzt gleich den nächsten." Dabei hält er den Beutel ganz nah vor den eingeweihten Zuschauer und schüttelt ihn leicht. Der Assistent kann jetzt erkennen, welche Gegenstände fehlen, und so rückschließen, was als Letztes genommen wurde. Das Anzeigen eines Problems geschieht entweder versteckt (z. B. durch das Übereinanderschlagen der Beine als vereinbartes Zeichen) oder offen, indem er etwas sagt: „Hier ist es zu laut, ich kann mich nicht konzentrieren!" oder „Hat der Zuschauer jetzt einen oder zwei Gegenstände genommen?" usw. Vermeiden sollte man einen Satz wie: „Ich konnte nicht sehen, was er gerade genommen hat!", auch wenn dies naheliegend wäre.

In der Zauberkiste kann eine gleiche, aber unpräparierte Tüte bereitliegen. Sie sollte die gleichen Gebrauchsspuren wie die Tricktüte aufweisen. Sie wird später gegen die Tricktüte ausgetauscht, sodass die Zuschauer auch gerne einen Blick auf diese Tüte werfen können, ohne dass sie das Geheimnis entdecken können.

Dieses Kunststück ist besonders lichtempfindlich. Bei der Beleuchtung muss darauf geachtet werden, dass kein Licht von hinten oder oben in die Tüte fällt, sodass sich auf der Vorderwand das durchscheinende Fenster abzeichnet. Dies sollte unbedingt vor jeder Vorführung ausprobiert werden!

Trick Nr. 32
Münze durch den Tisch

Einsatzmöglichkeiten
Koordination mehrerer Bewegungen

Effekt
Der Zauberer sitzt an einem Tisch. Eine Münze wird in ein Taschentuch eingepackt und auf den Tisch gelegt. Der Zauberer stellt ein leeres Glas unter
den Tisch auf seinen Schoß. Auf einmal hört man ein Klimpern im Glas, das
Tuch wird aufgefaltet, es ist leer, das Glas wird unter dem Tisch hervorgeholt: Dort ist die Münze angekommen.

Material
Ein Glas, ein undurchsichtiges Zaubertuch, zwei Münzen von gleichem
Wert

Vorbereitung
Keine!

Handhabung/Vorführung
Das Verschwinden der Münze auf dem Tisch geschieht nach der gleichen
Methode, die schon bei dem Trick „Schlüsselbund" (siehe S. 139) beschrieben wurde: Die Münze wird in die Mitte des Tuchs eingewickelt. Beim Öffnen
des Tuchs werden der vordere Tuchzipfel nach hinten, der hintere nach vorne gezogen, sodass die Münze jetzt unter dem Tuch liegt und scheinbar verschwunden ist. Mit der rechten Hand, die die zweite Münze verdeckt hat,
geht man unter den Tisch, um dort die durch den Tisch gewanderte Münze
erscheinen zu lassen.

Viel effektvoller ist es, wenn die Zuschauer akustisch verfolgen können,
wie die Münze durch den Tisch wandert. Dafür wird das Glas auf den Schoß
gestellt, sodass die Münze, nachdem sie die Tischplatte durchdrungen hat,
hörbar in das Glas fällt. Bei der etwas leichteren Variante ist in dem Augenblick, in dem die Münze fällt, eine Hand des Zauberers nicht zu sehen, bei
der schwierigen Version sind die Hände des Zauberers die ganze Zeit in vol-
ler Sicht und trotzdem fällt die Münze unter dem Tisch ins Glas.

Für die leichtere Version wird ein Glas mit der Öffnung in Richtung Künstler in den Schoß gelegt. Die Zweitmünze wird auf einen Oberschenkel gelegt, sodass sie leicht in das Glas geschnippt werden kann. Wenn die Münze auf dem Tisch eingepackt wurde, legt sich die linke Hand ganz entspannt neben das Tuchpäckchen, die rechte Hand legt sich auf den Schoß, sodass sie die Zweitmünze schnippen kann. Nach einem Augenblick des Wartens schnippt die Hand die Münze in das Glas, kommt sofort auf den Tisch und beide Hände falten das Tuch auf. Erst dann geht die linke Hand unter den Tisch, um das Glas mit der Münze hervorzuholen. Die Münze wird neben dem Tuch aus dem Glas gekippt.

Schließlich die schwierige Version, die zwei Voraussetzungen benötigt: Neben der besonderen Körperbeherrschung der Künstler, darf der Vorführtisch nicht zu hoch sein. Nachdem das Glas vorgezeigt wurde, wird es auf den Schoß zwischen die beiden Beine gestellt. Die Zweitmünze wird so auf den Rand gelegt, dass der größere Teil der Münze in das Glas hineinragt. Dann wird das Glas mitsamt der Münze gegen die Tischplatte gedrückt. Dazu werden beide Oberschenkel gleichmäßig nach oben gedrückt, eventuell stehen die beiden Füße auf den Zehenspitzen. Durch den Druck kann die Münze nicht in das Glas fallen, erst wenn der Druck etwas nachlässt, fällt sie klappernd in das Glas.

Achtung

Das Kunststück kann in drei Schwierigkeitsstufen nacheinander einstudiert werden, von der jede eine Steigerung des Effektes darstellt. Für jede der Varianten kann man den Zauber-Vorführschein erwerben.

Bei der Vorführung muss man darauf achten, dass die Zuschauer nicht unter den Tisch schauen und so einen Teil des Trickgeheimnisses enträtseln können. Eine große Tischdecke, die an den beiden Seiten und an der Frontseite (in Richtung Zuschauer) bis zum Boden reicht, verhindert die neugierigen Blicke.

Nach dem Ende des Kunststücks muss unbedingt daran gedacht werden, dass die Münze unter dem Tuch noch beseitigt werden muss. Diejenigen, die mit einer Zauberbühne arbeiten, können einfach die Bühne nehmen und weggehen, um dann in einer unbeobachteten Ecke die Münze „verschwinden" zu lassen. Die übrigen müssen sich überlegen, wie sie das Problem lösen wollen. Wenn man genau weiß, wo die Münze liegt, kann man an dieser Stelle das Tuch und damit die darunter liegende Münze erfassen und beides zusammen wegnehmen.

Zum Üben erst einmal unzerbrechliche Kunststoffgläser verwenden, für die Vorführung dann preiswerte Gläser aus echtem Glas. Bei ihnen ist das Geräusch besser, aber gelegentlich macht sich auch mal ein Glas auf dem Schoß selbstständig …

Bei der dritten Variante sollte man nicht die Zeitdauer unterschätzen, in der man das Glas nach oben pressen muss. Die Haltung für Beine und Füße ist ungewöhnlich und gewöhnungsbedürftig. Damit es zu keinem folgenschweren Krampf in den Muskeln kommt, kann man zuerst das Tuch einpacken und dann das Glas unter den Tisch bringen. Die Münze erscheint dann sehr schnell im Glas.

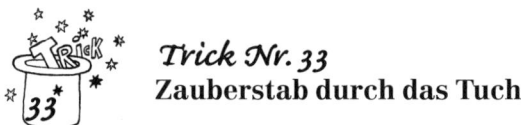

Trick Nr. 33
Zauberstab durch das Tuch

Einsatzmöglichkeiten
Lerntraining, Fingerfertigkeit, Schauspielkunst

Effekt
Ein Taschentuch aus Stoff wird mit der Mitte über die geschlossene Faust gelegt und dann ein bisschen in die Faust gedrückt. In diese Mulde wird der Zauberstab gestellt, und mit einem kräftigen Ruck durchdringt der Zauberstab die Tuchmitte, um unten aus der Faust herauszukommen. Durch das so entstandene Loch kann der Zauberstab durch das Tuch gezogen werden. Wenn das Tuch später wieder aufgefaltet wird, zeigt sich, dass das Loch verschwunden ist, das Taschentuch ist unversehrt.

Material
Zauberstab mit glatter Wand, ein Taschentuch aus Stoff oder ein Seidentuch mit mindestens zwanzig Zentimeter Seitenlänge

Vorbereitung
Keine!

Handhabung/Vorführung

Das Tuch wird aufgefaltet und deutlich von beiden Seiten vorgezeigt. Dann wird es über die geschlossene linke Faust gelegt. Daumen und Zeigefinger der linken Hand berühren sich und bilden so einen Kreis, wobei die Fingerspitzen zum Körper, der Handrücken zum Publikum zeigen. Der rechte Zeigefinger drückt das Tuch nun ein bisschen in die Faust. Und dabei passiert die Trickhandlung: Der rechte Daumen geht in ausgestreckter Position mit und drückt ganz schnell etwas von dem Tuch durch die sich kurzzeitig öffnenden Daumen und Zeigefinger in die Faust. Diese beiden Finger schließen sich sofort wieder und klemmen etwas Stoff ein. So entsteht eine kleine Lücke, durch die der Stab geschoben werden kann, ohne dass sich später der Stoff verschiebt und die Zuschauer von vorne erkennen können, dass der Zauberstab nicht durch das Tuch hindurchgeschoben wird.

Der Rest des Kunststücks ist Präsentation: Der Stab wird in das Tuch gesteckt und nach einem Augenblick Pause mit aller Gewalt, die gespielt werden muss, durch das Tuch geschoben. Jetzt kann man verlegen werden oder überlegen und so tun, als wäre alles oder nichts beabsichtigt, bis man schließlich das unversehrte Tuch vorzeigen kann.

Achtung

Das Kunststück kann auch mit einem geliehenen Taschentuch vorgeführt werden, allerdings hat heute nur selten jemand ein Stofftaschentuch dabei. Wenn ein solches vorhanden ist, umso besser. Man kann dann etwas mit der Angst des Zuschauers spielen, indem man den Anschein erweckt, als wäre tatsächlich ein Loch entstanden, als hätte die scharfe Spitze des Zauberstabs einen Schaden angerichtet usw. Bevor man das Tuch auffaltet und dem Zuschauer zurückgibt, fragt man, ob man dafür sorgen soll, dass der Schaden wieder gutgemacht wird. Bejaht der Zuschauer dies, überreicht man ihm ein Nähset, verbunden mit den Worten: „Die Vorstellung dauert noch lange genug, bitte nähen Sie hiermit das Loch wieder zu! Bitte beeilen Sie sich ein bisschen, am Ende der Vorstellung nehme ich das Nähset wieder mit! ... Ach, Sie dachten, ich mache den Schaden selber wieder gut? Dann will ich mal meine Zauberkraft probieren." Wichtig ist, dass am Ende des Tricks alle Zuschauer deutlich sehen können, dass das Tuch wirklich unversehrt ist.

Das Kunststück lässt sich mit anderen Zauberstab-Tricks (siehe S. 144) kombinieren.

Der Zauberstab sollte selbstverständlich keine scharfen Ecken (z. B. durch aufgeklebte Strasssteine) und scharfen Kanten (dort, wo das Rundholz durchgesägt wurde) haben, weil sonst immer die Gefahr besteht, dass er hängen bleibt und eine Naht aufzieht. Vor allem, wenn mit Seidentüchern gearbeitet wird, können diese sehr schnell darunter leiden und unansehnlich werden.

Um beim Positionieren des Tuches ungefähr die Mitte über die Faust zu legen, gibt es eine kleine Hilfe: Das Tuch wird vorher so gefaltet und leicht angebügelt, dass sich in der Mitte zwei Falten kreuzen. Diese Kreuzung muss dann auf der Faust liegen.

Das Kunststück kann selbstverständlich auch ohne Zauberstab, sondern mit einem Kugelschreiber ausgeführt werden. Dann sollte als besonderes Spannungsmoment die Mine ausgefahren werden, weil man mal sehen will, ob das Taschentuch kugelschreiberfest ist. Beim Durchdrücken muss man selbstverständlich etwas vorsichtiger sein, damit die Mine nicht versehentlich an den Stoff kommt und dort ihre Spuren hinterlässt.

 *Trick Nr. 34*
Wanderkarten

Einsatzmöglichkeiten
Lerntraining, logisches Denken, eine Geschichte erfinden

Effekt
Vier mal vier Spielkarten wandern mehrmals in verschiedene Kartenstapel.

Material
16 Spielkarten, von denen jeweils vier eine Dame, ein Bube, ein König und ein Ass sein müssen

Vorbereitung
Keine!

Handhabung/Vorführung

Der Trick ist ein so genannter „Selbstgänger". Dies bedeutet, dass er automatisch funktioniert, wenn man die Schritte der Anleitung befolgt. Zuerst werden die vier Könige offen auf den Tisch gelegt. Dann kommt auf jeder dieser Karten, leicht versetzt, damit man die darunter liegende noch erkennen kann, eine Dame. Darauf, wieder leicht versetzt, der Bauer und zum Abschluss auf jeden Stapel ein Ass. Die Stapel werden mit der Rückseite nach oben gedreht und dann aufeinander gelegt.

Jetzt darf ein Zuschauer, sooft er will, abheben und die beiden so entstandenen Kartenstöße in umgekehrter Reihenfolge wieder aufeinander legen. Wenn er meint, dass er den Stoß auf diese Weise genug durcheinander gebracht hat, beginnt der Künstler, die Karten verdeckt wieder auf vier Stöße zu verteilen. Eine Karte nach der anderen wird von oben weggenommen und der Reihe nach auf die vier Stapel gelegt. Wenn die Stapel umgedreht werden, stellt sich heraus, dass in jedem Stapel nur die Karten einer Art sind. Der Trick kann mehrmals wiederholt werden. Mal sind die Karten sortiert, mal gemischt.

Achtung

Dieser Trick regt zu vielfältigen Vortragsgestaltungen an. Die Kinder können ihn in Themen aus ihrer eigenen Lebenswelt einbauen: Aufenthalt in einer Jugendberge, Tiere im Zoo usw.

Anstelle von Spielkarten können auch Karten mit besonderen Motiven hergestellt werden. Zum Beispiel vier Gerichte (Salat, Suppe, Hauptgericht und Dessert), die immer für vier Gäste zu einem kompletten Menü zusammengestellt werden sollen, was aber regelmäßig misslingt, weshalb ein Gast alle Desserts, ein anderer alle Suppen bekommt usw. Weitere Motive (zum Beispiel: Einkauf der Wintergarderobe) sind denkbar, sodass die Zauberlehrlinge ihre eigenen Kartensets mithilfe von Ausschneidevorlagen sehr leicht herstellen können. Jedes Kind hat dann einen komplett individuellen Trick.

Das Trickgeheimnis ist relativ einfach zu durchschauen. Die Kinder sollen durch Nachdenken darauf kommen, warum der Trick so funktioniert.

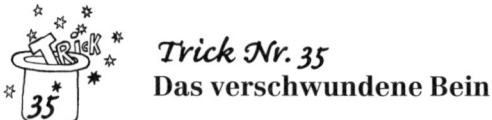

Trick Nr. 35
Das verschwundene Bein

Einsatzmöglichkeiten
Teamtraining, koordinierte Bewegungen in der Gruppe, Körperbeherrschung, Gleichgewicht halten

Effekt
Ein Bein des Zauberers verschwindet auf offener Bühne.

Material
Ein undurchsichtiges Tuch, das den vorführenden Kindern etwa von der Hüfte bis zum Boden reicht. Die Breite des Tuchs ist abhängig von der Zahl der beteiligten Zauberer. Anstelle eines großen Tuchs kann auch jedes Kind sein eigenes Tuch bekommen. Die Kinder stellen sich in einer Reihe nebeneinander auf und jedes „bedient" sein eigenes Tuch.

Vorbereitung
Keine!

Handhabung/Vorführung
Das Tuch wird aufgespannt vor den Körper gehalten, bis es mit der Unterkante fast den Boden berührt. Dann wird es langsam angehoben, sodass die Zuschauer Füße (bzw. die Schuhe) und einen Teil der Beine sehen können. Das Tuch wird so weit angehoben, dass es mindestens zehn Zentimeter unter dem Knie stoppt. Dann wird das Tuch ebenso langsam wieder auf den Boden gesenkt. Wenn es erneut angehoben wird, ist das rechte Bein des Künstlers verschwunden. Um diesen Effekt zu erreichen, wird das Bein einfach nach hinten abgeknickt. Der Künstler muss sicher und ohne zu wackeln auf einem Bein stehen können, um die optimale Täuschung zu erreichen.

Achtung
Der Effekt kann alleine oder in der Gruppe vorgeführt werden. Bei einer Gruppe kann das Ganze unterschiedlich choreographiert werden, indem die Darsteller in einer Reihe stehen und alle immer gleichmäßig die Tücher anheben und senken. Das Bein verschwindet entweder bei allen gleichzeitig

oder nacheinander in der Reihe. Als kleine Variante kann auch mal ein Bein verschwinden, aber der Schuh bleibt stehen.[21]

Für besonders Sportliche gibt es diese Alternative: Drei stehen dicht nebeneinander. Der Mittlere hält mit beiden Händen das Tuch, die beiden Äußeren entweder mit der rechten oder der linken Hand. Es heben alle drei gemeinsam das Tuch an und senken es ab, aber nur bei dem Mittleren verschwinden und erscheinen die Beine. Und die besondere Steigerung: Zum Schluss sind dann beide Beine des Mittleren verschwunden – aber für diesen Höhepunkt müssen die beiden am Rand ganz schön stark sein. Und die Hose samt Gürtel des Mittleren auch.

Trick Nr. 36
Gesicht verzaubern

Einsatzmöglichkeiten
Schauspieltraining, Körperbeherrschung

Effekt
Das Gesicht eines Assistenten wird mit Hilfe des Zauberstabs verzaubert, sodass immer neue Gesichtsausdrücke und Grimassen entstehen.

Material
Ein Zauberstab, für Varianten ein Pappkarton, eine Schiefertafel, etwas zum Malen

Vorbereitung
Keine!

Handhabung/Vorführung
Voraussetzung für eine überzeugende Vorführung dieses Tricks ist, dass sich die Beteiligten lange und intensiv mit ihrem Gesicht und verschiedenen Ge-

---

21 UTE WEGELEBEN praktiziert es in ihren Zaubergruppen so, dass zuerst Schuh und Bein weg sind, dann das Bein weg, Schuh da und schließlich Bein da, Schuh weg.

sichtsausdrücken beschäftigt haben. Quasi auf Knopfdruck muss jeder ein lachendes, ein erstauntes, ein trauriges, ein ängstliches Gesicht usw. zeigen können. Vor einem Spiegel kann man ausprobieren, welche Muskeln in den Gesichtsregionen sitzen, wie sie bewegt werden und welche Gefühle ausgedrückt werden können. Die Beherrschung des Gesichts muss so gut funktionieren, dass die Kinder auf Ansage hin einen bestimmten Gesichtsausdruck herstellen können, ohne dies mit dem Spiegel kontrollieren zu müssen.

Der Trick kann dann auf unterschiedliche Weise präsentiert werden: Die Assistentin stellt sich in die Mitte der Bühne, der Künstler nimmt den Zauberstab, spricht einen Zauberspruch und fährt dann einmal mit dem Stab vor dem Gesicht auf und ab. Mit der Bewegung verändert sich das Gesicht zu einem anderen Ausdruck. Dies kann mehrmals wiederholt werden.

Anstelle des Zauberstabes kann auch ein Tuch vor das Gesicht gehalten werden. Wenn das Tuch weggenommen wird, hat sich der Ausdruck verändert.

Achtung

Besonders effektvoll ist die ganze Sache, wenn sie nicht mit Assistenten vorgeführt wird, sondern wenn es scheinbar unbeteiligte Zuschauer sind, die nur die Rolle spielen. Sie werden selbstverständlich vorher trainiert. Damit der Trick nicht aufgedeckt wird, stehen diese Mitwirkenden am Ende nicht mit auf der Bühne, um den Schlussapplaus entgegenzunehmen. Statt dessen klatschen die Mitwirkenden auf der Bühne dem Publikum zu und weisen auf die helfenden Zuschauer noch einmal hin.

Das Ganze kann auch als ein Mental-Kunststück vorgeführt werden. Der Assistent sitzt auf der Bühne, vor sein Gesicht wird eine Tafel oder ein großer Block gehalten. Dann darf ein Zuschauer einen Gesichtsausdruck malen. Wenn der Block weggenommen wird, hat der Assistent genau den identischen Gesichtsausdruck. Bei dem Kunststück „Neun Becher" (siehe S. 80) wurden bereits Methoden zur nonverbalen Informationsübermittlung beschrieben. Diese können hier ebenfalls angewendet werden.

Aus einem passenden Karton wird ein Fenster ausgeschnitten. Der Karton muss so groß sein, dass der Kopf des Assistenten bequem hineinpasst und dass der Karton auf dem Kopf gedreht werden kann. Der Karton wird mit dem Fenster nach vorne auf den Kopf gesetzt, dann einmal um die eigene Achse gedreht, und wenn das Fenster wieder vorne ist, hat sich der Gesichtsausdruck geändert.

Noch ein kleiner Tipp für die Galavorstellung: Manchmal ist es sinnvoll, die Zuschauer zu Beginn der Vorstellung zum Klatschen zu animieren, damit sie wissen, dass sie nach jedem Trick klatschen sollen. Dies kann mit dem Gesichtszauber kombiniert werden. Zu Beginn sollen alle Zuschauer mal begeistert oder erstaunt gucken. Nachdem dies nicht gut klappt, so sagt man jedenfalls, wird anhand eines lebenden Objekts demonstriert, wie sie gucken sollen und wie nicht (gelangweilt, eingeschlafen). Dabei können sie ihre ganze Körpersprache einsetzen. Zusätzlich sollen sie Geräusche machen, mit denen sie ihre Begeisterung ausdrücken. Und erst nach diesem „Aufwärmen" mit Klatschen, Trampeln und Toben beginnt der Zauberer das Programm in der Hoffnung, dass das Publikum nach jedem Trick ebenso reagiert.

Trick Nr. 37
Mutus

Einsatzmöglichkeiten
Gedächtnistraining, Perspektivwechsel: Zuschauersicht – Künstlersicht

Effekt
Aus zwanzig Spielkarten wählt ein Zuschauer nur in Gedanken zwei aus. Obwohl er seine Wahl nicht verrät, kann der Künstler das Kartenpärchen genau benennen.

Material
Zwanzig Spielkarten; für die Varianten kann man auch Fotos, Memory-Karten usw. verwenden

Vorbereitung
Keine!

Handhabung/Vorführung
Um dieses über 200 Jahre alte Kunststück vorführen zu können, muss man sich vier Worte merken, da sie den Schlüssel zu dem ganzen Trickgeheimnis darstellen: MUTUS DEDIT NOMEN COCIS. Das Besondere an dieser Formel

ist, dass sie aus zehn verschiedenen Buchstaben besteht und jeder Buchstabe genau zweimal vorkommt. Jedes Buchstabenpaar symbolisiert ein Kartenpaar. Wenn man die vier Worte untereinander aufschreibt, ergibt sich folgendes Schema:

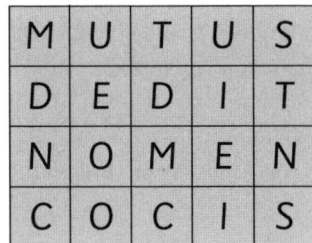

Und genau nach diesem Schema werden später die Spielkarten auf den Tisch gelegt. Wenn ein Mitspieler die Reihen angibt, in denen sich sein Kartenpärchen befindet (beide können auch gemeinsam in einer Reihe liegen), dann muss man nur darauf achten, welcher Buchstabe in beiden Reihen vorkommt, und schon kann man das passende Kartenpaar vorweisen. Eine Reihe verläuft horizontal, von links nach rechts.

Der Ablauf im Einzelnen: Zwanzig Karten von einem gemischten Spiel werden paarweise in zwei Stapeln und offen auf den Tisch gelegt. Dies geschieht in einem gleichmäßigen Rhythmus. Ein Zuschauer soll sich ein Kartenpaar merken. Wenn alle Kartenpaare vorgezeigt wurden, werden die Karten nach dem obigen Schema zu einem Quadrat mit vier Zeilen und fünf Spalten auf den Tisch gelegt. Dabei werden die Karten abwechselnd von beiden Stößen genommen und nach folgendem Schema verteilt:

1. Karte linker Stapel   = erste Reihe, 1. Platz
1. Karte rechter Stapel = dritte Reihe, 3. Platz
2. Karte linker Stapel   = erste Reihe, 2. Platz
2. Karte rechter Stapel = erste Reihe, 4. Platz
3. Karte links   = erste Reihe, 3. Platz
3. Karte rechts   = zweite Reihe, 5. Platz
4. Karte links   = zweite Reihe, 1. Platz
4. Karte rechts   = zweite Reihe, 3. Platz
5. Karte links   = zweite Reihe, 2. Platz

5. Karte rechts = dritte Reihe, 4. Platz
6. Karte links = vierte Reihe, 1. Platz
6. Karte rechts = vierte Reihe, 5. Platz
7. Karte links = vierte Reihe, 2. Platz
7. Karte rechts = fünfte Reihe, 2. Platz
8. Karte links = zweite Reihe, 4. Platz
8. Karte rechts = fünfte Reihe, 4. Platz
9. Karte links = erste Reihe, 5. Platz
9. Karte rechts = fünfte Reihe, 5. Platz
10. Karte links = fünfte Reihe, 1. Platz
10. Karte rechts = fünfte Reihe, 3. Platz

1	3	5	4	7
9	11	10	13	6
15	17	2	12	16
19	18	20	14	8

Während die Karten verteilt werden, soll sich der Zuschauer merken, in welchen Reihen seine Karten liegen. Die Karten können mit der Bildseite nach oben oder – noch spektakulärer – mit der Rückseite nach oben in dem Quadrat ausgelegt werden.

Wenn alle Karten liegen, soll der Zuschauer die Reihe oder Reihen benennen, in denen sich die von ihm gewählten beiden Karten befinden. Weiß dies der Künstler, muss er nur noch überlegen, welcher Buchstabe in beiden genannten Reihen vorkommt. Diese Karten kann er laut nennen oder umdrehen. Es sind die Zuschauerkarten.

Achtung

Das Trickgeheimnis kann in verschiedene Effekte verpackt und mit unterschiedlichen Gegenständen vorgeführt werden. Anstelle der Spielkarten werden Memory-Kartenpaare verwendet. Oder – eine Idee von UTE WEGELEBEN – zehn Bildkarten eines ausrangierten Spiels werden in der Mitte durchgeschnitten. Ein Zuschauer merkt sich eine Karte, nennt diese und die Künstlerin ist sofort in der Lage, die beiden richtigen Karten aus dem mit der Rückseite nach oben liegenden Kartenquadrat umzudrehen.

Um das Kunststück in seinem Effekt noch zu steigern, kann ein Zuschauer zu Beginn die zwanzig Karten mischen, sodass zufällige Kartenpaare entstehen, die sich der Künstler vorher nicht einprägen konnte.

Anstelle des Mutus-Schemas sind in der Literatur[22] noch andere Formeln für das Kunststück bekannt. Die wahrscheinlich älteste (um 1787) lautet MISAI TATLO HEMHO VESUL. Bei dieser Formel gibt es nur zu beachten, dass das V und das U derselbe Buchstabe ist. Eine deutsche Formel lautet: BOSCO BITAI KENNT ALLES, eine englische: PETER PULLS STIFF DRUID. Wenn man mehrere dieser Formeln auswendig kann, ist es sogar möglich, das Kunststück mit den gleichen Karten mehrmals vor demselben Publikum vorzuführen, weil bei jeder Wiederholung eine andere Formel verwendet wird und so die Kartenpärchen immer anders liegen, sodass die Zuschauer kein Legesystem erkennen können.

Da sich Zuschauer und Künstler gegenüberstehen, blicken sie jeweils aus einem anderen Blickwinkel auf das Quadrat. Für den Vorführenden ist nur wichtig, dass er von sich aus gesehen oben links mit dem Legen der Karten beginnt. Bei dem Nennen der Reihen muss man nur sicher sein, ob der Zuschauer die dritte Reihe von sich aus zählt oder aus der Künstlersicht (was eher überraschend wäre). Um hier Probleme zu vermeiden: Der Zuschauer soll mit dem Finger zeigen, in welchen Reihen die Karten liegen.

Und vorsichtshalber sollte man den Zuschauer, bevor man selber die beiden Karten enthüllt, noch einmal fragen, ob er seine beiden Karten noch kennt. Manchmal vergessen die Zuschauer die Namen, was dem Effekt sehr abträglich ist. Er soll aber nur antworten, ob er sich noch erinnern kann, nicht aber die Namen nennen: Dann wäre der Trick ebenfalls vorzeitig beendet.

Eine alternative Variante zum Enthüllen des Kartenpaares kann auch so aussehen: Die Karten werden einzeln vorgezeigt und dann auf den Tisch mit der Rückseite nach oben gelegt. Der Zuschauer soll sich merken, in welchen Reihen seine Karten liegen. Wenn alle Karten liegen, soll er die Reihen be-

---

22 ADRION, ALEXANDER: Die Kunst zu zaubern. Köln 1978, S. 202 ff.

nennen. Zielsicher kann nun der Künstler die beiden richtigen Karten umdrehen oder benennen. Beim Vorzeigen der Karten kann man jede Karte
auch so halten, dass der Künstler selber sie nicht sehen kann – was er ja auch
nicht muss. Im Vortrag wird diese Besonderheit herausgehoben.

Das Kunststück kann auch mithilfe eines Overhead-Projektors vor einem
größeren Publikum gezeigt werden. Dazu werden die Karten farbig auf Folie kopiert. Als Spielfläche fungiert dann der Projektor.

10 Zauberhaftes Lerntraining

(von UTE WEGELEBEN)

Begründung der vorgestellten Konzeption

Die Klassenstufen 5 und 6 übernehmen in allen Schularten eine Orientierungsfunktion – insbesondere im Hinblick auf die Art des Schulabschlusses, der vom Kind angestrebt werden wird. In dieser Übergangsphase von der Grundschule zu einer weiterführenden Schulart spielen die Fähigkeiten und Fertigkeiten, die im Umgang mit dem Lernen an sich ausgeprägt werden müssen, eine immer stärkere Rolle. Das heißt, die Kinder müssen in erster Linie „das Lernen lernen".

Dies verstärkt zu unterstützen haben wir uns an unserem Gymnasium zur Aufgabe gemacht. Deshalb bieten wir im Rahmen einer Konzeption zum offenen Unterricht[23] in den Klassenstufen 5 und 6 ein Lerntraining (→ Anlage 1 auf S. 180 f.) an. Allen Schülerinnen und Schülern ist es möglich, daran teilzunehmen.

Während in der Klassenstufe 5 zunächst die äußeren Lernbedingungen behandelt werden, werden in Klassenstufe 6 auch Gedächtnisgesetzmäßigkeiten vermittelt und deren richtige Anwendung besprochen. Dazu gehören Entspannungsübungen genauso wie das Ermitteln des Lerntypes oder die bestmögliche Vorbereitung auf eine Klassenarbeit. Gerade hier ist der Zu-

---

23 Siehe hierzu im Schulprogramm „3.3 Konzept zum freien Unterricht" unter: http://marvin.sn.schule.de/~huelsse/ oder fordern Sie Informationen an bei: huelssegym@web.de

sammenhang von „Zaubern lernen" und der Vermittlung von Lernmethoden, Lerntechniken und gedächtnispsychologischen Gesetzmäßigkeiten einfach und anschaulich herzustellen.[24]

In diesem Kapitel zeige ich Ihnen einige dieser möglichen Verbindungen. Die Reihenfolge sollte an die Gruppen- bzw. Klassensituation angepasst werden, auch die Inhalte und die benötigte Zeit für eine Unterrichtseinheit (mitunter reichen die angedachten 90 Minuten nicht aus) sind diesbezüglich zu prüfen. Ich sammelte meine Erfahrungen in vier verschiedenen sechsten Klassen mit Gruppenstärken von 12 bis 24 Schülern.

Ziel der Konzeption aus Lehrersicht

Als Bestandteil des Lerntrainings in der Klassenstufe 6 soll das Zaubernlernen eingesetzt werden, um Lerntechniken kennen zu lernen und an Beispielen anzuwenden. Insbesondere geht es hier um gedächtnispsychologische Aspekte, den Umgang mit Prüfungsangst und Schulstress sowie um weitere Einflussfaktoren, die für eine effektive Vorbereitung etwa auf Klassenarbeiten oder sonstige Anforderungen wichtig sind. Das Besondere an diesem Versuch ist, dass die Beispiele nicht Lehrplaninhalten entnommen wurden, sondern ausnahmslos Zauberkunststücke sind. Über dieses Medium soll versucht werden, alle Schüler zu erreichen. Zum einen gelingt die Motivation, sich mit dieser Thematik auseinander zu setzen, über das Zaubern sehr leicht, und zum anderen entsteht eine günstige Ausgangsposition für die Vermittlung lernpsychologischer Sachverhalte, da alle Schüler gleichzeitig ein neues Gebiet betreten. Das Fehlen von negativen Erfahrungen mit dem Zaubern – anders als bei den üblichen Schulinhalten – ermöglicht einen positiven Zugang, und es besteht die Chance, dass eine neue Gruppendynamik entsteht, in der jeder seine Rolle neu und für sich Gewinn bringend erarbeiten kann.

Aus Schülersicht ist das Ziel des Kurses „Zaubern ist keine Hexerei" (so heißt der Wahlbaustein des Lerntrainings), sich einmal mit dem Zaubern auseinander zu setzen, vielleicht sogar ein bisschen zaubern zu lernen, viel über das Zaubern zu erfahren, Klassenkameraden und die Lehrerin zaubern zu sehen und etwas Interessantes, nicht Langweiliges (!) zu erleben.

---

24 Siehe dazu auch NEUMEYER, ANNALISA: Mit Feengeist und Zauberpuste: Zauberhaftes Arbeiten in Pädagogik und Therapie. Freiburg im Breisgau 2000

Die Einführung (zwei Unterrichtseinheiten)

In einer einführenden Stunde verdeutliche ich den Kindern, weshalb das Zaubern das eigene Lernverhalten beeinflussen könnte. Denn die Motivation der Kinder beruht auf der Faszination des Zauberns an sich und nicht auf dem von uns „untergeschummelten" Lerneffekt.

Zuerst trete ich als Zauberin auf, insbesondere mit den Kunststücken, die die Kinder auch kennen lernen sollen. Wir unterhalten uns über die Frage: „Was ist Zaubern?" Die Antworten streifen eine sehr breite Palette, die meisten erkennen die Illusionszauberei (à la Copperfield) als „richtiges Zaubern" an. Dass wir im Zauberkurs nur die ersten Schritte zum Zaubern lernen können, reicht den meisten aber völlig aus. Die Erwartungshaltung der Kinder darf nicht zu hoch sein, es muss deutlich gemacht werden, dass es nur um ein Bekanntmachen mit dem Anliegen der Zauberkunst gehen kann und man vielleicht herausfindet, ob man später durch eigene Initiative und großen Fleiß selbst das Zaubern lernen will.

Ich erarbeite dann mit den Kindern einige Regeln, um den Ablauf der nächsten Zauberstunden zu klären, und stecke den möglichen Rahmen der Anforderungen, Notwendigkeiten und Ergebnisse ab. Wie viele Zaubertricks sollen gelernt werden? Kommt es auf den Schwierigkeitsgrad an? Welches Material ist nötig? Was muss zu Hause geübt werden?

Es ist wichtig, dass die Kinder den Zusammenhang zum schulischen Lernen sehen (siehe Themen der Unterrichtseinheiten). Ich begründe kurz die Zauberregel „Verrate nie ein Trickgeheimnis, auch nicht durch schlechte oder falsche Aufführung!". Dann bespreche ich, dass man nur durch die Vorführung des Tricks vor der Gruppe die Zaubererlaubnis dafür bekommen kann.

Als ersten Test gibt es die Erklärung für das Trickgeheimnis zum „springenden Gummiring" (siehe S. 50) mit nach Hause, selbstverständlich nach mehreren Vorführungen aus Zauberer- und Zuschauersicht und genügend Gelegenheiten, den Trick nachzumachen. Aufgrund der Erfahrungen mit diesem Trick kann jeder für sich einschätzen, ob er sich an die vereinbarte Regel halten kann, wie er das Üben zu Hause gestaltet und ob er das Trickgeheimnis bis zur nächsten Stunde tatsächlich zu wahren weiß.

Zum zweiten Treffen sollen dann alle ein leeres Heft mitbringen, das dann zum eigenen Zauberbuch werden wird. Die Zauberregeln werden ausführlich besprochen und von mir mit passenden einfachen oder bekannten Zauberkunststücken erläutert. Danach unterschreiben alle, dass sie die Zauberregeln anerkennen.

Zum „springenden Gummiring" gibt es die ersten tollen Geschichten und auch die ersten heiß ersehnten Vorführscheine. Sie werden staunen, in welcher Vielfalt Ihnen dieses Kunststück dargeboten wird. (Achten Sie darauf, ob die Schüler den Gummiring mit geschlossener Hand in der tricktechnisch erforderlichen Stellung überhaupt gut halten können und ob das Überspringen auf ein Signal hin erfolgen kann.)

Die Klasse darf dann aus einem Angebot von Zaubermaterialien wählen (Seile, Karten, Bänder usw.) und bekommt diesmal ihren eigenen Gruppentrick beigebracht. Dieser ist dann in den anderen Gruppen tabu. So hat jede Gruppe (mindestens) einen Trick, dessen Geheimnis nur sie allein kennt und durch den sie sich von den anderen Gruppen unterscheidet.

Ich frage am Ende dieser Unterrichtsstunde, welche Kinder einen eigenen Zaubertrick vorführen wollen. Einige Kinder haben bereits Erfahrungen mit dem Zaubern gesammelt, sei es über einen Zauberkasten oder durch Vorführungen von Verwandten, die ihnen dann das Trickgeheimnis verraten haben.

Die Kinder sollen entscheiden, ob sie nur vorführen oder auch anderen das Geheimnis bekannt geben möchten (für einige Zaubertricks gibt es keine Vorführscheine). Während einer der folgenden Unterrichtsstunden dürfen ein bis drei Kinder die Zauberer sein.

Ein möglicher und bewährter Ablauf der folgenden Unterrichtseinheiten sieht so aus:
- *Vorbereitung*: Aufbau der Bühne (Tisch mit weicher Unterlage, Stuhl) und der Sitzreihen; Bereitlegen der benötigten Materialien (Schere, Leim usw.) auf den außen stehenden Tischen
- *Einstimmung*: Musik im Hintergrund (falls die Schüler sehr aufgeregt sind, bietet sich eine kurze Entspannungsübung an); Fingerübungen; Besprechung des Vorhabens
- *Auftritt der Zauberschüler mit ihren eigenen Kunststücken*: Zeit auf etwa zehn Minuten beschränken!)
- *Einstudieren des/der neuen Zaubertricks* (nicht vergessen, den Trick im Zauberbuch einzutragen, kann auch als Hausaufgabe vervollständigt werden): Herstellen der Trickutensilien; Vorführen aus Zuschauersicht und aus Zauberersicht, gemeinsames Ausführen in Einzelschritten; allein und mit Partner üben; nochmals gemeinsam zaubern

- *Vorführscheine erwerben*: Man bekommt den Vorführschein aber nur für einen Trick, der bereits in vorangegangenen Unterrichtseinheiten einge-übt und nun ausgefeilt wurde. Neu gelernte müssen erst weiter einstu-diert werden. Ein mutiger Schüler beginnt und spielt als Erstes den Zau-berer, die anderen sind das Publikum. Dabei müssen die Zuschauer so tun, als ob sie das Trickgeheimnis nicht kennen würden. Trotzdem sollen sie darauf achten, ob der Zauberer bei der Vorführung nichts verrät (aber nicht *zu* kritisch sein!). Für jede gelungene Vorführung gibt es Applaus und den Vorführschein. Hakt die Vorführung noch hier und da, gibt es ebenfalls Applaus und derjenige darf es beim nächsten Mal erneut versu-chen. Der Zauberlehrling, der gerade dran war, bestimmt den nächsten Vorführenden.

1. Unterrichtseinheit: Konzentrationserwerb durch Einhaltung von Regeln und Vorschriften

Weil Zaubern die Einhaltung von Regeln und bestimmten Handlungsabläu-fen erfordert, ist die Ausführung von einfachen Zauberkunststücken gerade für Kinder mit Konzentrationsschwierigkeiten (oder auch Aufmerksam-keitsdefizitsyndrom – ADS) ein geeignetes Mittel zur Förderung ihrer Auf-merksamkeit.

Das Einstudieren eines Zaubertricks ist in bestimmten Schritten zu voll-ziehen. Da dieses Gerüst zumindest immer zu einem „technischen Erfolg" – dem Beherrschen des Trickablaufes – führt, entsteht ein guter Anreiz, sich entsprechend lange zu konzentrieren, um erfolgreich zu sein. Ist dieses Er-gebnis einmal erreicht, sind die Kinder auch bereit, schwierigere Kunst-stücke zu trainieren. Dabei gelingt dann die Koordination komplexer Denk-, Bewegungs- und Handlungsabläufe eher unbewusst. Die „Leiter" für eine erfolgreiche Präsentation des Zauberkunststückes ist die Einhaltung der Zauberregeln. Da das erste Vorzaubern in der Gruppe stattfindet, in der al-le die gleichen Ausgangsbedingungen haben, ist es meist für alle ein positi-ves, bestätigendes Erlebnis.

Wird dies den Kindern bewusst gemacht, trauen sie sich eine solche kom-plexe Herangehensweise (anhand des verinnerlichten Gerüstes von Lern-und Arbeitstechniken) auch beim Lernen eher zu.

Eine konkrete zusätzliche Übertragung im Bereich der Lerntechniken bie-tet sich an, wenn es um die sinnvolle Vorbereitung einer Klassenarbeit geht, die tägliches bzw. regelmäßiges Üben erfordert.

In dieser Unterrichtseinheit können folgende Kunststücke behandelt werden: Zauberkasten (siehe S. 132), Meine Vorhersage (siehe S. 55), Zauberstab durch das Tuch (siehe S. 158).

2. Unterrichtseinheit: Zaubern motiviert, behebt Lernängste und fördert ein positives Selbstwertgefühl

Motivation wird nicht umsonst als der „Schlüssel" zum Lernerfolg bezeichnet.

Wenn man einen Zaubertrick erlernen möchte, wagt man sich an das „allen unmöglich Erscheinende" heran und wird diese Aufgabe, wie erwähnt, auch erfolgreich beenden können.

Ängste (Prüfungsängste, Angst vor Klassenarbeiten) abzubauen heißt auch, das für „sich selbst Unmögliche" zu überwinden. Dies erscheint dann im Vergleich zum Zaubern, eine entsprechende Vorbereitung vorausgesetzt, doch viel einfacher zu sein. Durch die positive Verstärkung gewinnt man Selbstbewusstsein: Das schaffe ich nun auch!

In der Zaubergruppe erleben sich die Kinder in unterschiedlichen Rollen: als Akteur, als Zuschauer, als Berater, als Regisseur, als Geschichtenerzähler usw. Sie lernen konstruktive Kritik zu üben und zu empfangen, ihnen werden eigene Stärken und Schwächen und damit die Einzigartigkeit ihrer Persönlichkeit bewusst. Lernen wird angstfrei erfahren.

Der Umgang mit Pannen gehört unweigerlich zum Erlernen der Zauberkunst, Fehler werden dadurch zu etwas Selbstverständlichem, wenn man sich etwas Neues aneignen möchte. Es gehört nicht nur dazu, sondern ist sogar sehr wichtig. Beim Zaubern muss man auch sehr gut auf Fehler reagieren können. Dies lernen die Kinder nur, wenn sie eben auch selbst auftreten. Für diese Unterrichtseinheit eignen sich folgende Kunststücke: Strohhalm-Mirakel (siehe S. 94), Münze durch den Tisch (zwei Schwierigkeitsgrade möglich → Selbsteinschätzung) (siehe S. 156), die Wanderkarten (siehe S. 160), Farben-Domino (siehe S. 99).

3. Unterrichtseinheit: Zaubern fördert die Sprechfreude und die Kommunikationsfähigkeit

Zum Einstudieren eines Kunststückes werden Zauberpartnerschaften gebildet. Je ein Kind zaubert vor, das andere ist der „sprechende Spiegel", dann werden die Rollen getauscht. So lassen sich die Abläufe recht schnell erlernen. Wenn man diese Partner wechselt, erfährt man, mit wem man am besten gemeinsam arbeiten kann. Manchmal ergibt sich daraus auch eine

Lernpartnerschaft für andere Bereiche oder zumindest die Erkenntnis, welche Eigenschaften ein solcher Partner haben müsste, mit dem man gut zusammen arbeiten könnte.

Um einen wirkungsvollen Zaubervortrag zu entwickeln gibt es ausreichend Freiräume für Experimente mit dem eigenen Auftreten. Mimik, Gestik, Körperhaltung und Sprechweise bestimmen die Wirkung, und letztlich die Zauberpersönlichkeit.

In dieser Stunde spielt auch das Erwerben des Vorführscheines eine wichtige Rolle. Insgesamt bekommt jeder viele Möglichkeiten, sich zu präsentieren, sich zu verändern und das mündliche Vortragen als zunehmend selbstverständlich zu erleben.

In dieser Unterrichtseinheit kann eine Auswahl aus den folgenden Kunststücken behandelt werden:

- Find the Lady (siehe S. 118),
- mein/dein Lieblings(karten)trick,
- Befreite Zuschauerin (siehe S. 141),
- Neun Becher (siehe S. 80),
- Der schwebende Zauberstab (siehe S. 144).

4. Unterrichtseinheit: Zaubern zur Entspannung

Ein Zauberkurs ist für die Kinder doch sehr aufregend und erfordert viel Aufmerksamkeit. Da ist es wichtig, auch auf die nötige Entspannung und Ruhe zu achten. In dieser Unterrichtseinheit geht es darum, dem Zaubern etwas Ruhiges, Gleichmäßiges, Unbelastendes abzugewinnen. Das ist insbesondere für die Kinder wichtig, denen das Auftreten vor der Gruppe schwerer fällt, die noch unsicher sind und nicht gern im Mittelpunkt stehen. Zauberspiele, „Nonsenszaubereien", ein Mimik-Gestik-Training, einfache Selbstgängerkunststücke oder optische Täuschungen bieten sich hier an. Auch eine zauberhafte Entspannungsreise habe ich in dieser Einheit angeboten.

All diese Möglichkeiten können die Kinder dann auf konzentrations- und motivationsfördernde Lernpausen zu Hause übertragen.

In dieser Unterrichtseinheit können Sie folgende Kunststücke einsetzen: Das verschwundene Bein (siehe S. 162), Das Super-Ding (siehe S. 103), Gesicht verzaubern (siehe S. 163).

5. Unterrichtseinheit: Zaubern trainiert das Gedächtnis

„Ich kann mir so etwas nicht merken!" ist ein Ausdruck dafür, dass man den Weg von Informationen ins so genannte Langzeitgedächtnis nicht kennt und damit auch nicht beeinflussen kann. Gerade das Behalten von Informationen folgt bestimmten Gesetzmäßigkeiten und kann antrainiert werden (Gedächtniskünstler nutzen das auf verblüffende Art und Weise aus).

Behalten erfordert regelmäßiges, planvolles Wiederholen (Behaltenskurve nach EBBINGHAUS[25]), das Ausnutzen möglichst vieler verschiedener Lernkanäle (Lerntypentest), oftmals handlungsorientiertes Einprägen und nicht zuletzt die Verknüpfung mit Informationen, die bereits im Gehirn gespeichert sind.

Hierbei gibt es einige einfache Tricks und Kniffe, die jeder Schüler sich leicht zunutze machen kann, wenn er sie kennt. Zahlenreihen lassen sich leichter einprägen, wenn man die Ziffern in Päckchen zusammenfasst (z. B. Telefonnummern) oder wenn sie eine bestimmte Klangmelodie haben. Eselsbrücken helfen, etwas zu behalten.

Ein sehr eindrucksvolles Beispiel für das Ausnutzen solcher Gedächtnisgesetzmäßigkeiten bietet sich beim *magischen Memory*. Der Zauberer muss hier die Lage von zwanzig in vier Fünferreihen ausgelegten Karten kennen. Man müsste also vierzig Informationen (Platz und Karte) im Gehirn speichern, wenn es nicht diesen wunderbaren Trick gäbe: MUTUS DEDIT NOMEN COCIS (lesen Sie dazu auf Seite 165 nach). Hiermit reduziert man nicht nur die Anzahl der Informationen erheblich, sondern nutzt auch noch weitere Gesetzmäßigkeiten aus. Besonderes, Klangvolles und unmittelbar Nützliches lässt sich zudem sehr leicht erlernen.

Beim Zaubernlernen muss man stets zwei Sichtweisen auf denselben Sachverhalt berücksichtigen: die Zuschauer- und die Zauberersicht. Zunächst könnte man denken, dass dies die Sache erschwert, weil man ja doppelt so viel lernen muss. Doch tatsächlich wird dadurch das Behalten des Trickablaufes erleichtert ebenso wie durch das häufige Üben. Zaubertricks geraten also nie in Vergessenheit?!

In dieser Unterrichtseinheit sollten Sie unbedingt das eben genannte Kunststück MUTUS behandeln.

---

25 ZIMBARDO, PHILIP G.: Psychologie, Berlin/Heidelberg, 6. Auflage 1995, S. 328 f.

**Chancen und Grenzen des zauberhaften Lerntrainings –
Eine Auswertung**

Die Unterrichtseinheiten dürfen nicht als in sich geschlossen betrachtet werden, d. h., dass an allen Themen während des gesamten Zauberkurses gearbeitet wird und die Ergebnisse erst am Ende des Kurses sichtbar und ablesbar werden. Ein Loslösen einzelner Einheiten oder ein geringerer Zeitraum erscheint deshalb nicht sinnvoll.

Insbesondere auffälligen Kindern gelingt während der Zauber-Stunden die Einordnung in die Gruppe besser. Ruhige, zurückhaltende Kinder entdecken eventuell ihre Stärken und finden zu einem selbstbewussteren Auftreten. Die Kinder, die sich sonst eher durch Disziplinlosigkeiten bemerkbar gemacht haben, finden nun andere Möglichkeiten, um sich im wahrsten Sinne des Wortes ins Rampenlicht zu rücken, vielleicht gelang ihnen eine Präsentation besonders gut.

Es ist wichtig, nur mit Schülern zu arbeiten, die sich tatsächlich auch mit dem Zaubern beschäftigen wollen, das Lerntraining also aus eigenem Antrieb besuchen. Dies ist innerhalb unserer Konzeption dadurch gesichert, dass die Schüler aus zwei Wahlbausteinen („Entspannungsübungen für Kids" und „Zaubern ist keine Hexerei") auswählen können. Es muss in Ausnahmefällen die Möglichkeit geben, aus dem zauberhaften Lerntraining auszusteigen, da sonst die gesamte Gruppendynamik zerstört werden kann. Verfolgen die Schüler mit Interesse ihr gemeinsames Ziel, so viel wie möglich über das Zaubern zu lernen, ist auch das Arbeiten in solch großen Gruppen (gesamte Schulklasse) möglich, wenn auch nicht für alle Kinder zufriedenstellend. Hier müssen genaue Absprachen (Anzahl und Schwierigkeitsgrad der Kunststücke, die erlernt werden; Material- und Zeitaufwand; notwendiger häuslicher Fleiß und Gruppenverhalten während der Bastelarbeiten usw.) erfolgen, um die Ergebnisse zu erreichen.

Besonders bewährt hat sich das Arbeiten in kleinen Gruppen (bis max. zwölf Kinder), da nur so eine individuelle Hilfestellung gewährleistet werden kann.

Für die echten Zauberfans sollte es möglich sein, ihr neu entdecktes Interesse weiter auszubauen, beispielsweise in einer Zauber-AG.

Überhaupt sollte es Hilfen und Hinweise für das selbstständige Weiterarbeiten mit den Kunststücken geben. Vielleicht trifft sich die Lerngruppe nach einiger Zeit noch einmal, um die Erfahrungen auszutauschen und/oder eine kleine Zaubershow vorzuführen. Erlernte Tricks könnten so wiederholt oder weiterentwickelt werden.

Werten Sie gemeinsam mit den Kindern das Zaubertraining aus und reflektieren Sie über die Ziele und Ergebnisse. Schön wäre eine erneute Gesprächsrunde zur Eingangsthematik: „Was ist Zaubern?" Hat sich vielleicht die Sicht der Schüler, die die Illusionszauberei als das Maß aller Zauberdinge ansahen, geändert? Dann waren die Bemühungen des *Zauber*lehrers nicht umsonst. Alle Schüler sollten die Gelegenheit bekommen, Schlussfolgerungen für das eigene Lernverhalten zu ziehen bzw. mögliche positive Veränderungen zu erkennen.

Eine Schülerbefragung in den vier sechsten Klassen unserer Schule ergab, dass sich die vermittelten Lerntechniken aus dem Zauberkurs am stärksten eingeprägt haben, dieser Teil des Lerntrainings am meisten Spaß gemacht und sich auch das Gruppenklima positiv verändert hat. Nicht zufriedenstellend war für die Kinder, dass die Zeit oft nicht ausgereicht hatte:

- um einen Trick fertig zu stellen
- um ausreichend in der Schule zu trainieren
- um Vorführscheine abzulegen (oft musste ich die Schüler auf das nächste Mal vertrösten)
- um auf alle Fragen im persönlichen Gespräch mit dem Lehrer Antwort zu erhalten
- oder auch um mal andere Tricks vorzuführen, die die Kinder selbst kannten.

Gern hätten die Schüler noch mehr Kunststücke gelernt.

Anlage 1

Konzept zur Gestaltung des Lerntrainings in den Klassenstufen 5 und 6 (Julius-Ambrosius-Hülße-Gymnasium, Dresden)

1. Das Lerntraining wird zu Beginn des Schuljahres im Block von mindestens sechs Unterrichtseinheiten durchgeführt.

2. Das Lerntraining wird von der ganzen Klasse wahrgenommen und vom Freiarbeitslehrer (= Klassenlehrer) in der im Stundenplan festgelegten Zeit für den Förderunterricht durchgeführt.

3. Um das Lerntraining schülerorientiert, praxisnah und effizient durchführen zu können, muss viel Zeit für die praktischen Anwendungen/Übungen sein (45 Minuten Theorie, 45 Minuten Anwendung des Gelernten). Deshalb ist die Nutzung der Freiarbeitsräume zu ermöglichen. Der Lehrer entscheidet je nach Thema, ob mit Halbgruppen (im vierzehntägigen Wechsel) oder mit der ganzen Klasse gearbeitet wird. Bei Bedarf können auch andere Zeiten (z. B. die Klassenlehrerstunde) herangezogen werden.

4. Das Lerntraining der Klasse 5 beinhaltet folgende Schwerpunkte:
   Baustein I: *Lernen will gelernt sein – eine Einführung*
   – Bestandsaufnahme (Fragebogen): Wie lerne ich?
   – Motive für „das Lernen lernen", erste Anregungen
   Baustein II: *Gut geplant ist halb gewonnen –*
   Arbeits-, Zeit- und Lernplanung
   – Erfassung der derzeitigen Zeiteinteilung (z. B. Lerntagebuch)
   – Biorhythmus, Lernpausen, Gedächtniskurve
   – Wochenplan
   – langfristige Planung von Klassenarbeiten
   – Hefteführung
   – Hausaufgaben, tägliche Vorbereitung auf den Unterricht
   – mein Arbeitsplatz zu Hause
   Baustein III: *Lesen mit Köpfchen*
   – systematisches Arbeiten mit Texten
   – das Lesen (Operatoren) von schwierigen Aufgaben und Hausaufgaben
   – Sachaufgaben lösen
   Baustein IV: *Vokabeltraining, Anfertigen einer Lernkartei*

5. Das Lerntraining der Klasse 6 baut auf die Inhalte und Bausteine der Klasse 5 auf. Es beinhaltet folgende Schwerpunkte:

Baustein V: *Dem Vergessen auf der Spur – Einprägen, Wiederholen, Behalten von Lernstoff*

– Gedächtnispsychologie (im Zusammenhang mit dem Vorbereiten auf Klassenarbeiten)
– Strukturieren des Lernstoffes (z. B. mindmapping) am Beispiel einer bevorstehenden Klassenarbeit, Eselsbrücken und andere Möglichkeiten das Gehirn zu überlisten

Baustein VI: *Was bin ich denn für ein Typ?*

– Lerntypentests und Schlussfolgerungen für das eigene Lernverhalten
– vielkanaliges Lernen

Baustein VII: *Prüfungsangst, was tun?* **und/oder** *Mündliches Vortragen, Selbstsicherheit erwerben*

Dazu kommt

Wahlbaustein I: *Zaubern ist keine Hexerei* (Fünf Unterrichtseinheiten)

– Selbstsicherheit erwerben
– mündliches Vortragen üben
– Regeln und Vorschriften einhalten
– Koordination verbessern
– Konzentration stärken (Konzentrationsdefizit-Syndrom)

oder

Wahlbaustein II: *Entspannungsübungen für Kids* (Fünf Unterrichtseinheiten)

– Selbstregulationsmethoden (z. B. autogenes Training) kennen lernen
– konzentrations-/motivationsfördernde Lernpausen gestalten
– Schulangst, Prüfungsangst und sonstige Spannungsverhältnisse in der Schule vermindern

Zur Beachtung! Die Wahlbausteine werden nicht von den Freiarbeitslehrern, sondern von speziell geschulten Fachlehrern (oder Fremdpersonal) unterrichtet.

11 Interview mit einem Illusionisten

Das folgende Interview habe ich vor einigen Jahren mit einem Zauberkünstler des russischen Staatszirkus geführt. Es war das erste Interview, das er für eine westliche Fachzeitschrift gab. Mit seiner Illusionsshow, die vor allem in der Manege vorgeführt wurde, begeisterte er täglich sein Publikum. Höhepunkt dabei war sicher das Erscheinen eines Apfelgärtchens und eines Kornfeldes in der Manege. Als ich die Illusion zum ersten Mal sah, fand sie in einer Eismanege statt, d. h., der Effekt musste ohne jegliche Bühnenhilfsmittel wie versenkbare Elemente, Seitenkulissen usw. auskommen. Kaum eine Zauberdarbietung hat so viel Aufmerksamkeit auf sich gezogen wie die von JURI AVJERINO. Mit dem Moskauer Staatszirkus war er insgesamt über fünf Monate in Deutschland unterwegs. Innerhalb eines „normalen" Zirkusprogramms auf dem Eis präsentierte JURI AVJERINO seine zwanzigminütige Illusionsshow. – Nicht nur die Effekte, sondern auch die technischen Ausmaße der Schau sind gewaltig. Das Gepäck für diese Darbietung wiegt über vier Tonnen, ein Kleintierzoo gehört ebenso dazu wie vierzehn feste Mitarbeiter. In einer voll ausgerüsteten Werkstatt (AVJERINO nennt sie seine „Erste Hilfe"), die immer mitgeführt wird, werden alle Reparaturen selber ausgeführt.

Das Interview mit dem russischen Großillusionisten Juri Avjerino ermöglicht eine intensive Auseinandersetzung mit einzelnen Fragen aus dem Umfeld der Zauberkunst. Es gibt sicher nicht *die* typische Denkweise von Zauberkünstlern wieder, aber ermöglicht einen Einblick in das Berufsleben von Profizauberern. Die Antworten sind an manchen Stellen sehr pointiert und fordern zum Widerspruch heraus. Gerade deshalb sind sie eine ausgezeichnete Arbeitsgrundlage zum Nachdenken und Vergleichen.

Verteilen Sie zunächst das Interview, das ab S. 184 als Kopiervorlage abgedruckt ist, an Ihre Schüler. Am Ende (siehe S. 191) finden Sie auf einem Arbeitsblatt eine Zusammenstellung von Fragen, die als Anregungen dafür dienen können, unter welchen Aspekten das Interview in der Schule bearbeitet werden kann.

Interview mit Juri Avjerino
vom Moskauer Staatszirkus

U. R.: *Herr Avjerino, Sie stammen aus einer Zirkusfamilie, haben selber als Jongleur, Parterreakrobat und Clown gearbeitet. Was hat Sie 1966 veranlasst, eine Illusionsshow für den Zirkus zu entwerfen?*

JURI AVJERINO: Es ist richtig, ich war Clown, ich war Jongleur, ich war Akrobat – und ich war Kunstreiter. – Seit jeher haben mich Leute begeistert, die ungewöhnliche, beinahe übernatürliche Dinge vollbringen. Schon während meiner Kindheit haben mir fantastische Filme gefallen, in denen Wunder zu sehen sind. Das war dann schließlich der Grund, im Bereich der Illusionen zu arbeiten. Denn nur im Bereich der Illusionen kann man solche Dinge entstehen und den Zuschauer „Wunder" erleben lassen. Ich glaube, dass ich die Leute, die meine Vorstellung gesehen haben, davon überzeugen konnte, dass ich Außerordentliches vollbringen kann.

U. R.: *Die Zauberei in Zirkusmanegen gehört zu den schwierigsten Aufgaben, die es überhaupt gibt. Nur wenige der traditionellen Tricktechniken lassen sich hier anwenden …*

JURI AVJERINO: Ja, es ist sehr schwierig! Der Künstler ist von allen Seiten zu sehen, das Publikum sitzt ringsherum. Dagegen ist es leicht, auf der Bühne zu arbeiten, weil der Illusionist drei Wände um sich hat. Die schützen ihn davor, dass das Publikum hinter seine Tricks kommt. Durch diese Wände hat er außerdem sehr viel mehr Möglichkeiten, Tricktechnik einzusetzen. Es gibt Versenkungen, unterirdische Tunnels und dergleichen, alles Mittel, derer ich mich im Zirkus – besonders dann, wenn ich in einer Eismanege arbeite – nicht bedienen kann.

U. R.: *Haben die festen Zirkusbauten in Ihrem Land solche Möglichkeiten wie Versenkungen usw.?*

JURI AVJERINO: Für mich spielt dies keine große Rolle, weil ich mich solcher Methoden nicht bediene. Ich kann an beliebigen Plätzen arbeiten, auf der Straße, in einem Zelt, und zu besonderen Anlässen sind wir sogar schon in Zeitungsredaktionen aufgetreten. Für mich spielt es auch keine Rolle, wie weit das Publikum entfernt ist. Es kann zehn Meter oder auch nur einen Meter weit weg sitzen. Für uns Illusionisten ist es, wenn wir in der Manege arbeiten, wichtig, die Gesetze des Zirkus zu kennen. Wir haben immer darauf zu achten, wie der Zuschauerraum gestaltet ist, wie das

Publikum sitzt. Darüber hinaus sind wir gezwungen, sorgfältiger als andere unsere Zaubertricks auszuwählen und auszuarbeiten. Wir müssen äußerst professionell sein und unsere Assistenten sehr gut einweisen.

U. R.: *Wie entsteht bei Ihnen ein neues Kunststück?*

JURI AVJERINO: Es beginnt damit, dass wir zuerst kleine Modelle bauen. Wenn ein Modell erprobt ist und sich bewährt hat, wird es auf den Maßstab einer Zirkusmanege vergrößert. Die Proben in der Manege sind sehr aufwändig und langwierig. Wir setzen uns auf die Zuschauerplätze und prüfen, ob das Trickprinzip zu erkennen ist. Mit Opern- und Ferngläsern, die wir auf die größte Schärfe einstellen, betrachten wir alle Einzelheiten, und wenn dann nichts mehr zu sehen oder zu erahnen ist, gilt ein Trick als sicher. Er kann erst dann vorgeführt werden.

Sehr wichtig ist die Herstellung der Zauberapparate. Ich bin froh, dass ich fähige Mitarbeiter habe, mit denen ich schon seit Jahren zusammenarbeite. Sie sind alle in gerade für den Illusionsbau sehr wichtigen Berufen gut ausgebildet: So habe ich einen Elektriker, einen Schreiner, einen Formenbauer und einen Schlosser. Mein Assistent SASCHA POLIANSKY beschäftigt sich sehr viel mit dem Bau von Modellen und Apparaten.

U. R.: *Dies ist die technische Seite der Illusionsschau. Was aber muss Ihrer Meinung nach ein Zauberkünstler außerdem sein: ein Techniker oder ein Schauspieler, der einen Zauberer überzeugend darstellen kann?*

JURI AVJERINO: Das Wichtigste für einen Illusionisten ist, dass er schauspielerische Fähigkeiten hat. Wenn er auftritt, muss er das Publikum davon überzeugen, dass er in der Lage ist, die Wunder, die er zeigt, wirklich vollbringen zu können. Die Apparatur kommt erst in zweiter, dritter oder gar vierter Linie. Das Wichtigste ist der Illusionist selber, dass er sein Können dem Publikum so vermitteln kann, dass es an ihn glaubt.

Wenn der Künstler große schauspielerische Fähigkeiten hat, die Geräte perfekt sind und das Ganze in einer Komposition zusammengebracht und aufeinander abgestimmt worden ist, sodass ein gutes Gesamtbild entsteht, dann ist die höchste Stufe erreicht. Eine Nummer muss auch in einer bestimmten Art und Weise aufgebaut sein. Zum Beispiel zeige ich vor der Illusion, bei der die Dame auf Schwertern schwebt und dann verschwindet, meinen Effekt mit den Vasen, in denen Personen verschwinden und erscheinen. Dies ist meine Visitenkarte und soll die Leute auf Zauberei einstimmen. Dann erst bringe ich bewusst den Trick mit den

Schwertern. Das ist sozusagen der Trick, der die Leute auf den Kopf schlägt. Er verblüfft die Zuschauer außerordentlich und überzeugt sie davon, dass sie einen wirklich guten Illusionisten vor sich haben. Was danach kommt, ist gar nicht mehr so wichtig. Es könnten auch schwächere Effekte folgen, weil das Publikum ab diesem Zeitpunkt an einen glaubt.

U. R.: *In Deutschland sind nur sehr wenige Zauberkünstler aus der ehemaligen Sowjetunion bekannt. Zum Beispiel kennen wir, zumindest vom Hörensagen, Kıo.*

Juri Avjerino: Hier in Deutschland kennt man vor allem zwei Künstler, die aus der ehemaligen Sowjetunion stammen und die auf der Bühne arbeiten. Wir haben bei uns die Brüder Kıo, Ernil und Igor. Mit mir zusammen gibt es also nur drei Großillusionisten, die in der Manege arbeiten. Zwischen den Brüdern Kıo und mir besteht eine Vereinbarung, dass wir einander niemals kopieren! Dies ist eine sehr wichtige Grundlage unserer Arbeit. Jeder stellt sein Programm entsprechend seiner eigenen Persönlichkeit zusammen. Ich baue meine Nummer so auf, dass ich einen Zaubertrick nicht des Zaubertricks wegen zeige, sondern der Trick selbst soll eine kleine Geschichte erzählen.

Nehmen wir zum Beispiel die Schwertschwebe. Normalerweise wird eine Dame in Hypnose auf die Schwerter gelegt, die Schwerter werden entfernt und wieder zurückgesetzt. Die Dame erwacht, und das Kunststück ist beendet. Aber ich habe diese Darbietung verlängert und umgestaltet, sodass jetzt die Dame noch in ein Tuch gewickelt wird, hochschwebt und anschließend verschwindet. Oder nehmen Sie das Kunststück mit der Kiste, aus der zuerst Tücher, dann Hühner und Gänse produziert werden und zum Schluss eine Dame erscheint. Dieses Kunststück, das in den Effekt mit dem Garten übergeht, soll das Vorhandensein und den Überfluss der Dinge zeigen, die der Mensch als Existenzgrundlage braucht. Dies ist mein Ziel.

U. R.: *Ich saß bei einer Vorstellung in einer Gruppe junger Leute, die bei diesem Effekt fragten: „Warum geht der Zauberer mit den Tieren so um, als würde er sie wegwerfen?"*

Juri Avjerino: Dies mache ich, damit man sieht, dass es lebende Tiere sind! Sicher ist es herzlos, Tiere so zu werfen, aber viel herzloser ist es, ihnen den Kopf abzuschlagen. Ich möchte zeigen, dass ich eine leere Schachtel habe und aus ihr lebendige Tiere hervorhole, die sich bewegen und flattern und bei denen es sich nicht um Attrappen handelt.

U. R.: *Wenn ich richtig informiert bin, stammt die Idee zu Ihrer Schluss-
nummer von einem Künstler namens* SCHAU. *Können Sie uns etwas über
diesen Mann erzählen?*

JURI AVJERINO: Das ist mein Lehrer gewesen! Er war ein großer Zauberer,
arbeitet aber nicht mehr als solcher, weil er inzwischen in Pension ist. Er
hat mich in alle Gebiete der Illusion eingeweiht. Gelegentlich ist er noch
als Regisseur im Zirkus tätig. Er hat einen sehr klugen Kopf, sodass er
heute noch für mich eine gute Hilfe ist. Wenn ich Probleme oder Schwierigkeiten habe, gewisse Dinge zu verwirklichen, dann wende ich mich an
ihn. Während des Zweiten Weltkriegs arbeitete er ebenfalls im Zirkus,
hatte es aber in dieser Zeit sehr schwer.

U. R.: *Welche Nummern aus Ihrem Programm würden Sie als „Original
Avjerino" bezeichnen?*

JURI AVJERINO: Selbstverständlich die Nummer mit den Schwertern und
die, bei der eine Frau in einem Umhang hochgezogen wird und dort dann
an ihrer Stelle Antoschka erscheint. Aber insgesamt liebe ich alle meine
Nummern. Sie sind bei mir nicht statisch, sondern es gibt immer kleine
Veränderungen. So hatten wir zu Anfang bei dem Effekt mit der überdi-
mensionalen Vase, in der Menschen verschwinden oder sich verwandeln
können, zwei Liliputaner dabei, aber inzwischen ist einer wieder nach
Moskau gereist, sodass wir alles ein wenig umstellen mussten. Innerhalb
von nur einer Woche haben wir dies bewerkstelligt. Das Publikum liebt
beide Varianten, obwohl ich die zweite für eindrucksvoller halte.

U. R.: *Bei uns ist es möglich, Tricks zu kaufen, teilweise nach Katalog, oder
aber sich Anregungen für neue Effekte in einer Fachzeitschrift zu holen.*

JURI AVJERINO: Bei uns gab es leider jahrzehntelang solche Möglichkeiten
nicht! Wir waren in dieser Hinsicht auf uns alleine gestellt. Wir bekamen
auch keine Zeitschriften, und wir hatten – zu meinem Bedauern – keine
Möglichkeit, uns großen Zauberkunst-Vereinigungen im europäischen
Rahmen oder global anzuschließen. Aber nach der Perestroika hat sich
bei uns sehr viel verändert. In welchem Land auch immer ich auftrete,
wenn ich erfahre, dass irgendwo in der Nähe ein Zauberkünstler arbeitet, versuche ich, ihn zu erleben. Denn immer wenn ich eine Nummer sehe, entstehen bei mir Gedanken und Denkanstöße für neue Tricks. Wenn
ich ein Programm sehe, bekomme ich eine innere Aufladung von Energie,
die dann zu einer Kette von Impulsen zur Entwicklung neuer Tricks führt.

U. R.: *Ihre Urgroßmutter war* O<small>LGA</small> S<small>UHR</small> *aus der Zirkusfamilie* S<small>UHR</small>-H<small>UET</small>-
TELIMANN. Haben Sie heute noch irgendwelche Beziehungen nach Deutschland?

J<small>URI</small> A<small>VJERINO</small>: Ich bin inzwischen die vierte Generation. Es ist leider die einzige Verbindung, die ich nach Deutschland habe. In alten Zeiten kamen sehr viele Deutsche nach Russland zum Zirkus. Unser Zirkus bestand damals nur zum geringsten Teil aus Russen. Die Ausländer blieben dann bei uns, gründeten Familien, bekamen Kinder, und aus einer dieser Familien stamme ich.

U. R.: *Gibt es bei Ihnen auch Frauen, die Zaubernummern präsentieren?*

J<small>URI</small> A<small>VJERINO</small>: Ja, es gibt einige, die auch schon seit Jahren auftreten, aber wenn ich ehrlich sein darf, sie sind noch nicht auf einem solchen Niveau wie K<small>IO</small> oder ich. Ich bin davon überzeugt, dass es für Frauen sehr schwierig ist, im Bereich der Illusionen zu arbeiten. Bis jetzt ist es mehr eine Domäne der Männer. Dies ist meine persönliche Meinung.

U. R.: *Die Zuschauer sind es nicht gewöhnt, eine Illusionistin zu sehen?*

J<small>URI</small> A<small>VJERINO</small>: Ich muss zugeben, dass ich, wenn ich eine Frau als Illusionistin sehe, nicht so sehr daran glaube, dass sie wirklich das vermag, was sie zeigt! In der Rolle einer Assistentin, wie zum Beispiel meine Frau, ist eine Dame sicher überzeugender.

Und ein anderer Aspekt ist vielleicht noch wichtig: Es gibt sehr gute Zaubertricks, die Hunderte von Jahren alt sind und die wohl nicht zu einer Frau passen. Ich kenne zum Beispiel eine Illusionistin, die einen Trick mit einem Regenschirm zeigt: Sie stellt ihn auf einen Balken und führt ein Etui darüber. Und dann ist der Schirm in kleine Stücke zerfallen. Dies ist ein sehr weiblicher Effekt.

Die Kunststücke eines männlichen Illusionisten zeugen mehr von seiner Macht, und ich bin der Meinung, dass dabei ein Mann glaubhafter ist. Außerdem kann eine Frau einen Mann nicht kopieren, weil dies widernatürlich wäre.

U. R.: *Wenn ich das richtig weiß, soll später einmal Ihre Nichte Ihre Nummer übernehmen. Wie sehen Sie dann dem entgegen?*

J<small>URI</small> A<small>VJERINO</small>: Das ist nicht richtig. Es ist der Mann meiner Nichte. Gerade das Kunststück mit den Schwertern ist für eine Frau nicht vorführbar. Das ist keine Frauenarbeit! Auch wäre das Kunststück so für das Publikum schwer verständlich.

U. R.: *Ich kenne Illusionisten, die einen Traum haben: Sie möchten einmal in ihrem Leben ohne viel Gepäck, ohne Assistenten ein Publikum eine Stunde lang unterhalten können. Möchten Sie das auch?*

JURI AVJERINO: Es ist sicher möglich, in einem Raum ohne große Apparate zu arbeiten, aber dies ist im Zirkus nicht denkbar. Ich entwickle Zauberkunststücke, die auch in so großen Hallen wie in Mannheim und Köln von den Zuschauern in der letzten Reihe gesehen werden können. Viele begehen den Fehler, Kunststücke zu zeigen, die man zwar im Familienkreis vorführen kann, aber nicht im großen Rahmen!

U. R.: *Mir ging es bei Ihrem Handschuh-Kunststück so. Wenn ich nicht gewusst hätte, dass ein Zuschauer die Handschuhe hat, ich hätte es nicht gesehen.*

JURI AVJERINO: Damit bin ich absolut einverstanden. Aber dies ist ein Zaubertrick, den man zeigen kann oder auch nicht. Es gibt im Zirkus Gesetze und Regeln, und dies ist ein Kunststück, das speziell für die Leute in den ersten Reihen gedacht ist. Sie haben einen hohen Eintrittspreis bezahlt, und das Kunststück ist für sie ein spezielles Ereignis! Wenn mein Programm nur aus Nummern mit kleinen Requisiten bestehen würde, wäre es für die Zuschauer nicht mehr interessant.

U. R.: *Lassen Sie uns einen Blick in die Zukunft werfen. Wie wird sich die Zauberei weiterentwickeln?*

JURI AVJERINO: Ich denke sehr viel darüber nach und meine persönliche Meinung ist, dass die Holographie einen großen Platz in der Illusion einnehmen wird. Sie dürfte für Illusionisten unbegrenzte Möglichkeiten eröffnen. Leider ist sie bisher noch nicht so weit entwickelt, sie steckt noch in den Kinderschuhen. Die größte Darstellung ist bisher 1,50 Meter. Holographie wäre ein neues Element, welches als Hilfsmittel sehr hilfreich sein könnte. Aber insgesamt vermute ich, dass die Illusion die Form eines Schauspiels bekommt. Und ich denke daran, ein historisches Programm zu entwickeln, das die Entwicklung der Zauberkunst von den alten Zeiten bis heute zeigt.

Im Augenblick arbeite ich an einer Illusion, in der ich die zeitgemäße Mode mit der Illusion verbinde. Bisher habe ich sie erst zweimal gezeigt, aber das Publikum war ganz begeistert. Das Problem ist, dass ich sie nicht weiterentwickeln konnte, weil ich immer auf Auslandstournee bin und dafür einmal drei Monate an einem Ort sein müsste. Der Trick ist sehr interessant, und ich habe auch keine Angst, dass ihn irgendjemand kopiert, weil jetzt alle wissen, dass JURI AVJERINO ihn erfunden hat. Stellen Sie sich bitte eine 3,5 Meter lange, schmale Kiste vor, die auf hohen Rollen in die Manege geschoben wird. Es ist für die Zuschauer deutlich, dass unter der Kiste nichts verborgen ist. Sie wird in der Hälfte aufgeklappt, und die Zuschauer können sehen, dass auch in der Kiste nichts ist.

Es kommen acht bis zehn hübsch angezogene Mädchen in die Manege, sie tragen alle das gleiche Kleid. Rechts und links sind Leitern, und die Mädchen steigen – eines nach dem anderen – in den Apparat. Seitlich kann man durch einen Schlitz ihre Arme sehen, und oben schauen ständig ihre Köpfe heraus. Die Mädchen laufen durch den Kasten erneut in die Manege, und anstelle der roten Kleider tragen sie plötzlich weiße. Sie bilden einen Kreis, gehen weiß gekleidet wieder in den Kasten und kommen in blauer Kleidung heraus. Das wiederholt sich fünf oder sechs Male! Dies ist eine sehr effektvolle Nummer. Das Publikum erfreut sich an den schönen Kostümen und ist erstaunt über die schnelle Umkleideaktion. Verbunden mit einer guten Musik und entsprechenden Tanzbewegungen ergibt sich daraus ein schöner, neuer Zaubertrick. So sehe ich die neuen Illusionen von morgen!

U. R.: *Sie hatten eben schon einen Wunsch: mehr mit anderen Zauberkünstlern in Kontakt zu kommen. Wenn Ihnen eine gute Fee zwei weitere Wünsche gewähren könnte, was würden Sie sich wünschen?*

JURI AVJERINO: Einmal würde ich mir wünschen, dass ich meine Künste noch weiter zur Perfektion bringen kann, und dann selbstverständlich Gesundheit und ein langes Leben. Mehr Wünsche habe ich nicht.

U. R.: *Wenn ein junger Kollege, der gerne auch eine Illusionsschau präsentieren möchte, Sie um Rat fragen würde, welche Tipps gäben Sie ihm?*

JURI AVJERINO: Der erste Rat, den ich ihm geben würde, wäre: Werde Artist! Dann sollte er eine gute Körperhaltung haben, eine gute Erscheinung sein, damit er in jedem Kostüm auftreten kann. Und er sollte den Frauen gefallen! Dies ist im Bereich der Illusion sehr wichtig. Außerdem müsste er sich sehr gut in Geometrie sowie in Physik auskennen. Und zeichnen müsste er können, denn nur dann könnte er seine Geräte selbst entwerfen. Selbstverständlich muss er außerdem noch sehr belesen sein. Es ist auch wichtig, dass er nicht am heutigen Tag kleben bleibt, sondern immer schon an übermorgen denkt. Er muss die Zeit überholen!

U. R.: *Herzlichen Dank, HERR AVJERINO, für das interessante Gespräch.*

Arbeitsblatt zur Bearbeitung
des Interviews

Welche Tätigkeiten hatte JURI AVJERINO,
bevor er Illusionist wurde?

Worin bestehen die besonderen Probleme,
wenn man in einem Zirkus zaubert?

Welche Kenntnisse soll seiner Meinung nach jeder Zauberkünstler
haben?

Welche Bedeutung hat die Schauspielkunst für einen Zauberkünstler?

Was muss der Zauberkünstler bei der Präsentation der Kunststücke
beachten?

Warum soll die Nichte nicht die Illusionsshow von JURI AVJERINO
übernehmen?

Welche Art von Kunststücken ist nach AVJERINOS Meinung „weiblich",
welche „männlich"?

Welche Rolle können nach AVJERINOS Meinung Frauen in einer
Zaubershow übernehmen?

Warum können nach Meinung von JURI AVJERINO Frauen keine
Zauberkünstlerinnen sein? Wie denkst du darüber?

Schätze, wie alt HERR AVJERINO sein könnte.

Was sagt HERR AVJERINO über die Bedingungen, unter denen die
Zauberkünstler in der ehemaligen Sowjetunion aufgetreten sind?

12 Zaubern als Projekt oder Arbeits- gemeinschaft

Im Rahmen der Zauber-Fundgrube ist bis zu dieser Seite deutlich geworden, wie vielfältig Zaubertricks pädagogisch eingesetzt werden können. Neben der Bereicherung des Fachunterrichts zur Illustration und Verdeutlichung von fachlichen Lerninhalten kann auch im Rahmen einer Projektwoche oder einer regelmäßigen Arbeitsgemeinschaft Zaubern gelernt werden. Zaubern zum Entspannen, als sinnvolle Freizeitbeschäftigung oder aus Spaß und Neugier: Dies können Motive für ein solches Vorhaben sein.

Aber ich möchte gleich mit einer Warnung beginnen: Zaubern zu lernen ist nicht einfach und Zaubern zu lehren noch viel weniger. Nicht nur die Planung des Projektes, sondern auch die Zusammenstellung der Materialien nimmt einige Zeit in Anspruch. Aber dieser Aufwand rentiert sich meiner Erfahrung nach, weil man nicht nur ein interessantes Projekt verfolgt, sondern am Ende der Projektwoche in einem kleinen öffentlichen Auftritt auch die Ergebnisse vorzeigen kann. Der gemeinsame Auftritt ist das Ziel der Gruppe, und dies wird meist als motivierend empfunden.

Bei der Ausschreibung des Projektes ist darauf achten, dass die Arbeitsgruppe altersmäßig nicht zu weit divergiert und dass die Teilnehmerzahl überschaubar bleibt. Letzteres ist notwendig, weil Sie damit rechnen müssen, dass Sie bei einzelnen Kunststücken jedem Zauberlehrling einzeln das Kunststück erklären und mehrmals die richtige Ausführung zeigen müssen. Acht bis zehn Teilnehmerinnen und Teilnehmer scheinen mir bei *einem* Leiter die Obergrenze zu sein. Bei der Ausschreibung soll auch angegeben werden, was jeder Zauberlehrling mitbringen muss: Neben den kunststückabhängigen Bastelmaterialien gehört unter allen Umständen eine kleine Kiste, ein Pappkoffer oder etwas Ähnliches dazu. Dieser dient zur Aufnahme der Zauberutensilien.

Wenn es in Ihrer Schule üblich ist, dass alle Projektleiter vor Beginn ihr Projekt vorstellen, dann zeigen Sie einige Kunststücke, die im Kurs erlernt werden. So können sich die Interessenten ein ungefähres Bild davon machen, was sie erwartet. Bei dieser Gelegenheit (und wenn es nur schriftliche Ausschreibungen gibt, dann dort) sollte unbedingt darauf hingewiesen werden, dass es um das Erlernen von Tricks geht, nicht um einen Geheimnis*verrat*. Wer also nur wissen will, wie ein Zaubertrick funktioniert, aber nicht die Mühen des Lernens auf sich nehmen will, der ist in der Zauber-AG falsch. Wer einige wenige Kunststücke lernen will, damit er sie perfekt vorführen kann, der ist dagegen herzlich willkommen.

Im Folgenden finden Sie eine Anregung, wie man eine Projektwoche mit fünf Unterrichtstagen und jeweils mindestens drei Zeitstunden (zuzüglich einer oder mehrerer Pausen) gestalten kann. Dies kann nur eine Anregung bleiben, weil je nach Altersstufe und Fähigkeiten das Programm zugeschnitten werden muss. Dies betrifft vor allem die Auswahl der Kunststücke. Ziel des Projektes sollte ein gemeinsamer „öffentlicher" Auftritt sein. Nach einer ersten groben Übersicht, wie ein solches Projekt gestaltet werden kann, folgen einige Stichworte, über die man sich im Rahmen der Planung einer Zauber-AG oder eines Projektes Gedanken machen muss. Schließlich gibt es eine genaue Beschreibung der Inhalte der einzelnen Arbeitstage.

Der Arbeits- und Zeitplan kann folgendermaßen aussehen:

1. Tag
Herstellen und Gestalten von Hilfsmitteln wie Zauberstab, Zauberkasten, Zaubersalz, Erlernen des ersten einfachen Kunststücks. Kennenlernen der Zauberregeln; am Ende sollte jeder ein Kunststück vorführen können (z. B. Der springende Gummiring, siehe S. 50) und ein Erfolgserlebnis haben.

2. Tag
Vorführen des ersten Tricks vor Publikum. Zwei weitere Kunststücke erarbeiten: eines mit Bastelaufwand (Find the Lady, siehe S. 118), eines mit Übungsaufwand (mittlerer Schwierigkeitsgrad!) wie das Strohhalm-Mirakel (siehe S. 94). Übungsgruppen bilden, die sich gegenseitig die Kunststücke vorführen.

3. Tag
In den Übungsgruppen führt jeder jedes der drei bisher gelernten Kunststücke vor und bekommt ein Feedback. Dann sucht sich jeder ein neues Kunststück von diesen drei aus: Kunststück mit Publikumsbeteiligung (Tue, was ich tu!, siehe S. 64 oder Meine Vorhersage, siehe S. 55); einfaches Kunststück (Zwei-Hand-Knoten, siehe S. 68); zu dem Kunststück der Wahl wird ein eigener Vortrag erfunden.

4. Tag
Die Lehrkraft führt alle bisher erlernten Kunststücke vor, danach jeder Schüler eines nach eigener Wahl; zwei neue Kunststücke erarbeiten (Zauberkasten, siehe S. 132 und Rechenmedium, siehe S. 77) ; Zusammenstellen eines Programms für die Schlussvorstellung (Tricks, Personen und Reihenfolge): Hausaufgabe: das ausgewählte Kunststück trainieren.

5. Tag
Teilen der Gruppe: Proben und Generalprobe (Gruppenmitglieder spielen Publikum). Diejenigen, die nicht auftreten, gestalten Plakate, Hand- und Programmzettel, eventuell sogar ein Bühnenbild.

6. Tag
Große Galavorstellung

Ein paar allgemeine Hinweise zur Planung des Zauberprojektes
Schwierigkeitsgrad
Das Programm sollte so aufgebaut sein, dass als erstes ein sehr einfaches Kunststück gelehrt wird. Dieses Erfolgserlebnis macht es dann in der zweiten Einheit möglich, ein etwas komplizierteres zu lernen, weil die meisten Kinder mit diesem Kunststück dann auch Erfolg haben wollen und deshalb bereit sind, Mühen auf sich zu nehmen. Ich würde das schwierigste Kunststück am zweiten Tag bringen, weil man dann noch drei Tage Zeit hat, es immer wieder zu üben, bis es bei allen sitzt. Außerdem kann es nur noch besser werden, weil man den Berggipfel schon erreicht hat. Als Auflockerung können immer Kunststücke eingebaut werden, die vor allem aus Bastelarbeiten bestehen. Dieser Wechsel sollte beibehalten werden: jeden Tag ein Kunststück zum Basteln und eines mit fertigen Requisiten, das besonders gut geübt werden muss.

Lerngruppen
Zaubern lernen kann man nicht allein. Man braucht die Rückmeldung eines Zuschauers, der – wörtlich gesehen – aus einer anderen Perspektive das Kunststück sieht und eine qualifizierte Rückmeldung geben kann. Deshalb von Anfang an Lerngruppen bilden, die sich gegenseitig das Kunststück vorführen und ein Feedback geben. Um den Zauberlehrlingen diese Aufgabe zu erleichtern, kann zu Beginn des Kurses ein Schema an die Tafel geschrieben werden, nach welchen Punkten und in welcher Reihenfolge das Feedback gegeben werden soll. Beispielsweise:
a) Mir hat gut gefallen …
b) Zur Technik möchte ich sagen …
c) Zum Vortrag/zur Präsentation möchte ich sagen …
d) Ich habe noch folgenden Vorschlag ….

Zauberstab
Der Zauberstab ist ein altertümliches Requisit, welches traditionell zur Ausstattung eines jeden Zauberers gehört. Er ist quasi das Erkennungszeichen. Aber darüber hinaus kann er auch noch tricktechnisch verwendet werden. Wenn man beispielsweise einen kleinen Gegenstand in einer Hand verborgen halten will, kann man das durch einen Zauberstab, den man in der gleichen Hand hält, besser kaschieren. Die etwas unnatürlich geschlossene Hand bekommt so eine Aufgabe. Zauberstäbe können sehr einfach aus einem Rundholz mit einer Länge von zwanzig bis dreißig Zentimeter mit Far-

be oder Klebefolie hergestellt werden. Durch die vielfältigen Gestaltungsmöglichkeiten – Zauberstäbe müssen nicht immer schwarz mit weißen Enden sein – kann jedes Kind seinen individuellen Zauberstab bekommen. Bei der Gestaltung ist zu denken an: Dekoration mit Glimmer oder mit Spiegelfolie, Anbringen von Seidenbändern, die beim Bewegen des Stabs (der Zauberbewegung) munter in der Luft flattern usw. Zauberstäbe können auch für eigenständige Tricks eingesetzt werden (siehe S. 144 und S. 158).

Kleidung

Der Zauberer wird in der Regel auch mit einer bestimmten Kleidung in Verbindung gebracht: Zauberhut (Spitzhut oder Zylinder), wallendes Gewand usw. Auch wenn heute kaum ein Profi-Zauberkünstler diesem Klischee entspricht (Copperfield trägt Lederjacken …), macht es gerade kleinen Kindern Spaß, auch ein Zauberkostüm zu basteln und sich zu verkleiden. Für jüngere Kinder wird damit die Ebene der Fantasie, die in der Zauberkunst steckt, besonders betont.

Bei manchen Tricks ist es notwendig, dass ein Gegenstand schnell (und gelegentlich auch heimlich) aus der Tasche genommen oder dort hineingesteckt werden kann. Dies sollte bei der Auswahl der Zauberkleidung, in der ein Auftritt absolviert wird, immer bedacht werden. In einem Zauberumhang oder einer Zauberjacke sind darum große, weite Taschen für Zauberer immer von Vorteil.

Zauberregeln

Jeder Zauberkasten, jedes Zauberbuch (welches für die Öffentlichkeit geschrieben wurde) beginnt mit einer Sammlung von Zauberregeln. Neben dem Verbot des Geheimnisverrats werden in solchen Regeln noch einige nützliche Hinweise für Anfängerinnen und Anfänger gegeben. Auf Seite 206 finden Sie eine Kopiervorlage mit möglichen Regeln. Einige davon sollten bereits zu Beginn des Kurses mit den Schülern besprochen werden (Geheimnisverrat, gutes Üben …), weil sie zu den Voraussetzungen der Zauberkunst gehören. Andere, die sich vor allem mit der konkreten Vorführpraxis beschäftigen (kein Publikum von hinten; Kunststücke nicht wiederholen; nicht vorher sagen, was man machen will …), werden immer dann besprochen, wenn an einem konkreten Kunststück für alle der Sinn deutlich wird. Hier einige Begründungen zu den einzelnen Regeln:

1. *Verrate nie ein Trickgeheimnis!* Die Zauberkunst funktioniert nur dann, wenn es das Trickgeheimnis gibt. Die Zuschauer dürfen nicht wissen, wie

ein Trick funktioniert. Gegen den Trickverrat spricht: Die Zuschauer werden enttäuscht und das Kunststück kann nicht mehr vorgeführt werden. Auch nicht von anderen Zauberkünstlern! Dieser Regel kann man hinzufügen: „absichtlich und unabsichtlich".

2. *Führe nur die Tricks vor, die du wirklich perfekt beherrschst!* Die größte Gefahr, einen Trick zu verraten, besteht darin, dass man schlecht geübt hat und so die Zuschauer das Geheimnis erkennen können. Üben, üben und noch einmal üben, dies sind die drei wichtigsten Ratschläge, die man geben kann. Ein Kunststück erst dann vorführen, wenn man es einem Kollegen gezeigt und er sein Okay gegeben hat. Lieber ein einfaches Kunststück perfekt vorführen als ein schwieriges fehlerhaft! Stellen Sie für jedes Kunststück einen Zauber-Vorführschein aus! Erst wenn ein Schüler diesen Schein nach erfolgreicher Präsentation im Kurs erhalten hat, darf er das Kunststück öffentlich vorführen!

3. *Wiederhole kein Kunststück (es sei denn, dies ist bei dem Kunststück ausdrücklich vorgesehen!)* Wenn die Zuschauer schon wissen, was als Nächstes passieren wird, achten sie auf Einzelheiten, anhand derer sie das Trickgeheimnis entschlüsseln könnten. Deshalb sollten die meisten Kunststücke nicht zweimal vor dem gleichen Publikum gezeigt werden. Zu dieser Regel gibt es einige wenige Ausnahmen (zum Beispiel das Farben-Domino auf Seite 99), die erst dann überraschend wirken, wenn das Kunststück mehrmals vorgeführt wird. Diese Ausnahmen sind aber immer deutlich gekennzeichnet.

4. *Kündige nie vorher an, was du als Nächstes machen wirst!* Jedes Kunststück lebt von der Überraschung. Deshalb sollte man vorher nicht ankündigen, was man als Nächstes macht. Außerdem erhöht es die Gefahr, dass die Zuschauer leichter herausfinden können, wie das Trickgeheimnis funktioniert. Es ist auch kein guter Vortrag, wenn man beispielsweise sagt: „Jetzt lasse ich ein rotes Tuch verschwinden." Das können die Zuschauer ohnehin sehen.

5. *Lasse keine Zuschauer neben oder hinter dir sitzen.* Gerade für Anfänger ist es nicht gut, wenn die Zuschauer seitlich oder hinter dem Künstler sitzen. Die klassische, frontale Theaterbestuhlung ist ideal, weil man dann als Künstler nur in eine Richtung zaubern muss. Seitlich oder im Rücken sitzende Zuschauer können Dinge sehen, die sie nicht sehen sollen.

6. *Licht soll immer von vorne und nie von hinten kommen.* Lichtquellen, und dazu gehören auch Fenster, die hinter dem Künstler sind, stören in zweifacher Weise: Die Zuschauer werden geblendet und können die Vorgänge

auf der Bühne nur mit Mühe verfolgen. Und es besteht die Gefahr, dass „unsichtbare Präparationen" durch Licht von hinten auf einmal sichtbar werden.

7. *Zeige ein Zauberkunststück nur dann, wenn die Zuschauer es sehen wollen!* Zauberkünstler können sich sehr schnell unbeliebt machen, wenn sie zu jeder Gelegenheit ein Kunststück zeigen wollen. Man hat etwas Neues gelernt und ist begierig, es „öffentlich" zu zeigen. Man will ausprobieren, wie normales Publikum auf den Effekt reagiert. Aber manchmal wollen Leute keinen Trick sehen und empfinden es deshalb als aufdringlich und reagieren entsprechend. Lieber auf eine passende Gelegenheit warten, bis die Zuseher wirklich Lust haben, etwas zu sehen. Und dann ist der Erfolg umso größer.

8. *Führe gleichartige Kunststücke nicht in derselben Vorstellung vor!* Damit sich die Zuschauer nicht langweilen, gleichartige Kunststücke, also solche mit einem ähnlichen Effekt oder mit gleichartigen Requisiten, nicht in derselben Vorstellung zeigen. Abwechslung erfreut!

9. *Pflege deine Requisiten und Hilfsmittel: Sie sollen immer sauber und ordentlich aussehen.* Zaubern ist ein optisch-ästhetischer Genuss. Deshalb sollten die Zuschauer auch etwas Schönes zu sehen bekommen. Dazu gehören saubere und gepflegte Requisiten. Die Hände sind übrigens die wichtigsten Requisiten des Zauberers.

10. *Eine Zaubervorstellung soll nur so lang dauern, dass die Zuschauer am Ende sagen: „Schade, dass es schon vorbei ist!" und nicht: „Endlich ist es vorbei!"* Man sollte aufhören, wenn es am schönsten ist. Wenn die Zuschauer Lust haben, sich irgendwann eine neue Vorstellung anzusehen, dann hat man alles richtig gemacht.

Diese Regeln stellen nur eine Auswahl dar. Sie können bei Bedarf noch erweitert und ergänzt werden. Zum Beispiel mit: *11. Beschimpfe nie dein Publikum! 12. Versuche keinen anderen Zauberkünstler nachzumachen 13. Wenn ein Trick schief geht, dann ... usw.*

Trickauswahl

Welche Kunststücke in einem Zauberkurs gelehrt und gelernt werden, ist vor allem von den Fähigkeiten der Teilnehmer abhängig. In der Zauber-Fundgrube finden Sie mit fast vierzig Tricks ausreichend Material, um einen ersten Kurs selber zusammenzustellen.

Die folgende, genauere Beschreibung der Projekttage gibt nicht nur an, welche Tricks verwendet werden können, sondern auch, was im Umfeld der Zaubertricks innerhalb der einzelnen Zaubertage bearbeitet werden kann oder muss. Die einzelnen Punkte werden stichwortartig aufgezählt und, wenn es nötig erscheint, mit kurzen Erklärungen versehen:

1. Tag

Ausgangssituation

Erstes Zusammentreffen der Zauberlehrlinge; unterschiedliche Erwartungen und (vielleicht auch) Befürchtungen sind im Raum und sollten aufgegriffen werden; nicht alle Teilnehmerinnen und Teilnehmer kennen sich. Wenn der Kurs offen ausgeschrieben wurde, ist der Zauberlehrer unter Umständen auch nicht allen gut bekannt. Einige Kinder haben bereits ein wenig Zaubererfahrung, andere keine. Alle Teilnehmer haben die notwendigen Materialien, wie vorher aufgelistet, mitgebracht (Materialien für die Tricks, Bastelmaterial, einen Koffer oder Karton zur sicheren Aufbewahrung der Requisiten, Schreibzeug, Block für Notizen).

Vorzubereiten sind

Genügend Exemplare des Zaubervertrags mit den Zauberregeln, den Rechten und Pflichten. Jedes Kind wird am Ende des Tages einen solchen Vertrag unterschreiben. Gummiringe für den ersten Trick „Der springende Gummiring" in ausreichender Menge; alles Nötige für eine kleine Vorführung der Tricks, die gelernt werden, und solcher, die nicht erklärt werden.

Die Schritte

Begrüßung der Teilnehmer durch den Leiter; Vorführung der ersten Kunststücke durch den Leiter; Vorstellrunde der Teilnehmer: Es wird ein Zauberstab herumgereicht, derjenige, der ihn in der Hand hält, stellt sich vor und gibt ihn dann an den Nachbarn weiter. Neben Name und Klasse sollten in der Vorstellrunde auch genannt werden: erste aktive oder passive Erfahrungen mit Zaubern, Wünsche an den Kurs und wenn es die Atmosphäre zulässt, auch welche Befürchtungen man hat. Wenn eine Vorstellung am Ende der AG geplant ist, sollte dies bereits jetzt genannt werden.

„Der springende Gummiring" (siehe S. 50) wird vorgeführt. Bevor den Kindern das Geheimnis verraten wird, werden einige Regeln für den Zauberkurs genannt, auf ein großes Papier geschrieben, besprochen und von allen als „Zaubervertrag" unterschrieben. Das Erklärungsverbot gehört als eine der ersten Regeln dazu. Danach wird das Kunststück erklärt, es werden die Gummis ausgeteilt und die Kinder können mit dem Proben beginnen.

Für das Üben gibt es prinzipiell zwei unterschiedliche Wege: Entweder versucht jeder Teilnehmer eigenständig die einzelnen Schritte zu erlernen und wendet sich nur bei Fragen an den Zauberpartner oder den Kursleiter. Oder die Gruppe übt gemeinsam den Trick Schritt für Schritt ein. Beide Methoden haben Vor- und Nachteile. Die erste Methode ermöglicht vor allem das Aneignen des Kunststücks in individuellen Lernschritten. Positive und negative Lernerfahrungen sind sehr persönlich. Eine Gefahr besteht darin, dass einzelne Teilnehmer unbemerkt aussteigen, weil sie nicht mehr weiterwissen.

Die zweite Methode bietet relativ schnelle Lernfortschritte in der Gruppe. Hierfür sind allerdings nur solche Kunststücke geeignet, die aus einer überschaubaren Menge einzelner Handgriffe bestehen. Von Nachteil ist hier, dass die Linkshänder den Anweisungen für Rechtshänder folgen müssen. Außerdem steht der Kursleiter, der der gesamten Gruppe etwas erklärt, frontal zu ihnen. Die Kinder sehen also den Trick aus Zuschauersicht, obwohl sie es aus der Sicht des Vorführenden nachmachen müssen.

Ideal sind zwei Zauberlehrer im Raum: Während der eine erklärt und vormacht, geht der andere umher und kontrolliert bzw. hilft den Schülern.

Nun wird den Teilnehmern noch erklärt, was der Zauber-Vorführschein ist. Dann geht es in die wohlverdiente Pause.

Nach der Pause wird der Trick mit den Gummiringen zur Erinnerung noch einmal aus Künstler- und Zuschauersicht vorgeführt. Dann Basteln eines Zauberstabes (wenn er mit Farbe bemalt wird, muss er noch trocknen, sodass er erst am nächsten Tag einsetzbar ist). Wer fertig ist, kann das Kunststück weiter üben und es den Nachbarn zeigen. Ergänzen der Zauberregeln auf dem Plakat, jeder unterschreibt auf seinem persönlichen Zaubervertrag. Vorführen des Tricks von allen Teilnehmern vor der gesamten Gruppe. Hinweis darauf, dass der erste Zauber-Vorführschein beim nächsten Treffen erworben werden kann.

Reflexionsrunde
Zweck der Reflexion am Ende jeder Zaubereinheit ist es, die Erfahrungen in der Gruppe zu verbalisieren und daraus Rückschlüsse für den weiteren Kurs

zu ziehen. An dieser Stelle können dann auch Frustrationen aufgefangen werden. Das gegenseitige Erzählen, was schwierig, was leicht gefallen ist, ermutigt und macht deutlich, dass frustrierende Erfahrungen bei allen vorkommen. Es ist also kein persönliches Versagen, wenn ein Griff besonders viel Mühe machte. Ebenso spornt es an zu hören, wenn jemand davon berichtet, wie er eine schwere Hürde endlich geschafft hat. Und nicht zuletzt können Tipps weitergegeben werden, die einen Trickhandgriff leichter machen.

Folgende Fragen sollten in jeder Reflexionsrunde von jedem Teilnehmer beantwortet werden:

- Was ist mir heute leicht gefallen?
- Was ist mir schwer gefallen?
- Was hat mich besonders überrascht?

Zusätzlich können diese Fragen je nach Bedarf noch thematisiert werden:

- Was möchte ich zu Hause für das Zaubernlernen tun?
- Wie ging es mir, als ich bei der Vorführung vor der Gruppe an diesem Trick gescheitert bin?
- Möchte ich lieber allein oder mit einem Zauberpartner lernen?
- Dieser Trick hat mich besonders enttäuscht/überrascht/gefordert, weil …

Zum Abschluss dieses Tages führt der Lehrer das Kunststück vor, das beim nächsten Mal erlernt wird.

2. Tag

Ausgangssituation

Die Kinder kennen bereits ein Kunststück, dürfen es aber noch nicht außerhalb der Zaubergruppe vorführen. Es fällt ihnen schwer, das Geheimnis zu bewahren und der Versuchung oder dem Drängen zu widerstehen, das Kunststück doch schon öffentlich vorzuführen.

Vorzubereiten sind

Zauber-Vorführschein für alle Teilnehmer, Kopie einer Trickbeschreibung zum selbstständigen Lernen, Material für den nächsten Trick.

Schritte

Dieser Tag sollte mit einer Begrüßungsrunde beginnen, in der die Erfahrungen vom Tag zuvor noch einmal angesprochen werden können, vor allem, wie sich die Zauberlehrlinge zu Hause gefühlt haben, als sie allein ihren Trick weiterüben wollten: Wie war der erste Tag als Zauberlehrling? Welches Gefühl ist es, etwas zu können, aber nicht vorführen zu dürfen? Etwas zu wissen, es aber nicht verraten zu dürfen? Gab es beim Üben Schwierigkeiten? Zu jedem Kunststück gehören viele wichtige Kleinigkeiten, die schnell vergessen werden. Zu Hause weiß man noch die meisten Handbewegungen, aber dann fehlt ein Detail und man kommt nicht mehr weiter.

Die Kinder mussten bis jetzt auch die Spannung aushalten, noch keinen Trick öffentlich vorzuführen. Vor allem die Eltern oder Geschwister möchten gern etwas sehen und sie selbst sind auch gespannt, wie der Trick wohl gelingen wird. Darum muss als zweites Thema für die Begrüßungsrunde des zweiten Tages besprochen werden, wie man den Zauber-Vorführschein bekommen kann (Präsentation des Kunststücks vor der Gruppe, Beurteilung durch die Gruppe, ob dies schon öffentlichkeitsreif war, oder Tipps, was bei der Darbietung verbessert werden kann. Für jeden Trick darf man nur einmal während eines Termins versuchen, den Zauber-Vorführschein zu erwerben). Dann folgt das Vorführen des ersten Tricks vor Publikum. Zwei neue Kunststücke folgen: eines mit Bastelaufwand (Find the Lady, siehe S. 118), eines mit Übungsaufwand (mittlerer Schwierigkeitsgrad!) wie das Strohhalm-Mirakel (siehe S. 94). Bilden von Übungsgruppen, die sich gegenseitig die Kunststücke vorführen und Hilfestellung beim Einstudieren geben. Diese Lernpartnerschaften können/sollen sich auch außerhalb der Gruppe bei Tricks helfen. Wer mag, kann ein Kunststück zu Hause alleine einstudieren. Dafür gibt es eine Gebrauchsanleitung zum Mitnehmen.

Reflexionsrunde
In der Reflexionsrunde für diesen Tag sollte neben den oben genannten Fragen der Geheimnisverrat durch herumliegende Trickgeräte, Anleitungen, Bücher usw. besprochen werden. Zum Abschluss zeigt der Zauberlehrer einen Trick vom nächsten Tag, der noch nicht erklärt wird.

3. Tag

Ausgangssituation
Die Kinder haben jetzt einige leichte und ein etwas schwierigeres Kunststück gelernt. Spätestens nach diesem Treffen sollte jedes Kind für mindestens einen Trick eine Vorführerlaubnis bekommen. Diejenigen, die nach Anleitung ein Kunststück erlernen wollten, werden zu Beginn des Treffens Hilfe

benötigen oder aber ihren Erfolg vorweisen wollen. Wenn eine öffentliche Vorstellung geplant ist, dann ist es jetzt an der Zeit, an die Planung (Trickauswahl in erster Linie) zu denken. Schwerpunkt ist heute: Kunststücke mit Publikumsbeteiligung.

Vorzubereiten sind
Aufstellung der Kunststücke, die bei einer öffentlichen Vorführung vorgeführt werden könnten. Die Gruppe entscheidet dann anhand dieser Liste, welcher Trick als nächster einstudiert werden soll.

Schritte
Begrüßungsrunde: Wie ging es mit den neuen Kunststücken? Wie war die erste öffentliche Vorstellung der Kinder mit Zauber-Vorführschein? Was ist dabei anders als in der Gruppe? Was ist ähnlich? Wie haben die Zuschauer reagiert? Wie habe ich mich nach der Vorführung gefühlt? Was werde ich beim nächsten Mal bedenken?

Die Gruppe – nicht der Lehrer alleine – versucht, Fragen über die bisher gelernten Tricks zu beantworten und Hilfestellung zu geben. Möglichkeit geben, eine Vorführerlaubnis zu erwerben. Zwei Kunststücke mit Publikumsbeteiligung (Tue, was ich tu!, siehe S. 64 oder Meine Vorhersage, siehe S. 55) und ein einfaches Kunststück (Zwei-Hand-Knoten, siehe S. 68) werden einstudiert. Dabei kommt es nicht nur auf das Technische an, sondern auch, wie man es präsentiert. Was sage ich zu dem Publikum, wie binde ich die Zuschauer in das Geschehen ein? Zu einem Kunststück nach Wahl soll ein eigener Vortrag erfunden werden. Dieser sollte mindestens stichwortartig aufgeschrieben werden. Wenn eine große Abschlussvorstellung geplant ist, soll jeder in der Freizeit mindestens ein Kunststück bis zur Vorführreife einüben.

Reflexionsrunde
In der abschließenden Reflexionsrunde sollte auch über diese Vorstellung gesprochen werden: Wer möchte auftreten? Wer möchte welche anderen Arbeiten übernehmen? Wie fühlt man sich bei dem Gedanken an den öffentlichen Auftritt? Es ist eine wichtige Zaubererfahrung, dass Lampenfieber vor dem Auftritt dazugehört und jeden trifft.

4. Tag

Ausgangssituation

Die große Vorführung rückt näher, und der Wunsch wächst, immer mehr neue Kunststücke zu erfahren. Manchmal wird dadurch der mühsame, aber notwendige Feinschliff an einzelnen Kunststücken vergessen. Zaubern heißt aber, ein Kunststück immer wieder zu üben, um es zu perfektionieren oder um die Perfektion zu bewahren.

Vorzubereiten sind

Bei Bedarf ein Dramaturgieblatt für die Abschlussvorstellung. Dort wird in vier Spalten (Kunststück, Vorführender, Requisiten, Besonderheiten für Bühne usw.) das Programm zusammengestellt. Die Namen der Auftretenden werden erst nach dem fünften Treffen endgültig eingetragen.

Schritte

Die Lehrkraft führt alle bisher erlernten Kunststücke vor; jeder Schüler dann eines nach eigener Wahl. Es gibt zwei neue Kunststücke (Zauberkasten, siehe S. 132 und Rechenmedium, siehe S. 77). Zusammenstellen eines Programms für die Schlussvorstellung (Tricks, Vorführende und Reihenfolge). Hausaufgaben: das ausgewählte Kunststück trainieren. Im Laufe des Tages Möglichkeit geben, den Zauber-Vorführschein für ein Kunststück zu erwerben.

Reflexionsrunde

In der Reflexionsrunde wird die Abschlussvorstellung sicher eine Rolle spielen. Daneben können die Gedanken bereits in die Zukunft schweifen: Wie soll das Zaubern für die Teilnehmer weitergehen? Wird es eine wöchentliche Arbeitsgemeinschaft geben? Wer zaubert selbstständig mit Zauberkasten und Zauberbuch weiter? Es macht Sinn, diese Fragen nicht am letzten Tag, sondern am vorletzten zu besprechen, denn der letzte Tag ist mit den Proben und Vorbereitungen für die Schlussvorstellung meist so hektisch, dass dafür keine Zeit mehr bleibt. Außerdem können manche Wünsche, die für den letzten Zaubertag geäußert werden (z. B. weitere Zauberbücher oder -kästen kennen zu lernen), noch vorbereitet und berücksichtigt werden.

5. Tag

Ausgangssituation
Die Energien und die Zeit werden sich naturgemäß auf die Abschlussvorstellung hin orientieren. Auch diejenigen, die nicht aktiv auftreten, sollten einen Anteil an dieser Vorstellung haben und bei dem großen Schlussapplaus auch auf der Bühne stehen.

Vorzubereiten sind
Kunststück, das der Zauberlehrer selbst bei der Vorstellung vorführen will. Er führt es einmal in der Gruppe und bei der Generalprobe vor und unterwirft sich damit auch dem Feedback der Gruppe.

Schritte
Teilen der Gruppe: Proben und Generalprobe; Kinder, die nicht selbst auftreten, schauen sich das Programm an und übernehmen die Zuschauerrollen bei einzelnen Kunststücken. Spätestens die Generalprobe sollte auf der richtigen Bühne stattfinden, damit die Künstler ausprobieren können, wo und wie sie sich dort bewegen, und sich an das Gefühl gewöhnen, vor besetzten Stuhlreihen zu agieren. Kinder, die nicht auftreten, gestalten die Plakate, Hand- und Programmzettel und kümmern sich eventuell sogar um ein wirkungsvolles Bühnenbild. Letzte Möglichkeit, einen Zauber-Vorführschein zu erwerben.

6. Tag

Große Galavorstellung

Ein Zauberkurs kann selbstverständlich – vor allem, wenn er als wöchentliche Arbeitsgemeinschaft in einem Schulhalbjahr durchgeführt wird, mit zusätzlichen Elementen angereichert werden: Besuch einer Varieté-/Zaubervorstellung; Zaubershows auf Video; Einladen eines professionellen Zauberkünstlers (Achtung: Kosten!); Begutachtung der Zauberkästen und Zauberbücher der Schülerinnen und Schüler; Recherche nach Zauberbüchern in Bibliotheken; Recherche nach Zauberthemen im Internet; Produktion einer Zaubervorstellung auf Video usw.

Zauberregeln

1. Verrate nie ein Trickgeheimnis!
2. Führe nur die Tricks vor, die du
   wirklich perfekt beherrschst!

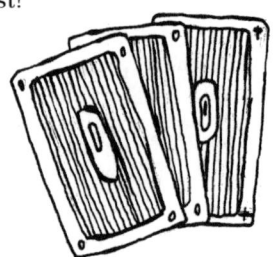

3. Wiederhole kein Kunststück (es sei denn,
   dies ist bei dem Kunststück ausdrücklich
   vorgesehen)!
4. Kündige nie vorher an, was du als Nächstes
   machen wirst!

5. Lasse keine Zuschauer neben oder
   hinter dir sitzen!
6. Licht soll immer von vorne und nie
   von hinten kommen!
7. Zeige ein Zauberkunststück nur dann,
   wenn die Zuschauer es sehen wollen!

8. Führe gleichartige Kunststücke nicht in
   derselben Vorstellung vor!
9. Pflege deine Requisiten und Hilfsmittel: Sie
   sollen immer sauber und ordentlich aussehen.

10. Eine Zaubervorstellung soll so lang dauern,
    dass die Zuschauer am Ende sagen: „Schade,
    dass es schon vorbei ist!" und nicht: „Endlich
    ist es vorbei!"

13 Mein ungeordneter Zettelkasten

In meinem Zettelkasten finden Sie einige stichwortartige Anregungen, die Ihnen für den eigenen pädagogischen Einsatz dienen können.

Zauberbühne

Eine Fläche, auf der die Kunststücke vorgeführt werden. Die meisten der hier beschriebenen Kunststücke werden an einem Tisch sitzend oder stehend vorgeführt. Für diesen Zweck kann man sich ebenfalls eine Zauberbühne basteln, die gleich mehrere Funktionen erfüllt: Abgrenzung des Bereichs, in den kein Zuschauer fassen darf – es sei denn, er wird dazu ausdrücklich aufgefordert; Kunststück kann außerhalb der Sicht der Zuschauer vorbereitet und dann komplett präpariert hereingetragen werden; ideale Unterlage, die geräuschdämmend ist und auf der sich Karten wegen der rauen Oberfläche gut ausstreifen lassen. Die Zauberbühne besteht aus einer dünnen Sperrholzplatte (30 x 40 cm), die mit einer Velourfolie beklebt ist.

Beleuchtung

Die Beleuchtung ist bei einigen Kunststücken von besonderer Bedeutung, damit der Effekt richtig wirkt oder damit das Trickgeheimnis auch wirklich geheim bleibt (siehe „Sympathie" auf S. 152). Allgemein gilt, dass Licht immer von vorne kommen soll. Licht ausschließlich von oben ist meist schlecht, von hinten (zum Beispiel durch Fenster) schädlich. Im letzten Fall werden nicht nur die Zuschauer geblendet, sodass sie den Auftritt schlecht verfolgen können, sondern es besteht die Gefahr, dass das Geheimnis entlarvt wird. Manche Schulturnhallen haben farbige Scheinwerfer bzw. Farbfilter, die vor den Scheinwerfern angebracht werden können: Vorsicht damit, denn das farbige Licht verändert unter Umständen auch die Farbe der Requisiten, sodass die Zuschauer den Effekt nicht mehr klar erkennen können. „Ihnen ist es doch sicher recht, wenn in unserer Schulaula nicht allzu viel Licht ist?" Mit diesem Satz bin ich gelegentlich schon von Hausmeistern oder Schulleiterinnen begrüßt worden. Nein! Dies ist mir nicht recht! Ich komme, damit ich gesehen werde! Und das sollte auch für den Auftritt mit einem Zauberkurs gelten. Eine einfache Lösung sind Baustellenscheinwerfer, die auf zwei bis drei Meter hohen Stativen montiert sind. Einer rechts, der andere links, mit einem kleinen Abstand zur Bühne angebracht, bieten sie mit den insgesamt 1000 Watt von vorne schräg oben eine gute Bühnenbeleuchtung. Sie sind relativ leicht zu beschaffen und fallen beim Kauf auch preislich nicht sehr ins Gewicht. Alle Kabel, die zu den Lampen führen, sollten aus Sicherheitsgründen immer komplett abgeklebt werden, damit niemand an einem Kabel hängen bleibt und dann den heißen Scheinwerfer umreißt.

Bühne

Bei der Auswahl des Auftrittortes spielen zwei Punkte eine wichtige Rolle. Welcher Ort ist so beschaffen, dass alle Zuschauer die Darbietung ohne Probleme sehen können? Welche Bedingungen (Vorhang für größere Umbauten, Treppe ins Publikum, damit wir Mitspieler nach oben holen können) muss die Bühne erfüllen, damit wir dort auftreten können? In der Regel ist es am besten, wenn der Künstler ein wenig erhöht steht, sodass die Zuschauer auch im hinteren Bereich des Raums gut der Darbietung folgen können.

Zuschauer

Sie sollten bei einer längeren Darbietung prinzipiell sitzen, und zwar auf Stühlen oder Bänken. Wer auf dem Boden sitzt, hat keinen festen Sitzplatz, und so kann es ganz leicht passieren, dass im Laufe einer Vorführung die Zuschauer immer mehr nach vorne rücken. Es kann für die Vorführenden beängstigend werden, wenn es überhaupt keine Distanz mehr zum Publikum gibt, und es führt zu Problemen, wenn ein Kind aus dem Publikum nach vorne kommen soll, um zu helfen. Es muss erst über andere Kinder steigen, weil es keinen freien Gang (mehr) gibt, und kann leicht stolpern. Und schließlich: Der Blickwinkel der Zuschauer vom Boden ist ein vollkommen anderer als der auf Stühlen Sitzenden. Viele Kunststücke vertragen eine solche Unter-Sicht nicht, weil so ein Trickgeheimnis viel leichter zu entdecken ist.

Vorführraum

Auf den ersten Blick bietet sich bei einem Schulfest eine Open-Air-Vorstellung an. Doch abgesehen von den akustischen Problemen ist die Unruhe, die vor allem durch eine Laufkundschaft entstehen kann, sehr störend. Viele – auch und vor allem Eltern – schauen mal vorbei, um dann nach ein paar Minuten zu der nächsten Attraktion zu ziehen. Dies ist nicht nur unhöflich gegenüber anderen Zuschauern und gegenüber den Vorführenden, die sich so viel Mühe gegeben haben, es ist für sie auch irritierend. Deshalb plädiere ich immer für einen geschlossenen Raum, den festen Beginn einer Vorführung und dafür, dass nach diesem Zeitpunkt die Tür für die Dauer der Vorstellung geschlossen bleibt. Um den potenziellen Zuschauern eine Entscheidungshilfe zu geben, ist es möglich, auf einem Plakat nicht nur den Beginn der Vorstellung zu notieren, sondern auch die Dauer, sodass jeder weiß, auf was er sich einlässt. Wenn nur wenige Personen in den Raum passen, werden zwei oder drei kleine Vorführungen im Laufe des Tages angesetzt. Bei der zweiten oder dritten werden die Künstlerinnen und Künstler schon sicherer und routiniert, sodass die Wiederholung auch für sie positiv ist. Noch einen Vorteil hat übrigens der eigene Vorführraum: Dort kann in Ruhe und ungestört die Darbietung auf- und abgebaut, dekoriert und gestaltet werden. Es ist der Raum, über den die Zaubergruppe die Raum-Hoheit hat.

Zirkus

Zauberkunststücke passen auch in andere Programmkonzepte wie zum Beispiel zum Schulzirkus oder in das Schulvarieté. Bei der Auswahl der Kunststücke muss dies berücksichtigt werden. Was passt dort in das Programm, was nicht? Wenn der Schulzirkus in der Sporthalle stattfindet und die Zuschauer im (Halb-) Kreis um die Manege sitzen, dann dürfen nur solche Kunststücke vorgeführt werden, bei denen es kein Problem ist, wenn die Zuschauer von der Seite schauen.

Für die Darbietenden ist es aber meist unangenehm, wenn die Zuschauer im Kreis sitzen. Es irritiert, wenn man keine feste Richtung hat, in die man sprechen kann. Deshalb ist der Auftritt im Zirkus besonders anspruchsvoll.

Akustik
Wer zaubert, will und muss gehört werden. Der Einsatz von Mikrofonen während einer Zauberdarbietung ist meistens schwierig, weil Schulen selten über gute Verstärker- oder Übertragungsanlagen verfügen. Jemand muss während der ganzen Darbietung den Ton regulieren und der Zauberer braucht beide Hände und kann nicht noch ein Mikrofon halten. Der Mikrofonständer steht im Weg, sodass die Künstler nicht frei hantieren können. Auch wird das Publikum in der Sicht behindert, das Kabel vom Headset in die Tasche ist ständig im Weg und verhindert, dass man schnell und heimlich etwas aus der Tasche nehmen kann usw.

Für die ersten Auftritte sollte man lieber einen kleinen Raum wählen, in dem man ohne die Mikro-Probleme eine gewisse Selbstsicherheit bei der Darbietung gewinnen kann. Ein Ausweg kann so aussehen: Ein Kind erzählt mit Mikro in der Hand eine Geschichte und moderiert die Veranstaltung, während die Zauberlehrlinge auf der Bühne die Tricks vorführen.

Stimm- und Sprechtraining
Langsam, laut und deutlich, dies sind die Grundregeln, um auch von einem größeren Auditorium verstanden zu werden. Das Herausfinden, wie die eigene Stimme wirkt und was man tun muss, um verstanden zu werden, gehört deshalb genauso zum Zaubertraining wie das Einüben der Tricktechnik. Im Rahmen eines Begleitprogramms können die zukünftigen Zauberer schrittweise ihre Stimme und die Sprechtechnik verbessern: Tonus, Atmung, Lautbildung und Artikulation.[26]

---

26 Literatur dazu finden sie im Literaturverzeichnis ab S. 219.

Musik

Anstelle von gesprochenen Texten kann ein Zaubertrick auch mit Musik unterlegt werden. Neben Liedern, die einen Bezug zum Zaubern haben (BAP: „Du kanns zaubere", HERMAN VAN VEEN usw.) ist auch reine Instrumentalmusik geeignet. In diesen Fällen kommt es auf das richtige Timing an, dies ist das Zuordnen von einzelnen Bewegungsabschnitten zu bestimmten Musikteilen, ein rhythmischer Ablauf der Bewegungen ist dabei der wesentliche Lerninhalt. Das Musikstück sollte zeitlich eher knapp bemessen sein, sodass pro Musiktitel ein Trick gezeigt werden kann. Denn in der öffentlichen Vorstellung kann es passieren, dass zwischen zwei Tricks Unvorhergesehenes passiert und so eine ungewollte Pause zwischen beiden Tricks stattfindet, während die Musik weiterläuft. Es wird dann schwierig, wieder in den Vorstellungsfluss zu kommen. Wenn mit mehreren Musiktiteln gearbeitet wird, sollte man jeden auf eine eigene Kassette aufnehmen und mit einem doppelten Kassettendeck arbeiten. So kann man bei jedem Trick sicher sein, dass die Musik am Anfang des Tricks beginnt. Selbst kurzfristige Umstellungen im Programm (Nummern fallen aus) können problemlos gemeistert werden. Die Kassetten werden mit einer Nummer versehen, die der Nummer im Ablaufplan entspricht. Bei der öffentlichen Vorführung ist auf die Bezahlung einer Vergütung an Komponisten, Interpreten usw., die in Deutschland durch die GEMA wahrgenommen wird, zu achten.

Theater

Zaubertricks eignen sich zur Bereicherung einer Theateraufführung. Die „Kleine Hexe" z. B. hext dann wirklich. Für ältere Schüler eignet sich das Stück „Vorsicht Trinkwasser!" von WOODY ALLEN, in dem ein Zauberer, der jeden mit seinen Tricks nervt, eine wichtige Rolle spielt.

Applaus

Das Wichtigste für jeden Zauberer ist die Anerkennung des Publikums nach einem geglückten Auftritt. Manchmal vergisst das Publikum das Klatschen, die normale Form des Feedbacks, weil es so überrascht und verblüfft ist oder weil es nicht weiß, ob an dieser Stelle das Kunststück bereits beendet ist oder ob noch ein Effekt folgt. Für die Auftretenden ist dies irritierend, weil sie die Stille nach dem Auftritt nicht einschätzen können: Ist der Auftritt missglückt? Habe ich etwas falsch gemacht? Mithilfe der Körpersprache kann man den Zuschauern signalisieren, dass jetzt der Zeitpunkt für den Applaus gekommen ist. Eine leicht angedeutete Verbeugung, ein aus dem Zirkus übernommenes „Voilà", die zum Publikum geöffneten Hände sind solche Zeichen, die zum Applaudieren einladen. Eine andere Methode besteht darin, dass Teilnehmer des Zauberkurses im Publikum sitzen und als Claqueure an den richtigen Stellen mit dem Applaus beginnen. Im vorletzten Jahrhundert gab es übrigens Maschinen, die das Geräusch des menschlichen Applauses nachmachen konnten. Und selbst die großen amerikanischen Illusions-Shows des ausgehenden 20. Jahrhunderts haben Mitarbeiter eingesetzt, damit es zum Abschluss zu „spontanen" Standing Ovations kommt. Einige Mitarbeiter in den ersten Reihen springen begeistert auf und klatschen im Stehen. Und die Nachbarn, Hintermänner und -frauen eifern ihnen nach.

Zauberschrank

Im Laufe der Zeit werden in der Schule einige Requisiten für das Zauberprojekt zusammenkommen, entweder selbst gebaut oder selbst gekauft, die für die großen Auftritte verwendet und von Schuljahr zu Schuljahr weitergegeben werden. Für diese Requisiten wie auch für die Zauberbücher, die nicht in die öffentliche Schülerbücherei gehören, und für das Bastelmaterial ist ein verschließbarer Schrank sinnvoll. Damit wird zum einen verhindert, dass ein Trickgeheimnis offenbar wird, zum anderen ist es gut, einen festen Platz zu haben, in dem alles aufbewahrt wird.[27] Für eine Zauber-AG sollten Regeln vereinbart werden, wer was aus dem Schrank nehmen darf (z. B. Zauberbücher ausleihen usw.). Kinder, die keine Möglichkeit haben, die eigene Zauberkiste zu Hause sicher aufzubewahren, können sie dort ebenfalls unterbringen. Wenn Sie Zeit und Lust haben, können Sie mit den Schülern den Schrank auch äußerlich so gestalten, dass jeder sieht, dass dies der Zauberschrank ist.

Deutsch

Einige Ideen, wie man Zaubern im Fach Deutsch einsetzen kann, wurden im Laufe der Zauber-Fundgrube schon angesprochen. Hier noch einige weiterreichende Tipps und Ideen:

---

27 In einem Zauberkurs fragte einmal eine Lehrerin, ob die Anschaffung eines Zauberkoffers sinnvoll sei, in dem alle Requisiten aufbewahrt würden. Meine erfahrungsorientierte Antwort – und UTE WEGELEBEN wird dies bestätigen können – war: „Erst einen Koffer, dann einen Schrank, dann ein Zimmer und dann ein Haus!" Wenn man Gefallen am Zaubern hat, vermehren sich die Requisiten sehr schnell. Für große Auftritte in der Schule benötigt man auch größere Requisiten, die Platz brauchen.

- Ein Kunststück wird vom Lehrer vorgeführt und die Schülerinnen und Schüler sollen den Ablauf schriftlich oder mündlich beschreiben. Beginnen Sie mit einem einfachen Erscheinungs- oder Verschwinde-Kunststück und fahren Sie in einer fortgeschrittenen Phase mit einem komplizierteren Trick fort. Einsatzmöglichkeit: Beobachtung schärfen, schriftliche und mündliche Ausdrucksfähigkeit verbessern.
- Eine Lektüre zum Thema Zaubern (z. B. Goethes „Zauberlehrling") kann mit einem Kunststück als Einstieg begonnen werden.
- Ein einfaches Kunststück wird vorgeführt und die Schüler sollen danach miteinander diskutieren, wie der Trick zustande kommt. Einsatzmöglichkeit: mündliche Ausdrucksfähigkeiten verbessern, Argumentieren lernen, Gedanken und Ideen von anderen in den eigenen Gedankengang integrieren und weiterentwickeln. Diese Kommunikationsübung kann mit Regeln verfeinert werden, um eine Diskussionskultur zu entwickeln. Solche Regeln können sein: Bevor ich meinen eigenen Gedanken sage, wiederhole ich, was mein Vorredner gesagt hat. Wir sammeln als Erstes Ideen; in dieser Phase ist es nicht erlaubt, den Gedanken eines anderen zu kritisieren. Einsatzmöglichkeit: mündliche Kommunikation, Gesprächsregeln, -kultur einführen.
- Zaubergeschichten erfinden. Zu einem Trick wird ein effektvoller Vortrag in Form einer Geschichte erfunden. Einsatzmöglichkeit: eine eigene Geschichte ausdenken, fantasievolles Schreiben anregen.
- Einen Zaubertrick nach einer schriftlichen Anleitung lernen. Einsatzmöglichkeit: Lesen – Verstehen verbessern, einen abstrakten Text in konkrete Handlungen umsetzen.
- Eine eigene Anleitung für einen einfachen Zaubertrick schreiben. Dabei sollte im Mittelpunkt stehen, dass die Gebrauchsanleitung für Uneingeweihte verständlich sein muss. Sie muss alle wichtigen Informationen enthalten und als Ganzes logisch aufgebaut sein (zuerst das Herstellen des Trickgeräts, dann die Vorbereitungen vor der Vorstellung, schließlich der genaue Ablauf der Vorstellung). Dies ist – wie ich Ihnen bestätigen kann – nicht einfach. Vor allem dann, wenn es um ein kompliziertes Kunststück geht oder wenn viele Einzelaspekte zu beachten sind. Um zu prüfen, ob die Anleitung funktioniert, bekommt sie ein Kind aus einer anderen Klasse oder Gruppe. Es soll dann versuchen, sich das Kunststück danach zu erarbeiten. Möglich ist auch, dass die Lehrkraft die Probeperson ist, die sich buchstabengetreu an das hält, was in der Anleitung steht. Ein Vergleich der eigenen Anleitungen mit (schlechten) Trickbeschreibungen oder eine

Untersuchung von Anleitungen für technische Geräte (Videorekorder und Satellitenanlage) kann sich anschließen. Einsatzmöglichkeit: schriftliche Ausdrucksfähigkeit verbessern, einen Ablauf folgerichtig und komplett beschreiben.

Fremdsprachen

Nicht nur im Deutschunterricht ist das Zaubern fachbezogen einsetzbar. Die oben genannten Vorschläge lassen sich auch auf den Fremdsprachenunterricht übertragen. Im Literaturverzeichnis finden Sie englische Zauberbücher, die vor allem einfache Kartenkunststücke enthalten, die auch für Schüler leicht nachvollziehbar sind. Mithilfe der Anleitung und einer Liste mit Fachvokabeln aus der Zauberei sollte es möglich sein, dass die Kinder zumindest den Effekt und das Trickgeheimnis verstehen und nachvollziehen können. Auch das Studieren der Homepages von DAVID COPPERFIELD, SIEGFRIED UND ROY usw. im Internet ist eine gute Möglichkeit, die Fremdsprache anzuwenden. War vor allem im 19. Jahrhundert die Zauberkunst maßgeblich durch den deutschen Sprachraum geprägt, so geschieht dies heute vor allem durch den englischen, und zwar zu gleichen Teilen Großbritannien und USA. Wer sich heute ernsthaft mit der Zauberkunst auseinander setzen will, muss Englisch zumindest lesen können, denn von dort kommen die meisten und innovativsten Publikationen. Auf dem amerikanischen Markt gibt es beispielsweise ein achtbändiges Lexikon für alle Sparten der Zauberkunst, eine vierbändige Enzyklopädie, die sich ausschließlich mit Tüchern beschäftigt, fünf Bände für Tricks mit Tauben usw. Diese Bücher sind zwar für Anfänger nur sehr beschränkt geeignet, aber sie zeigen den Stellenwert der Zauberkunst an. Auch in anderen Fremdsprachen (Französisch, Italienisch, Spanisch) gibt es Kinderzauberbücher, die man im Unterricht einsetzen kann, allerdings sind diese in der Regel nicht so bequem über eine Internetbuchhandlung zu beziehen, wie dies mit englischen der Fall ist. Und häufig sind es Lizenzen aus dem Englischen. Für Übungszwecke im Sprachunterricht kann man eine gute deutsche Anleitung selbst in eine Fremdsprache übertragen. Einsatzmöglichkeit: Hören – Verstehen, Lesen – Verstehen, Sprechfreude steigern.

Naturwissenschaften

Die Erkenntnisse der Naturwissenschaften lassen sich fast alle als Zaubertricks „verkaufen", auch wenn es nicht immer einfach ist, eine spannende Präsentation darum zu stricken. Die Zauberei kann die Schüler motivieren

und ihnen plausibel machen, warum sich eine Beschäftigung mit den Natur-
gesetzmäßigkeiten lohnt. Für ein Schulfest können Schüler eine Show der
chemischen und physikalischen oder naturwissenschaftlichen Wunder in
der Art einer Jahrmarktsbude oder als mittelalterlicher Quacksalber zusammenstellen und präsentieren. Bei der Auswahl der Tricks sollte darauf
geachtet werden, das sie effektvoll und relativ gefahrlos gezeigt werden können. Kleine Gags, z. B. dass einem Lehrer, der vorher mit einem geheimnisvollen Gas betäubt werden muss, mit einer Rohrzange ein Backenzahn gezogen wird, werden mit eingebaut und erheitern das Publikum. Und wenn
dieser Kollege dann den ganzen Tag mit einer dicken Kopfbinde auf dem
Schulgelände herumläuft und, darauf angesprochen, auf die folgenden Vorstellungen hinweist, dann eilen die Zuschauer gewiss gern herbei.

Schulprofil
Wenn eine Zauber-AG Bestandteil des regulären Schullebens wird, ist dies
selbstverständlich auch ein besonderer Aspekt des Schulprofils. Mit der Zauber-AG bekommen die Schülerinnen und Schüler neben dem bisher Genannten eine Anregung zu einer sinnvollen Freizeitgestaltung. Es können über
die Lernpartnerschaften hinaus außerschulische Sozialkontakte entstehen.
Und die Schule kann mit der Zauber-AG auch in der Öffentlichkeit bei Veranstaltungen (Schulfeste der Partner- und Austauschschule, Stadtfeste, Kin-
derferienprogramme usw.) positiv in Erscheinung treten. Zaubernde Kinder
finden Journalisten interessant, sodass sie gern ein Foto und einen Bericht
in die Zeitung bringen. Dies ist für ein Schulprofil genauso viel, wenn nicht
gar mehr, wert wie das Erwähnen der Zauber-AG in einem Leitbild oder Pro-
spekt der Schule. Allerdings gilt auch hier wie in vielen Bereichen des Le-
bens: Von nichts kommt nichts! Es braucht Zeit, Aufmerksamkeit, Wohlwol-
len (von Schulleitung und Stundenplanmachern!) und ein bisschen Geld –
das man später durch symbolische Eintrittspreise leicht wieder erwirtschaf-
ten kann –, um eine Zaubergruppe zu initiieren und sie für „große" Auftritte auszustatten.

14 Noch mehr zaubern ...

Ob Sie sich mit diesem Buch zum ersten Mal mit Zaubern beschäftigen, vielleicht das eine oder andere Kunststück für sich ausprobiert oder sogar schon mit Schülerinnen und Schülern zusammen gezaubert haben: Wenn Sie das Zauberfieber gepackt hat, stellt sich jetzt wahrscheinlich die Frage, wo Sie noch mehr zaubern lernen können.

Seminare mit ULRICH RAUSCH, die auch auf die besonderen Bedürfnisse von Pädagogen abgestimmt sind, bietet die **Cornelsen Akademie** an. Ein kostenloses Programmheft mit den aktuellen Veranstaltungen erhalten sie bei:

Cornelsen Akademie
Mecklenburgische Straße 53
14328 Berlin
Telefon 0 30 / 8 97 85 – 604, 297
www.cornelsen-akademie.de

In der Zauber-Fundgrube sind einige Kunststücke beschrieben, für die Sie spezielle Requisiten benötigen. Diese erhalten Sie bei

MCH – Magic Center Harri
Wehrstraße 7
D–35647 Kraftsolms
Telefon/Fax 0 60 85 / 97 03 40

Wenn Sie bei Ihrer Anfrage auf die Zauber-Fundgrube hinweisen, erhalten Sie eine spezielle Zusammenstellung aus dem Katalog mit allen Zauberrequisiten der Kunststücke, die in diesem Buch beschrieben wurden. Dort erhalten Sie auch weitere Zaubermaterialien, die teilweise sogar für den professionellen Einsatz geeignet sind.

Zauberkästen sind in der Regel nicht empfehlenswert, weil Trickauswahl, Material oder die Beschreibungen häufig zu wünschen übrig lassen. Aus der Kosmos-Experimentierreihe halte ich einen Kasten für geeignet, der Tricks mit physikalischem und chemischem Hintergrund vorstellt: *Hokus Pokus – Zaubern mit Chemie und Physik. Kosmos-Experimentierkasten, Art Nr. 653 712.*

Im Anhang finden Sie ein umfangreiches Literaturverzeichnis mit Büchern, die zur eigenen Weiterarbeit anregen sollen. Auch in einer gut sortierten Stadtbücherei werden Sie sicher Zauberbücher finden.

Anhang

Literaturverzeichnis

Das folgende Verzeichnis erhebt keinen Anspruch auf Vollständigkeit und Ausgewogenheit. Einige der Bücher sind inzwischen bei den Verlagen – und damit meist auch im Buchhandel – vergriffen. Sie sind aber so wertvoll, dass sich die Suche nach ihnen in einer gut sortierten Bibliothek oder in einem Antiquariat (auch im Internet oder in Zauberei-Fachzeitschriften nachsehen) lohnt. Die englischsprachigen Werke können in der Regel mithilfe ihrer ISBN relativ preisgünstig über Internet-Versandbuchhandlungen bezogen werden.

ADRION, ALEXANDER: Die Kunst zu zaubern – Mit einer Sammlung der interessantesten Kunststücke zum Nutzen und Vergnügen von jedermann. DuMont Verlag, Köln 1978, ISBN 3-7701-1064-1

ALT, JÜRGEN AUGUST: Zauberkunst – Eine Einführung. Reclam Verlag, Stuttgart 1995, ISBN 3-15-009390-2

BAK, JETTE/WEIMAR, STIG: Tolle Tricks und Spielideen mit deinen Steinen. Carlsen Verlag, Reinbek 1987 (2. Aufl.), ISBN 3-551-59192-X

BIERMANN, INGRID: Hokuspokus-Tage: kleine Aktionen für den Kita-Alltag. Verlag Herder, Freiburg i. Br. 2002, ISBN 3-451-27119-2

BOBO, J. B.: Modern Coin Magic – 116 Coin Sleights and 236 Coin Tricks. Dover, New York 1982, ISBN 0-486-24258-7

BUSSE, HEIKE: Zauberhaftes Lernen. Borgmann Verlag, Dortmund 2002, ISBN 3-86145227-8

DORN, MATTHIAS/ECKHART, MIRJAM/THIEME, ALFRED: Lernmethodik in der Grundschule. Beltz Verlag, Weinheim 2002, ISBN 3-407-62406-9

ERENS, OLIVER: Zauberei und Tricks mit Karten. Falken Verlag, Niedernhausen 1998, ISBN 3-8068-2147-X

FISCHER, OTTOKAR: Johann N. Hofzinser Kartenkünste. Edition Olms, Zürich 1983, ISBN 3-283-00161-8

FISCHER, OTTOKAR: Johann N. Hofzinser Zauberkünste. Edition Olms, Zürich 1984, ISBN 3-283-00211-8

FULVES, KARL: Self-working Table Magic – 97 Foolproof Tricks with Everyday Objects. Dover, New York 1981, ISBN 0-486-24116-5

GARDNER, MARTIN: Mathematics, Magic and Mystery. Dover, New York 1956, ISBN 0-486-60335-2

GARDNER, MARTIN: Rätsel- und Denkspiele. Ullstein Verlag, Frankfurt am Main 1981, ISBN 3-548-04162-0

GEISSELHART, ROLAND R./BURKART, CHRISTIANE: Gedächtnis ohne Grenzen – Das praxisnahe Trainingsbuch. Verlag Heyne, München 1999, ISBN 3-453-15458-4

GEUE, BERNHARD/WIEN, FRANK: Chemagie – Handbuch chemischer Spezialeffekte für alle Bereiche der Unterhaltung. Verlag Atrioc, 2001 (2. Aufl.)

GIOBBI, ROBERTO: Große Kartenschule – Eine Einführung in die Kunst, mit Karten zu zaubern. Band 1 – 4, Florenz 2001 (3. Aufl.), ISBN 88-86809-50-9

HOKUSPOKUS-FIDIBUS: Die tollsten Tricks für dich und deine Freunde. Fischer Verlag, Frankfurt am Main 1975, ISBN 3-436-01911-9

HUFENBACH, KURT: Keysers Großes Buch der Zauberkunst. Keysers Verlagsbuchhandlung, München 1979, ISBN 3-570-09920-2

HUGARD, JEAN/BRAUE, FREDERICK: Expert Card Technique: Close-up Table Magic. Dover, New York 1974, ISBN 0-486-21755-8

HUND, WOLFGANG: Aus der Zauberkiste: Tricks für den Sprachunterricht. Verlag an der Ruhr, Mühlheim 2001, ISBN 3-86072-581-5

HUND, WOLFGANG: Zauberhafte Mathematik. Cornelsen Verlag, Berlin 1999, ISBN 3-464-51169-3

HUND, WOLFGANG: Zauberkunststücke als pädagogische und didaktisch-methodische Elemente des Unterrichts in der Grund-, Haupt- und Sonderschule. 1986, (ohne Ort und Verlagsangabe)

KELBER-BRETZ, WILHELM: Zaubern mit Kindern. Meyer & Meyer Verlag, Aachen 2000, ISBN3-89124-657-9

LONGE, BOB: 101 Amazing Card Tricks. Sterling Publishing, New York 1993 (10. Aufl.), ISBN 0-8069-0342-2.

MAGIC CHRISTIAN: NON PLUS ULTRA: Johann Nepomuk Hofzinser 1806–1875; Der Zauberer des 19. Jahrhunderts. Edition Huber, Offenbach 1998, ISBN 3-921785-74-X

MICHALSKI, MARTIN: Das große Ravensburger Zauberbuch. Otto Maier Verlag, Ravensburg 1981, ISBN 3-347-42351-3

MICHALSKI, MARTIN/LEMKE, STEFAN: Jetzt kann ich zaubern – Ein Bastelbuch für Zauberlehrlinge. Ravensburger Buchverlag Otto Maier, Ravensburg 1986, ISBN 3-473-37447-4

MICHEL-ANDINO, ANDREAS: Tanz der Hände – Anstiftung zum Zaubern. Krämer Verlag, Hamburg 1996, ISBN 3-89622-007-1

NEUMEYER, ANNALISA: Mit Feengeist und Zauberpuste: Zauberhaftes Arbeiten in Pädagogik und Therapie. Lambertus Verlag, Freiburg i. Br. 2000, ISBN 3-7841-1302-8

NEUTER, MATHIAS: 100 Tricks und Zaubereien. Rowohlt Verlag, Hamburg 1993, ISBN 3-499-20119-4

PETSCHIK, PETER: Beim ZAUBERN sehen mich die Leute AN – Zaubern, ein pädagogisches Hilfsmittel. In: Der Mensch im Mittelpunkt – Reflexion zur Lehrerfortbildung. Institut für Lehrerfortbildung (Hrsg.), Mühlheim an der Ruhr 1995, S. 103–110

POGUE, DAVID: Zaubern für Dummis. mitp-Verlag, Landsberg 2001, ISBN 3-8266-2948-5

RAUSCH, ULRICH: Tolle Tricks selber erfinden. Edition Greb, Mainz 1999

RIPP, GERD: Zaubertraining – Trainingszauber: Magie für Trainer und Weiterbildner. Neuland Verlag, Künzell 2000, ISBN3-931403-32-7

SCHENK, UWE/SONDERMEYER, MICHAEL: Zaubern für Kinder. Senden o. J., ISBN 3-9804150-1-5

SCHNEIDER, WALDEMAR: Unterhaltungstäuschung – Seminar für das pädagogische Fachpersonal. Eigenverlag, Zöschlingsweiler o. J.

SCHRÄDER-NAEF, REGULA: Lerntraining in der Schule: Voraussetzungen – Erfahrungen – Beispiele. Beltz Verlag. Weinheim 2002, ISBN 3-407-62494-8

SCHRÖDER, CHRISTOPH-JOACHIM: AOL-Zauberei – 50 verblüffende Tricks für Menschen von 6 bis 66. AOL-Verlag, Lichtenau 1999 (7. Aufl.), ISBN 3-89111-065-0

SCHRÖDER, CHRISTOPH-JOACHIM: Cambella – Aus dem Leben eines Zauberkünstlers. Edition Huber, Offenbach 1995, ISBN 3-921785-65-0

STENGEL, INGEBURG/STRAUCH, THEO: Stimme und Person – Personale Stimmentwicklung, Personale Stimmtherapie. Verlag Klett-Cotta, Stuttgart 1998, ISBN 3-608-91988-0

STUTZ, FRIEDRICH: Falken Handbuch Zaubern. Falken Verlag, Niedernhausen 1979, ISBN 3-8068-4063-6

TARR, BILL: 101 Easy-To-Do Magic Tricks. Dover, New York 1992, ISBN 0-486-27367-9

TRÖSTLER, REINHARD: Mathematiktricks. AOL-Verlag, Lichtenau 1991, ISBN 3-89111-372-2

WOLF, KLAUS-PETER: Meine Freunde die Zauberer. Lentz Verlag, München 1986, ISBN 3-88010-145-0

ZIMBARDO, PHILIP G.: Psychologie. Springer Verlag, Berlin/Heidelberg 1995 (6. Aufl.)

ZMECK, JOCHEN: Handbuch der Magie. Universitas Verlag, München 1980

ZMECK, JOCHEN: Wunderwelt Magie. Universitas Verlag, München 1982, ISBN 3-8004-1017-6

ZMECK, JOCHEN: Zauber ABC. Herder Verlag, Freiburg i. Br. 1989, ISBN 3-451-21174-2

Zauber-Glossar

Die Sprache der Zauberer ist ebenso wie die anderer Disziplinen durchwirkt mit Fachbegriffen, die man kennen muss, um Beschreibungen verstehen zu können. Im folgenden Sachglossar werden die Begriffe, die in der Zauber-Fundgrube verwendet werden, erklärt.

Climax

Höhepunkt eines Effektes, der für die Zuschauer vollkommen unerwartet kommt.

Close Up

Zaubervorführung, bei der die Zuschauer das Geschehen aus nächster Nähe verfolgen können. Bei einer Close-up-Vorstellung wird entweder mit alltäglichen Gegenständen gearbeitet oder mit speziell dafür hergestellten Trickapparaten.

Falschmischen

Methode, bei dem ein Kartenspiel scheinbar normal gemischt wird, die Reihenfolge der Karten oder eines Teils der Karten unverändert bleibt. Auf diese Weise kann der Künstler bestimmte Karten auch in dem „gemischten" Spiel lokalisieren.

Forcieren

Scheinbar frei kann ein Zuschauer einen Gegenstand, zum Beispiel eine Spielkarte, auswählen. Durch den Einsatz von psychologischen Kniffen oder technischen Manipulationen kann der Künstler vorherbestimmen, welchen Gegenstand der Zuschauer „frei" wählen wird.

Gimmick

Hilfsmittel für die Erzielung eines Effektes, das den Zuschauern meist verborgen bleibt.

Glissieren

Heimliches Zurückziehen der untersten Spielkarte, damit von einem Kartenstoß die zweitunterste Karte weggenommen werden kann. Im deutschen Sprachraum wird auch vom „Schleifen" gesprochen.

Illusionen

Im weitesten Sinn jede Art von Täuschung, die bewusst oder unbewusst zustande kommt. In der Zauberkunst versteht man darunter Tricks, die auf großen Bühnen oder in der Manege mit Menschen und Tieren ausgeführt werden.

Kartenband

Die Karten werden auf dem Tisch aufgestreift. Dabei soll ein Band entstehen, bei dem die Karten in einem gleichmäßigen Abstand liegen. Neben viel Übung ist eine raue Unterlage (Tischdecke/Zauberbühne) unbedingt Voraussetzung, da sich die Karten auf einer glatten Tischoberfläche nicht ausstreifen lassen.

Markierung, geheime

Eine Spielkarte, ein Umschlag oder ein anderer Gegenstand wird so markiert, dass der Eingeweihte sie/ihn problemlos wiedererkennen kann.

Palmieren (Palmage)

Heimliches Verbergen eines Gegenstandes in der Handfläche, sodass die Zuschauer ihn nicht (mehr) sehen können. Die Kunst des Palmierens besteht darin, dass die Handhaltung weiterhin natürlich aussieht, auch wenn der Gegenstand in ihr verborgen ist, oder die Palmage so zu kaschieren, dass sie nicht auffällt.

Riesenkarten

Spielkarten in einer besonderen Größe. Sie werden dann eingesetzt, wenn ein größeres Publikum unterhalten werden soll. Aufgrund der Größe sind vollkommen andere Handhabungen (beispielsweise beim Mischen, Halten usw.) und Manipulationen nötig als mit Karten in Normalgröße. Für Kinderhände sind Riesenkarten meist nicht geeignet.

Routine

Zusammenstellung eines Zaubertricks, der aus verschiedenen Effekten oder Elementen besteht. Bei der Planung einer Routine muss die Dramaturgie beachtet werden, damit die Zuschauer mit Aufmerksamkeit dem Trick folgen und am Ende vollkommen verblüfft sind. Routinen können zu kompliziert konstruiert werden, sodass die Zuschauer am Ende nicht mehr wissen, was der eigentliche Effekt war (sie z. B. die Karte, die sie gewählt und gemerkt, jetzt vergessen haben).

Selbstgänger

Kunststücke, die keine Technik verlangen, sondern (meist) auf mathematischen Prinzipien beruhen und, wenn man sich an die Anleitung hält, automatisch funktionieren. Diese Kunststücke sind dann vor allem geeignet, wenn man ein einfach auszuführendes Kunststück sucht.

Tiere

Tiere werden von Zauberern vielfältig eingesetzt: Von den erscheinenden Tauben über verschwindende Elefanten gibt es ungezählte Tricks mit Tieren. Die Tierzauberei ist in den letzten Jahren in die Kritik geraten, weil der tricktechnische Umgang mit den Tieren nicht immer als tierfreundlich bezeichnet werden kann.

Timing

Zeitlicher Ablauf eines Kunststücks. Darunter versteht man vor allem das zeitlich richtige Einteilen von einzelnen Handbewegungen, um einen flüssigen Ablauf des Gesamteffekts zu erzeugen. Ein typischer Anfängerfehler ist es, an den Stellen, an denen eine geheime Manipulation ausgeführt wird, diese ganz schnell und hektisch zu machen. Durch die Beschleunigung wird die Aufmerksamkeit der Zuschauer genau auf diesen Punkt gelenkt. Auch wenn sie nicht genau wissen, was passiert ist, bemerken sie, dass jetzt etwas passiert ist, und das schmälert den Effekt.

Wenn es um das gleichmäßige Ausführen von Bewegungen geht, kann dies mithilfe eines Metronoms geübt werden. Der Schlag gibt vor, in welcher Zeitspanne eine Bewegung ausgeführt wird. Und jede Bewegung dauert die gleiche Zeitspanne.

Trickaugenbinde

Hilfsmittel, mit dem die Augen eines Zauberkünstlers verbunden werden, damit er bei einem bestimmten Kunststück nichts mehr sehen kann. Obwohl die Zuschauer die Binde vorher untersuchen konnten, kann der Künstler alle notwendigen Informationen visuell wahrnehmen. Solche Hilfsmittel können im Fachhandel erworben werden.

Vorführtrick

Kunststück, das ausschließlich zum Präsentieren, aber nicht zum Erklären und Anlernen von Zauberlehrlingen gedacht ist. Dies sind vor allem Kunststücke, für die die Schüler nicht die notwendige Ausstattung haben oder die

Fähigkeiten zur perfekten Beherrschung fehlen. Die Vorführtricks sollen verdeutlichen, dass es in einem Zauberkurs nicht darum geht, einfach nur Geheimnisse zu entschlüsseln, sondern dass nur die Geheimnisse weitergegeben werden, die auch erlernbar sind. Auch wenn man Zauberlehrling ist, weiß man nicht alles, und das muss man aushalten können.

Zauberseil

Spezielles Seil, das den besonderen Bedürfnissen der Zauberkunst entspricht. Es ist in der Regel aus Baumwolle hergestellt und besteht aus einem Mantel und einem Kern. Der Kern kann aus dem Mantel herausgenommen werden, so wird das Seil ganz elastisch und weicher. Das Seil wird in verschiedenen Durchmessern hergestellt. Meist wird ein weißes oder gelbliches Seil verwendet, es ist aber auch in anderen Farben erhältlich. Aufgrund der besonderen Dicke ist es auf der Bühne gut zu sehen, aber gleichzeitig schwer zu schneiden. Damit die Enden nicht ausfransen, werden sie mit Kleber (zum Beispiel Holzleim) verklebt. Ein Zauberseil ist im Zauber-Fachhandel erhältlich.

Zauber-Vorführschein

Erlaubnis, um einen Trick nach ausreichendem Üben und einer Präsentation vor der Zaubergruppe öffentlich vorzuführen. Der Vorführschein wird nach erfolgreicher Präsentation für jedes Kunststück einzeln ausgestellt und ist das Ergebnis einer Gruppenentscheidung, die gemeinsam diskutiert wurde.

Ziel des Zauber-Vorführscheins ist es zu verhindern, dass in der ersten Begeisterung die Zauberlehrlinge sofort nach Kenntnis eines Tricks diesen öffentlich zeigen, ohne dass er ausreichend geübt wurde. Die Gruppenentscheidung soll die Kommunikationskultur und die Fähigkeit, ein konstruktives Feedback zu geben, stärken. Der Zauber-Vorführschein wird entweder für jeden Trick einzeln ausgestellt, oder nach einer Approbation wird das neue Kunststück in den Schein eingetragen.

Verzeichnis aller Zaubertricks der „Zauber-Fundgrube"

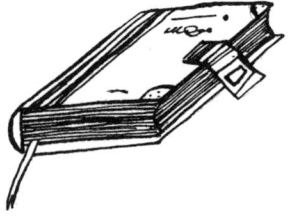

Register

– Die Cornelsen Akademie –

Ihr Partner, wenn es um Weiterbildung geht!

Mit dem aktuellen und praxisnahen Fort- und Weiterbildungs-
angebot **unterstützt Sie** die Cornelsen Akademie kontinuierlich
und umfassend in Ihrer täglichen Arbeit.
Wir bieten Ihnen als Lehrerinnen und Lehrer sowie als Schulleitung ein umfangreiches Angebot in den folgenden Bereichen:

- Methodenkompetenz
- Medienkompetenz
- Selbstkompetenz
- Sozialkompetenz
- Fachkompetenz

Im Mittelpunkt der Seminare und Workshops stehen immer Ihre
Interessen. Die kleinen Gruppen werden von kompetenten
Trainern geleitet und ermöglichen Ihnen somit eine intensive
Lernerfahrung.

Abgerundet wird unser Fortbildungsangebot durch **SCHILF-
Veranstaltungen**, die individuell auf die Bedürfnisse Ihres
Kollegiums zugeschnitten sind. Teilen Sie uns einfach Ihre
Vorstellungen mit. Wir unterbreiten Ihnen gern ein unverbind-
liches Angebot – schnell, unkompliziert und kompetent.

**Den Seminarkatalog und/oder eine Beratung erhalten Sie kostenlos
unter folgender Adresse:**

**Cornelsen Verlag
-Akademie-**

Mecklenburgische Str. 53
14197 Berlin

Tel.:   030 / 89 78 52 97
Fax: 030 / 89 78 55 99
E-Mail: seminare@cornelsen.de

Fundgruben für Ihren Unterricht
Nachschlagewerke für jeden Tag

Wer neue Ideen für seinen Unterricht sucht, findet hier eine Fülle von Anregungen und Materialien.

1. Für den Fachunterricht	**ISBN 3-589-**
Die Fundgrube für den Biologie-Unterricht	21479-1
Die Fundgrube für den Chemie-Unterricht	21400-7
Die Fundgrube für den Deutsch-Unterricht	21054-0
Die Fundgrube für den Englisch-Unterricht	20899-6
Die 2. Fundgrube für den Englisch-Unterricht	21082-6
Die Fundgrube für den handlungsorientierten Englisch-Unterricht	21174-1
Die Fundgrube für den Erdkunde-Unterricht	21130-X
Die Fundgrube für Ethik und Religion	21246-2
Die Fundgrube für den Französisch-Unterricht	21032-X
Die Fundgrube für den Geschichts-Unterricht	21062-1
Die Fundgrube für den Kunst-Unterricht	21129-6
Die Fundgrube für den Mathematik-Unterricht	21105-9
Die Fundgrube für den Musik-Unterricht (mit CD)	21128-8
Die Fundgrube für den Physik-Unterricht	21078-8
Die Fundgrube für den Politik-Unterricht	21127-X
Die Fundgrube für den Sport-Unterricht	21419-8

2. Fachübergreifende Titel	
Die Fundgrube für Klassenlehrer	21227-6
Die Fundgrube für Medienerziehung	21102-4
Die Fundgrube für Vertretungsstunden	21028-1
Die 2. Fundgrube für Vertretungsstunden	21140-7
Die Hauptschul-Fundgrube	21069-9
Die Fundgrube für den Umweltschutz	21380-9
Die Fundgrube für Feste und Feiern	21476-7
Die Fundgrube zur Sexualerziehung	21559-3
Die Fundgrube für Spiele	21651-4
Die Zauber-Fundgrube	21670-0

Fragen Sie bitte
in Ihrer Buchhandlung!